内蒙古财经大学创新创业教材系列丛书
丛书主编 金 桩 徐全忠

创新创业素质教育与模拟实训

主 编 石英剑
副主编 李 晶 张战勇

中国财经出版传媒集团
经济科学出版社
Economic Science Press

图书在版编目（CIP）数据

创新创业素质教育与模拟实训/石英剑主编. —北京：
经济科学出版社，2019.6
 ISBN 978－7－5218－0564－2

Ⅰ.①创⋯　Ⅱ.①石⋯　Ⅲ.①大学生－创业－高等
学校－教材　Ⅳ.①G647.38

中国版本图书馆 CIP 数据核字（2019）第 094148 号

责任编辑：于海汛　冯　蓉
责任校对：杨晓莹
责任印制：李　鹏

创新创业素质教育与模拟实训
主　编　石英剑
副主编　李　晶　张战勇
经济科学出版社出版、发行　新华书店经销
社址：北京市海淀区阜成路甲 28 号　邮编：100142
总编部电话：010－88191217　发行部电话：010－88191522
网址：www.esp.com.cn
电子邮件：esp@esp.com.cn
天猫网店：经济科学出版社旗舰店
网址：http://jjkxcbs.tmall.com
北京密兴印刷有限公司印装
787×1092　16 开　18.5 印张　410000 字
2020 年 4 月第 1 版　2020 年 4 月第 1 次印刷
ISBN 978－7－5218－0564－2　定价：48.00 元
（图书出现印装问题，本社负责调换。电话：010－88191510）
（版权所有　侵权必究　打击盗版　举报热线：010－88191661
QQ：2242791300　营销中心电话：010－88191537
电子邮箱：dbts@esp.com.cn）

编写人员（按姓氏笔画）

王雪瑞　石英剑　史军伟　孙佩红　李　晶
奈日嘎　李奕博　张战勇　郝玉萍　徐利飞
董　莹

序

什么是创新？如何去创业？看到这本书，心中大致有了底，就写了下面的话，仅供交流。

置身当今时代，产业革命和科技浪潮汹涌澎湃。倡导创新创业的目的就是推动经济社会的良性发展。只有通过万众创新，才能创造出更多的新技术、新产品和新市场，才能提高经济发展的质量和效益；也只有通过大众创业，才能增加更多的市场主体，才能增加市场的动力、活力和竞争力，从而成为经济发展的内在原动力引擎。

"大众创业"与"万众创新"早已为大家所知晓，它们是相互支撑和相互促动的关系。一方面，只有"大众"勇敢的创业才能激发、带动和促动"万众"关注创新、思考创新和实践创新，也只有"大众"创业的市场主体才能创造更多的创新欲求、创新投入和创新探索；另一方面，只有在"万众"创新的基础上才可能有"大众"愿意创业、能够创业、创得成业，从某种意义上讲，只有包含"创新"的创业才算真正的"创业"，或者说这种创业才有潜力和希望。

一直以来，科技园区、企业孵化器等平台载体作为创新发展和转型升级的直接产物而蓬勃生长。它们在加速科技成果转化、扶持中小企业发展，以及推动创新型国家建设等方面发挥着重要作用。随着以开放共享为理念的新兴创新创业模式的出现，一批更加具备互联网时代特色、符合大众创新创业需求的低成本、便利化、全要素、开放式的新型创新创业服务平台——众创空间迅速崛起。

截至2018年，全区累计建设并通过相关认定的孵化器55家、众创空间225家，带动就业超过5万人。在自治区各部门的扶持下，鼓励创新创业，促进科技成果转化，提高创业成功率，帮助和支持科技型中小企业成长与发展，培养成功的企业和企业家。创新创业服务平台在自治区高新技术产业发展、区域创新体系构建、经济高质量发展的历史进程中贡献了力量，发挥了重要的作用。

党的十八大以来，习近平总书记对创新发展和高校创新人才培养发表了一系列重要讲话，深刻揭示了教育和经济社会发展的内在规律。大力推进双创教育已形成广泛社会共识。创新创业教育工作无论从认识论到方法论都日趋深入和完善，并初步形成了一批可复制、可推广的制度成果和经验，这都为深化创新创业教育奠定了坚实的基础。

高校是双创平台载体的重要组成部分，人才与技术是高校载体的硬核。通过校地合作、校企对接、产学融合，鼓励校内学生投身于双创的热潮，激发其创新创业的活力、能力，达到教学相长、培养人才、服务经济的目的。内蒙古财经大学实训中心作为自治区众创空间，链接了优秀的教育资源和创新创业资源，一直致力于促进一个充满生机与活力的创新创业教育生态构建。在石英剑等老师的努力下，财经大学的师生心中播下了创新的种子，必将在祖国北疆亮丽风景线上闪闪发光。

本书内容丰富，理论性和实践性都很强，是当前创新创业课程难得的教材，适用对象也很广泛，推荐给大学生和孵化器、双创服务平台的从业者学习。最后，愿与大家一起，共同为双创事业的发展而努力。

是为序。

姜宝林
2019年6月于呼和浩特

前　言

创新是人类社会发展与进步的动力，而创业是检验创新价值的关键环节。创业离不开创新型创业人才，创业人才的培养离不开创新创业教育。党的十八大明确提出实施创新驱动发展战略，将其作为关系国民经济全局的紧迫而重大的战略任务。国务院制定下发了《国务院关于大力推进大众创业万众创新若干政策措施的意见》，并建立了由国家发改委牵头的大众创业万众创新部际联席会制度。2015年5月，国务院办公厅发布《关于深化高等学校创新创业教育改革的实施意见》，2015年12月，教育部印发《关于做好2016届全国普通高等学校毕业生就业创业工作的通知》，要求从2016年起所有高校都要设置创新创业教育课程，对全体学生开发开设创新创业教育必修课和选修课，并纳入学分管理。2016年5月，《国务院办公厅关于建设大众创业万众创新示范基地的实施意见》发布，进一步推动了中国创新创业教育向综合性和实效性方向发展。高等教育肩负"科教兴国"的社会使命，在创新创业型国家发展的背景下，高等教育要肩负起创新型国家建设重要使命，加快高校创新创业教育体系建设，满足创新型国家建设对创新创业型人才的迫切需求。

我国高校的创新创业教育起步较晚，始于20世纪90年代末期，将创新创业教育纳入教学体系的时间更晚，创新创业类的教材建设还不够完善，如目前出版的一些教材要么侧重创新管理，要么侧重创业管理，在创新创业知识体系融合方面还存在"两张皮"情况。本书编写的主要思路是将创新与创业管理有机融合，以创新创业管理过程为主线，引入了国际前沿创新方法（TRIZ理论），并结合创新意识与创新精神培养，创新创业过程及基本管理环节，创业过程中的管理策略，商务礼仪训练及创业模拟实训，全方位使创业者在创业过程中提高创新创业的实践能力。

本书可以作为高校大学生创新创业必修课的教材使用，也可用于企业初创者提高创新创业能力培训。主要内容包括：创新意识与精神、创造力与创意的产生、创新方法的运用、创业者素质与能力培养、创业机会的识别与环境分析、创业企业运营管理实务、创新创业实训和商务礼仪实训八个模块，全方位覆盖了创新创业管理过程，既能体现创新创业基本专业知识，又能够为创新创业实务训练提供教学引导。

本书由石英剑担任主编，负责总体设计并审校定稿，李晶、张战勇任副主编，集合了内蒙古财经大学管理学、经济学、市场营销、金融学等专业背景的师资，编写分工为：第一章由李晶、张战勇、董莹编写，第二章、第三章由张战勇、郝玉萍编写，第四章由徐利飞、史军伟（内蒙古工业大学）、奈日嘎编写，第五章石英剑、王雪瑞、史军伟（内蒙古工业大学）编写，第六章由王雪瑞、石英剑、徐利飞编写，第七章由李晶、李奕博编写，第八章由董莹、郝玉萍编写。教材编写过程中参阅了大量相关资源，在教材中无法逐一列出，在此一并表示感谢！

本教材的出版得到了内蒙古财经大学、内蒙古自治区呼和浩特市科技局的立项与内蒙古萃智科技有限公司的多方面支持，在教材出版过程中，经济科学出版社给予了较大帮助，在此表示感谢！

由于编著者对创新创业问题认识不够深刻，难免存在一定的误区，加之时间仓促，教材编写中存在不足，请读者提出宝贵意见！我们将不断完善改进！

目 录
CONTENTS

第一章 创新意识与精神 1
 第一节 创新概述 1
 第二节 创新能力 5
 第三节 创新精神的养成 7

第二章 创造力与创意的产生 17
 第一节 创新思维与创造力 17
 第二节 创造力培养 26

第三章 创新方法的运用 35
 第一节 TRIZ 创新方法 35
 第二节 奥斯本检核表法 39
 第三节 5W1H 法 44
 第四节 移植法 45
 第五节 六项思考帽法 46
 第六节 信息交合法 47
 第七节 创新成果的保护与转化 48

第四章 创业者素质与能力培养 53
 第一节 创业概述 53
 第二节 创业能力的培养 63

第五章 创业机会的识别与环境分析 68
 第一节 创业机会识别 68
 第二节 创业商业环境分析 81
 第三节 创业项目的评估 91
 第四节 商业模式设计 106

第六章　创业企业运营管理实务 ……………………………………………… 123
第一节　创业团队组建与管理 …………………………………………… 123
第二节　企业构建 ………………………………………………………… 132
第三节　创业资源整合 …………………………………………………… 139
第四节　初创企业融资管理 ……………………………………………… 151
第五节　初创企业财税管理 ……………………………………………… 169
第六节　初创企业的市场拓展 …………………………………………… 188

第七章　创新创业实训 ……………………………………………………… 197
第一节　商业机会挖掘与创意产生实训 ………………………………… 197
第二节　商业环境调研与市场分析实训 ………………………………… 202
第三节　商业模式及创新产品服务设计实训 …………………………… 205
第四节　商业计划书设计实训 …………………………………………… 210
第五节　融资路演实训 …………………………………………………… 213
第六节　初创企业经营模拟实训 ………………………………………… 218
第七节　"互联网＋"创意项目设计实训 ……………………………… 224

第八章　商务礼仪实训 ……………………………………………………… 229
第一节　商务形象礼仪实训 ……………………………………………… 229
第二节　商务会面礼仪实训 ……………………………………………… 247
第三节　商务沟通礼仪实训 ……………………………………………… 256
第四节　商务办公礼仪实训 ……………………………………………… 269

参考文献 ……………………………………………………………………… 284

第一章 创新意识与精神

第一节 创新概述

一、创新的概念、特点及性质

(一)创新的概念

"创新"在《现代汉语词典》中的解释是:抛开旧的,创造新的。在《辞海》中的解释:"创"是首创;"新"是初次出现或改旧、更新。美籍奥地利学者熊彼特(Schumpeter,1883~1950年)1912年在他的《经济发展理论》一书中,首先提出了"创新"这一概念。他指出:"创新"是指新技术、新发明在生产中的首次应用,是指建立一种新的组合(他称其为建立新的生产函数或供应函数,即在生产体系中引进一种生产要素和生产条件的新组合)。随着科学技术和社会经济的发展,学者们又赋予了创新新的内涵,把创新划分为狭义的创新和广义的创新。

1. 狭义创新

熊彼特在他的《经济发展理论》中提出技术创新并不包含科学发现、技术发明和创造的本身。在熊彼特看来,"技术创新"和"创新"是同一概念,创新就是指技术创新,技术创新也就是创新。我们将熊彼特所说的创新称为狭义创新。狭义创新是国际上通用的创新的概念。

2. 广义创新

创新概念引入我国以后,其含义与狭义创新的意思大相径庭,熊彼特创新概念有了很大的扩展和延伸。具体地说,广义创新包括理论创新、观念创新、知识创新、技术创新、制度创新、管理创新、自主创新、教育创新、环境创新、文化与艺术创新等。

由上可见,广义创新的"新"不要求"首次"(指首次使用,或首次产生),只要求其结果不同于前并且好于前。创新主要是一个相对于创新主体自身的概念,不强调横向的比较。创新的主体不只是企业,个人也可以是创新的主体。

(二) 创新的特点

1. 系统性

要完成一次创新活动，离不开从事这项活动的个体。只有当个体认识到对象事物改变的必要性，才会产生创新冲动，并善于借助环境资源，凭借一定的手段，创新才有可能实现。因此，人们把创新主体、创新对象、创新手段与创新环境称为创新的四个基本要素。其中，创新主体是系统中唯一具有能动性的、活的要素，它决定了创新的深度、广度与可能性。创新是一个系统，在这个系统中，创新的各个要素是通过人的认识创新和实践创新相结合而形成一个有机整体。

2. 价值性

不少人只强调创新的技术领先性，而忽视创新的商业性和应用性。衡量创新价值的尺度应该是看它是否改善了现状，形成了成果。对于企业的创新来讲则是看创造了多少消费者价值和社会价值，创造了多少可以转化为商业优势的独特性。这样看待创新，才更有利于企业形成正确的创新机制。

3. 多元性

一方面表现为创新来源的多样化。研发、意外发现、需求、市场、用户、设计、经济结构，甚至某个失败的项目都有可能产生创新机遇。另一方面表现在其内涵的丰富性。创新远远不只是技术创新和产品创新，还包括业务流程、商业模式、管理、制度、服务创新以及创造全新的市场以满足尚未开发的顾客需要，甚至新的营销和分销方法等。

4. 过程性

创新不是一劳永逸的，而是不断循环、不断上升、永无止境的一个过程。它是从思想到行动、从构想到现实的知行统一的发展过程。从哲学的角度看，创新是使整个世界由简单到复杂、由低级到高级、由旧质到新质，有规律地运动变化的发展过程。因而创新意味着发展，不仅是人的主观世界认识发展的过程，而且是实践改变客观世界发展的过程，还是改造主观世界与改造客观世界相统一、认识与实践相统一的运动发展过程。

(三) 创新的性质

创新是社会进步的动力，是事业兴旺的阶梯。创新活动具有以下基本特征：

1. 创新是人类特有的活动

创新是在意识支配下进行的创造性活动，在人类社会之外，其他动植物只是进化、演化，而不是创新。

2. 创新是有规律的实践活动

它以扎实的专业知识为基础，以艰苦卓绝的精神劳动为途径，以敏锐的观察力、丰富的想象力、深刻的洞察力为导向，反映符合事物发展要求的基本规律，是一种有规律的实践活动。

3. 创新是突破性的实践活动

它不是一般的重复劳动，更不是对原有内容的简单修补，而必须是突破性的发展、根本性的变革、综合性的创造。

4. 创新是继承中的升华

继承是创新的必要准备，没有继承，创新就会成为无源之水；创新是继承的必然结果，是"青出于蓝而胜于蓝"，没有创新，继承就会失去本来的意义。

 二、创新的原则和过程

（一）创新的原则

1. 原理要科学

创新要符合科学规律。在进行创新构思时，要注意以下几点：一是要进行科学原理相容性检查，与科学原理是否相容，就是在检查创新设想有无生命力的根本标准；二是必须进行技术方法可行性检查，如果设想所需要的条件超过现有技术方法可行性范围，则该设想还只能是一种空想；三是必须对其合理性进行检查，新设想的功能体系是否合理，关系到该设想是否具有推广应用的价值。

2. 相对要较优

创新不可盲目追求最优、最佳、最美、最先进。许多创新设想都各有千秋，这时，就需要按相对较优的原则，对设想进行判断选择。要注意以下几点：一是可从创新技术先进性上比较，看谁领先和超前；二是从创新经济合理性上比较，看谁合理和节省；三是从创新整体效果上比较，看谁全面和优秀。

3. 机理要简单

以现有的科学水平和技术条件，如不限制实现创新方式和手段的复杂性，所付出的代价可能远远超出其合理程度，使得创新的设想或结果毫无使用价值。因此，在创新的过程中，要注意以下几点：一是新事物所依据的原理是否重叠、超出应有范围；二是所拥有的结构是否复杂、超出应有程度；三是所具备的功能是否多余、超出应有数量。

4. 构思要独特

兵法中一直强调"出奇制胜"，所谓"出奇"，就是"思维超常"和"构思独特"。创新贵在独特，创新也需要独特。在创新活动，往往要从创新构思的新颖性、开创性和特色性几个角度进行系统的检查和思考。

5. 比较要合理

在分析判断各种创新方案时应注意避免轻易否定的倾向。创新的广泛性和普遍性都源于创新具有的相容性。我们应在尽量避免盲目地、过高地估计自己设想的同时，也注意珍惜别人的创意和构想。简单的否定与批评是容易的，难得的却是闪烁着希望的创新构想。

（二）创新的过程

创新的过程一般分为两大步四个阶段：一是两大步，即想和做；二是四个阶段，即准备阶段、思考阶段、顿悟阶段、验证阶段。

准备阶段主要是找准问题、搜集资料、分析问题、找到创新的关键点。

思考阶段主要是找到问题的关键点后,开始寻找解决问题的突破口。

顿悟阶段主要是顺着问题的突破口思考的过程中,会有所顿悟。

验证阶段主要是只有通过验证,才是可信的。

 三、创新与创业的关系

(一)创新是创业的动力和源泉

创业通过创新拓展商业视野、获取市场机遇、整合独特资源、推进企业成长。创新能力是最重要的创新资本,创业者在创业过程中需要具有持续旺盛的创新精神、创新意识,需要独特、活跃科学的思维方式,这样才可能产生富有创意的想法或方案,才可能不断寻求新的思路、新的方法、新的模式、新的出路,最终获得创业成功。

(二)创新的价值常常体现于创业

创新的价值就在于将潜在的知识、技术和市场机会转化为现实生产力,实现社会财富增长,造福人类社会。通过创业可实现创新成果的商品化和产业化,将创新的价值转化为具体、现实的社会财富。创业者必须具有能发现潜在商业机会并敢于冒险的特质,科技创新成果也必须经由创业者推向市场,使其潜在价值市场化,使创新成果转化为现实生产力。

(三)创业的本质是创新

创业应该是具有创业精神的个体与有价值的商业机会的结合,即开创新的事业,其本质在于把握机会、创造性地整合资源、创新和超前行动。创新包括技术创新、制度创新和管理创新。对于创业者及其所创建的企业来说,创新就是将新的理念和设想通过新产品、新流程、新市场需求以及新的服务方式有效地融入市场,进而创造新的价值或财富的过程。

(四)创业推动并深化创新

创业可以推动新发明、新产品或新服务的不断涌现,创造出新的市场需求,从而进一步推动和深化科技创新,因而提高了企业或整个国家的创新能力,推动了经济增长。创业的关键在于创新,创新是创业的源泉,持续创新必然推动创业和成就创业。创新和创业相辅相成,二者的动态融合以及相互影响对于创业成功和企业成长至关重要。创业和创新的融合是一个动态整合、集成与优化的过程,在这一过程中,创新精神、创业能力和市场意识始终是创业成功和企业持续成长的内在动力。

第二节 创新能力

 一、创新能力的概念

美国经济学家熊彼特认为：创新就是"建立一种新的生产函数"，即把一种从来没有过的关于生产要素和生产条件的新组合引入生产体系。

创新能力，也称创新力，按主体分，最常提及的有国家创新能力、区域创新能力、企业创新能力等，并且存在多个衡量创新能力的创新指数的排名。

创新能力是动物本能，也是人类各种能力中一种能力的诠释或代称，如果将人类的各种能力分级的话，那么创新能力是各种能力中的最高级别。创新能力，是由创新和能力两个名词共同构成，而创新是指：以现有的思维模式提出有别于常规或常人思路的见解为导向，利用现有的知识和物质，在特定的环境中，本着理想化需要或为满足社会需求而改进或创造新的事物，并能获得一定有益效果的行为。美国经济学家熊彼特认为：创新就是"建立一种新的生产函数"，即把一种从来没有过的关于生产要素和生产条件的新组合引入生产体系。

创新能力是人们推陈出新和创造新事物的能力，包括发现问题、分析问题、发现矛盾、提出假设、论证假设、解决问题以及在解决问题过程中进一步发现新问题从而不断推动事物发展变化等。创新能力最基本的构成要素是创新激情、创新思维、科技素质。创新激情决定了创新的产生，创新思维决定了创新的成功和水平，科技素质则是创新的基础。

创新能力是技术和各种实践活动领域中不断提供具有经济价值、社会价值、生态价值的新思想、新理论、新方法和新发明的能力。当今经济社会的竞争是人才的竞争，更是人的创造力的竞争。

创新能力的定义是指一个人或群体，在前人发现或发明的基础上，通过自身的努力，创造性地提出新的发现、新的发明和新的改进革新方案的能力，也可以说，创新能力就是一个人或群体，通过创新活动和创新行为，获得创新成果的能力，是一个人在创新活动中所具有的提出问题、分析问题和解决问题这三种能力的总和。

 二、创新能力的内涵

《现代汉语词典》对"创"的解释是"开始（做）、初次（做）：创办，首创，创新记录"；对"创新"的解释是："①动词，抛开旧的，创造新的：勇于创新，要有创新精神；②名词，指创造性；新意：那是一座很有创新的建筑物。"由上述可以看出，创新在中文中的本来含义就是"辞旧迎新",因此"创新"可以用在广泛的语境中。

在学术领域,从中国最大的学术知识库"中国知网"搜索相关文献,可以发现,自1949年以来,题名含有"创新"二字的学术论文共有42万余篇,可谓浩如烟海。然而,最早应用"创新"概念的学术文章既不是来自经济领域,也不是来自政治领域,而是在文学艺术领域。1961年,丘世友先生在《中山大学学报》发表的学术论文《刘勰论文学的继承和创新》是中华人民共和国成立以来最早以"创新"为题的学术论文。通过检索可以发现,从中华人民共和国成立一直到20世纪80年代初,含有"创新"为题的学术论文基本都来自文学艺术领域,主要是文学艺术领域的推陈出新。

综观近10年的研究成果,虽然国内学者对创新能力的理解各不相同,但他们对创新能力内涵的阐述基本上可以划分为三种观点:第一种观点以张宝臣、李燕、张鹏等为代表,认为创新能力是个体运用一切已知信息,包括已有的知识和经验等,产生某种独特、新颖、有社会或个人价值的产品的能力。它包括创新意识、创新思维和创新技能三部分,核心是创新思维。第二种观点以安江英、田慧云等为代表,认为创新能力表现为两个相互关联的部分:一部分是对已有知识的获取、改组和运用;另一部分是对新思想、新技术、新产品的研究与发明。第三种观点从创新能力应具备的知识结构着手,以宋彬、庄寿强、彭宗祥、殷石龙等为代表,认为创新能力应具备的知识结构包括基础知识、专业知识、工具性知识或方法论知识以及综合性知识四类。上述三种观点,尽管表述方法有所不同,但基本上能将创新能力的内涵解释清楚。

创新是历史进步的动力、时代发展的关键。党的十八届五中全会提出的"创新、协调、绿色、开放、共享"五大发展理念,把创新提到首要位置,明确指出"必须把创新摆在国家发展全局的核心位置,不断推进理论创新、制度创新、科技创新、文化创新等各方面创新,让创新贯穿党和国家一切工作,让创新在全社会蔚然成风。"由此可知,创新发展理念的内涵不仅仅局限于器物层面,更是一个涵盖了思想、制度和技术的系统性发展方略。把创新放在发展全局的核心位置,必然给发展全局带来根本性的变化。

三、创新能力公式及特点

凡事都需要追根溯源,创新的缺乏必定是创新能力的缺乏,那么什么是创新能力呢?我国学者庄寿强教授提出了一个创造力表达公式:

$$创新能力 = K \times (创造性人格 + 创造性思维 + 创造性方法) \times 知识量^2$$

其中K是一个针对个人的不易变化的变量,可以这么认为,现在的某个时间以后的

---

① 庄寿强,中国矿业大学马克思主义学院教授、创造学教研中心主任、中国发明协会首届高校创造教学峰会副理事长、中国思维科学学会副秘书长,美国认证协会中国区创造能力等级认证金牌讲师。庄教授是我国著名的创造学学者,中国行为创造学创始人。

几个月，你的创新能力不会有指数级的变化，每个人的创新能力由于历史的原因有高有低。

第三节 创新精神的养成

 一、创新精神与意识

（一）创新精神

创新精神是指要具有能够综合运用已有的知识、信息、技能和方法，提出新方法、新观点的思维能力和进行发明创造、改革、革新的意志、信心、勇气和智慧。创新精神属于科学精神和科学思想范畴，是进行创新活动必须具备的一些心理特征，包括创新意识、创新兴趣、创新胆量、创新决心，以及相关的思维活动。

不人云亦云，不唯书唯上，坚持独立思考，说自己的话，走自己的路；不喜欢一般化，追求新颖、独特、异想天开、与众不同；不僵化、呆板，灵活地应用已有知识和能力解决问题……都是创新精神的具体表现。具有创新精神的创业者在创业行动中有以下三个方面的突出表现：

第一个突出的表现是对机会的追求，政策机会、经济机会、技术机会都可能会引起他们的注意，具有创新精神的创业者追求的趋势和变化往往是尚未被人们注意的趋势和变化。比如过去数年，零售行业遭到电商的致命冲击，关店风潮席卷全国，商铺租金价格以每年12%的速度在下滑，在所有亟待转型的传统产业中，零售服务业也许是最举步维艰的。但在危机当中，危机与良机始终是一枚硬币的正反两面，一些落后者被大肆淘汰的年代，也将会是一个好产品、好模式真正崭露头角的年代。永辉生活、盒马生鲜、小米之家、名创优品、高鑫零售等成为近年成长最快的零售品牌，它们硬生生地在寒意料峭的"零售冬天"，成为十足的逆市生长的案例。

第二个突出的表现是追求变革、革新、转换和引入新的方法，即包含新产品、新的生产方法、开辟一个新市场、新的组织形式、新服务或者是做生意的新方式。比如马斯克的Zip2、Paypal、SpaceX、SolarCity、Hyperloop，这一串令人头晕目眩的名字背后，都有马斯克的身影。马斯克涉足领域之宽，令人咂舌：从在线支付，到汽车、太阳能、航天技术，甚至到外星球移民，从1995年，24岁开始，马斯克就没有停止过创业与探索新领域的脚步，如果说创业如跳崖，那么像马斯克这样的"连续创业者"已跳崖无数次，他就是一个热衷于创新型创业的企业家，无论是从技术层面的创新，还是从创意层面的创新。

第三个突出的表现是追求增长。无论是企业家还是创业者都希望他们的企业能够尽可能的增长,他们在不断地寻找新趋势和机会,不断地创新、不断地推出新产品和新的经营方式,就是为了能有效获取客户流量——想尽办法激活客户——尽可能留存用户,以赚取更多的利润,用低成本实现爆发式成长更是创业者们所追求的,这其中好产品是增长的根本,一个好的产品必须让客户认知到这个产品对他来讲不可或缺,让他爱不释手以至于忍不住要和周围人分享,这个不可或缺就是产品的核心价值,创业者们要做的就是要有效地引导人们发现它。

(二) 创新意识

创新意识是指人们根据社会和个体生活发展的需要,引起创造前所未有的事物或观念的动机,并在创造活动中表现出的意向、愿望和设想。它是人类意识活动中的一种积极的、富有成果性的表现形式,是人们进行创造活动的出发点和内在动力,是创造性思维和创造力的前提。

创新意识包括创造动机、创造兴趣、创造情感和创造意志。创造动机是创造活动的动力因素,它能推动和激励人们发动和维持创造性活动。创造兴趣能促进创造活动的成功,是促使人们积极探求新奇事物的心理倾向。创造情感是引起、推进乃至完成创造的心理因素,只有具有正确的创造情感才能使创造成功。创造意志是在创造中克服困难,冲破阻碍的心理因素,创造意志具有目的性、顽强性和自制性。

说起余建军大家可能不熟悉,但是大部分人都知道喜马拉雅FM,余建军就是喜马拉雅FM联合创始人兼联席CEO,这是一位连环创业者,从就读硕士期间就开始创业,创业项目为基于建模方式的"模拟中国"项目,硕士毕业后,先后创立杰图软件、街景地图项目城市吧、虚拟世界项目那里世界,从2012年开始将注意力转移到移动音频领域,并与合伙人陈小雨共同创立网络电台喜马拉雅FM,其在两年内估值增长200倍,喜马拉雅FM迅速成长为中国最大的音频分享平台,目前已发展2.5亿用户,企业总估值超过30亿元人民币。2012年音频还是一个被远远低估的行业,音频的真正价值还没有被人们意识到,余建军和他的合伙人这样阐述道:我们希望声音像水和电一样,更加的流通和便利,随需随取,自由地流通在每一位听众的耳朵和心里。不管做家务、健身、排队、跑步、学习,各种生活场景都方便听音频,移动互联时代"听"将成为一种全新的方式,每个人都可以利用碎片时间,利用音频媒介,利用身边各种智能硬件,随时随地学习和娱乐。喜马拉雅FM独家提出PUGC生态战略,打造的"大平台+小老板"模式,不仅引领着音频行业的创新,并在实践过程中开发出了一条主播生态链。余建军可以称为连续创业者,是拥有多次创业经历的创业者,连续创业者不断开发新项目的动力都是强烈的创新意识和创业意识,创新创业已然成为他们生活的一部分。

二、创新性格测试

创新意味着发展和变化,对于不同的人而言,创新的气质可能在程度上有所差别。

有的人无法忍受每一天的生活都一成不变，有的人可能一天的大部分时间里都沉浸在自己的想象里面，而另外有的人则可能无法做任何要求发挥自己聪明才智的事情——他们只是擅长于将现有的东西做到最好，创新既是一种能力，也是一种性格，因为人们所喜欢和所选择的生活方式，最终可以改变自我。

美国心理学家布里格斯和迈尔斯母女制定了迈尔斯布里格斯类型指标（MBTI）用于表征人格，MBTI把荣格的类型理论付诸实践，在荣格的优势功能和劣势功能、主导功能和从属功能等概念的基础上，进一步提出功能等级等概念，并有效地为每一种类型确定了其功能等级的次序，又提出了类型的终生发展理论，形成四个维度，这四个维度分别为EI（外倾—内倾）、SN（感觉—直觉）、TF（思维—情感）、JP（判断—知觉），这四个维度如同四把标尺，每个人的性格都会落在标尺的某个点上，这个点靠近哪个端点，就意味着这个人就有哪方面的偏好。

（一）四个维度

我们现在首先要做的是弄清每个维度的含义，并且能估计出自己在每个维度上的偏好。

1. 第一个维度：外倾—内倾

如果只能用一个维度将人群区分开来的话，那么，这个维度应该是内外倾向，它是区分个体的最基本的维度。外倾的人倾向于将注意力和精力投注在外部世界，外在的人，外在的物，外在的环境等；而内倾的人则相反，较为关注自我的内部状况，如内心情感、思想。两种类型的个体在自己偏好的世界里会感觉自在、充满活力，而到相反的世界里则会不安、疲惫。因此，外倾与内倾的个体之间的区分是广泛而明显的，并不像我们平时讲的"外倾者健谈、内倾者害羞"那么简单，具体可以从几个方面进行分析（见表1-1）：

表1-1　　　　　　　　内倾型与外倾型的特征比较

外倾型（E）	内倾型（I）
与他人相处时精力充沛	独处时精力充沛
行动先于思考	思考先于行动
喜欢边想边说出声	在心中思考问题
易于"读"和了解；随意地分享个人情况	更封闭、更愿意在经挑选的小群体中分享个人的情况
说的多于听的	听的比说的多
高度热情地社交	不把兴奋说出来
反应快，喜欢快节奏	仔细考虑后，才有所反应
重于广度而不是深度	喜欢深度而不是广度

参照上述的标准，你能确定你的内外倾向的偏好了吗？当然，不要期望每条标准都

完全符合，大部分符合基本上就可以确定了。也不要要求每时每刻都以同样类型的方式行事。人毕竟生活在社会中，有时会顺应外在环境以及工作需要调整自己的行为，再外倾的人，在权威人士面前或者十分隆重、严肃的场合，也会是个好的倾听者，再内倾的人，当他成为领导时，也会正常地发表意见，甚至在准备充分的时候滔滔不绝。关键在于，我们需扪心自问：到底以什么样的方式行事，才是自己感觉最好的、最习惯的。

2. 第二个维度：感觉—直觉

我们每个人都在不断接收信息，但不同类型的个体接收信息的方式不同，这便有了感觉型与直觉型之别。首先，面对同样的情景，两者的注意中心不同，依赖的信息通道也不同。感觉型的人关注的是事实本身，注重细节，而直觉型的人注重的是基于事实的含义、关系和结论；感觉型的人信赖五官听到、看到、闻到、感觉到、尝到的实实在在、有形有据的事实和信息，而直觉型的人注重"第六感觉"，注重"弦外之音"，直觉型的人的许多结论在感觉型的人眼里，也许是飘忽的、不实在的。注重细节的结果是感觉型的人擅长记忆大量事实与材料，他们有时候像本"词典"，能清晰地讲出大量的数据、人名、概念乃至定义，常使其他人感到吃惊。而直觉型的更擅长解释事实，捕捉零星的信息，分析事情的发展趋向。其次，感觉型的人对待任务，习惯于按照规则、手册办事，比如照着手册使用家电，比如看着地图辨认交通路线，而直觉型的人，习惯尝试，跟着感觉走，他不习惯仔细地看完一大本说明书再动手，结果呢？可能比感觉型的人更快地完成了任务，也可能因为失败而须重新开始。感觉型习惯于固守现实，享受现实，使用已有的技能，直觉型的人更习惯变化、突破现实。简言之，感觉型注意"是什么"，实际而仔细。直觉型则更关心"可能是什么"。具体区别如表1-2所示。

表1-2　　　　　　　　　　　　感觉型与直觉型的特征比较

感觉型（S）	直觉型（N）
相信确定和有形的东西	相信灵感或推理
对概念和理论兴趣不大，除非它们有着实际的效用	对概念和理论感兴趣
重视现实性和常情	重视可能性和独创性
喜欢使用和琢磨已知的技能	喜欢学习新技能，但掌握之后很容易就厌倦了
留意具体的、特定的事物；进行细节描述	留意事物的整体概况、普遍规律及象征含义；用概括、隐喻等方式进行表述
循序渐进地讲述有关情况	跳跃性地展现事实
着眼于现实	着眼于未来，留意事物的变化趋势，惯于从长远角度看待事物

在我们周围，两种类型的人都会存在，当然极端典型的比较少，大多数人兼有两种特质，但其中一种会更突出一些，成为本人的特色，也由此可以确定本人的类型。使用哪种方式接收信息都有利有弊。作为个体，往往只擅长一种，了解到这点，直觉型的人就不必在百科全书式的人物面前自叹弗如，感觉型的人也无须在灵动、敏感的直觉者面

前自惭形秽。当然，我们在享受自我性格类型所带来优势的同时，也不妨逐渐有意识地弥补弱处，比如说，直觉型的人可多关注一些细节，而感觉型的人可多留神蕴含的潜在信息。国外的研究表明，25 岁以后，伴随着对人生的反思，个体完善自我性格的倾向会更明确。确定一下你的类型，看看这种类型的优势所在。

3. 第三个维度：思维—情感

这是从做决策的方式来看。仅看这个维度的名称，也许你会觉得，思维型的人是理性的，而情感型的人是非理性的，事实上并非如此。两类人都有理性思考的成分，但做决定或下结论的主要依据不一样。情感型的人常从自我的价值观念出发，变通地贯彻规章制度，做出一些自己认定是对的决策，比较关注决策可能给他人带来的情绪体验，人情味较浓。思维型的人则比较注重依据客观事实的分析，一以贯之、一视同仁地贯彻规章制度，不太习惯根据人情因素变通，哪怕做出的决定并不令人舒服。具体区别如表 1-3 所示。

表 1-3　　　　　　　　　　　思维型与情感型的特征区别

思维型（T）	情感型（F）
退后一步思考，对问题进行客观的、非个人立场的分析	超前思考，考虑行为对他人的影响
重视符合逻辑、公正、公平的价值；一视同仁	重视同情与和睦；重视准则的例外性
被认为冷酷、麻木、漠不关心	被认为感情过多，缺少逻辑性，软弱
认为坦率比圆通更重要	认为圆通比坦率更重要
只有当情感符合逻辑时，才认为它可取	无论是否有意义，认为任何感情都可取
被"获取成就"所激励	被"获得欣赏"所激励
很自然地看到缺点，倾向于批评	惯于迎合他人，着重维护人脉资源

不同性别的个体在这个维度上的偏好有所差异，据研究，大约 2/3 的女性偏好情感型，2/3 的男性偏好思维型，什么原因造成的？也许社会本身对不同性别的人就给予了不同的期待，期待女性的同情心，期待男性的冷静、客观。其实，这两种类型无所谓好或坏，重要的是理解和自己不同类型的人的做法，并且尽量避免走入极端，极端的思维倾向，可能会给人"冷酷"的感觉，而极端的情感倾向则给人"无原则"的感觉。看看你的性格在这个维度上会有什么样的偏好？

4. 第四个维度：判断—知觉

这是从喜好的生活方式来看。如果我们看看人们的办公桌上、包内或柜子里摆放的物品，可以发现，有些人经常是井然有序，而有些人就不那么习惯于保持整齐，前者是判断型具有的特征，后者是知觉型的人经常有的状态。不仅如此，在处事方式上，判断型的人目的性较强，一板一眼，他们喜欢有计划、有条理的世界，更愿意以比较有序的方式生活。知觉型的人好奇性、适宜性强，他们会不断关注新的信息，喜欢变化，也会考虑许多可能的变化因素，更愿意以比较灵活、随意、开放的方式生活。在做决策时，判断型的人较为果断，而知觉型的人总希望获得更多信息后再决断。逛了两天商场，还决定不了买什么的人，多半是知觉型的。两者的具体区别如表1-4所示。

表1-4　　　　　　　　　　判断型与知觉型的特征区别

判断型（J）	知觉型（P）
做了决定后最为高兴	当各种选择都存在时，感到高兴
有"工作原则"：工作第一，玩其次（如果有时间的话）	"玩的原则"：现在享受，然后再完成工作（如果有时间的话）
建立目标，准时地完成	随着新信息的获取，不断改变目标
愿意知道它们将面对的情况	喜欢适应新情况
着重结果（重点在于完成任务）	着重过程（重点在于如何完成工作）
满足感来源于完成计划	满足感来源于计划的开始
把时间看作有限的资源，认真地对待最后期限	认为时间是可更新的资源，而且最后期限也是有收缩的

大多数人兼具两种倾向，只是更偏向某一端。我们在日常生活、工作中，也会受其他因素影响，改变一贯的方式，如面临紧急的或期限明确的任务，知觉型的人也会果断起来。兴致所至，也会把物品收拾得整整齐齐，但这些并不是他们常有的行为方式，也不是他们内心感到真正自然、舒服的方式。作为个体，一方面，根据内心的感受识别自我的偏好，发挥优势；另一方面，则要约束一下性格的弱点。如完全的判断型，比较容易走入刻板、教条的境地，完全的知觉型则容易使事情的进行没有限制。看看最后一个维度上，你的偏好是什么？

（二）所属类型

你的类型是什么？

通过对照四个维度的描述，你或许已经识别出自己在每个维度上的偏好，取每个维度上偏好类型的代表字母，即可以由四个字母构成你的性格类型，如ISFJ，即内倾感觉情感判断型；ENFP，即外倾直觉情感知觉型。四个维度、八个端点可组合成表1-5的16种性格类型，你必然属于其中的一种。

表1-5　　　　　　　　　　　列举类型

类型名称	相对应英文字母简称	类型名称	相对应英文字母简称
内倾感觉思维判断	ISTJ	内倾感觉情感判断	ISFJ
内倾直觉情感判断	INFJ	内倾直觉思维判断	INTJ
内倾感觉思维知觉	ISTP	内倾感觉情感知觉	ISFP
内倾直觉情感知觉	INFP	内倾直觉思维知觉	INTP

续表

类型名称	相对应英文字母简称	类型名称	相对应英文字母简称
外倾感觉思维判断	ESTJ	外倾感觉情感判断	ESFJ
外倾直觉情感判断	ENFJ	外倾直觉思维判断	ENTJ
外倾感觉思维知觉	ESTP	外倾感觉情感知觉	ESFP
外倾直觉情感知觉	ENFP	外倾直觉思维知觉	ENTP

MBTI 各种性格类型的主要特征：

1. 内倾型（I）

(1) ISTJ

安静、严肃，通过全面性和可靠性获得成功。实际，有责任感。决定有逻辑性，并一步步地朝着目标前进，不易分心。喜欢将工作、家庭和生活都安排得井井有条。重视传统和忠诚。

(2) ISFJ

安静、友好、有责任感和良知。坚定地致力于完成他们的义务。全面、勤勉、精确、忠诚、体贴，留心和记得他们重视的人的小细节，关心他人的感受。努力把工作和家庭环境营造得有序而温馨。

(3) INFJ

寻求思想、关系、物质等之间的意义和联系。希望了解什么能够激励人，对人有很强的洞察力。有责任心，坚持自己的价值观。对于怎样更好地服务大众有清晰的远景。在对于目标的实现过程中有计划而且果断坚定。

(4) INTJ

在实现自己的想法和达成自己的目标时有创新的想法和非凡的动力。能很快洞察到外界事物间的规律并形成长期的远景计划。一旦决定做一件事就会开始规划并直到完成为止。多疑、独立，对于自己和他人能力和表现的要求都非常高。

(5) ISTP

灵活、忍耐力强，是个安静的观察者，直到有问题发生就会马上行动，找到实用的解决方法。分析事物运作的原理，能从大量的信息中很快找到关键的症结所在。对于原因和结果感兴趣，用逻辑的方式处理问题，重视效率。

(6) ISFP

安静、友好、敏感、和善。享受当前。喜欢有自己的空间，喜欢按照自己的时间表工作。对于自己的价值观和自己觉得重要的人非常忠诚，有责任心。不喜欢争论和冲突。不会将自己的观念和价值观强加到别人身上。

(7) INFP

理想主义，对于自己的价值观和自己觉得重要的人非常忠诚。希望外部的生活和自己内心的价值观是统一的。好奇心重，很快能看到事情的可能性，能成为实现想法的催化剂。寻求理解别人和帮助他们实现潜能。适应力强，灵活，善于接受，除非是有悖于自己的价值观的。

（8）INTP

对于自己感兴趣的任何事物都寻求合理的解释。喜欢理论性的和抽象性的事物，热衷于思考而非社交活动。安静、内向、灵活、适应力强。对于自己感兴趣的领域有超凡的集中精力深度解决问题的能力。多疑，有时会有点挑剔，喜欢分析。

2. 外倾型（E）

（1）ESTP

灵活、忍耐力强，实际，注重结果。觉得理论和抽象的解释非常无趣。喜欢积极地采取行动解决问题。注重当前，自然不做作，享受和他人在一起的时刻。喜欢物质享受和时尚。学习新事物最有效的方式是通过亲身感受和练习。

（2）ESFP

外向、友好、接受力强。热爱生活、人类和物质上的享受。喜欢和别人一起将事情做成功。在工作中讲究常识和实用性，并使工作显得有趣。灵活、自然不做作，对于新的任何事物都能很快地适应。学习新事物最有效的方式是和他人一起尝试。

（3）ENFP

热情洋溢、富有想象力。认为人生有很多的可能性。能很快地将事情和信息联系起来，然后很自信地根据自己的判断解决问题。总是需要得到别人的认可，也总是准备着给予他人赏识和帮助。灵活、自然不做作，有很强的即兴发挥能力，言语流畅。

（4）ENTP

反应快、睿智，有激励别人的能力，警觉性强、直言不讳。在解决新的、具有挑战性的问题时机智而有策略。善于找出理论上的可能性，然后再用战略的眼光分析。善于理解别人。不喜欢例行公事，很少会用相同的方法做相同的事情，倾向于一个接一个地发展新的爱好。

（5）ESTJ

实际、现实主义。果断，一旦下决心就会马上行动。善于将项目和人组织起来将事情完成，并尽可能用最有效率的方法得到结果。注重日常的细节。有一套非常清晰的逻辑标准，有系统性地遵循，并希望他人也同样遵循。在实施计划时强而有力。

（6）ESFJ

热心肠、有责任心、合作。希望周边的环境温馨而和谐，并为此果断地执行。喜欢和他人一起精确并及时地完成任务。事无巨细都会保持忠诚。能体察到他人在日常生活中的所需并竭尽全力帮助。希望自己和自己的所为能受到他人的认可和赏识。

（7）ENFJ

热情、为他人着想、易感应、有责任心。非常注重他人的感情、需求和动机。善于发现他人的潜能，并希望能帮助他们实现。能成为个人或群体成长和进步的催化剂。忠诚，对于赞扬和批评都会积极地回应。友善、好社交。在团体中能很好地帮助他人，并有鼓舞他人的领导能力。

（8）ENTJ

坦诚、果断，有天生的领导能力。能很快看到公司或组织程序和政策中的不合理性和低效能性，发展并实施有效和全面的系统来解决问题。善于做长期的计划和目标的设定。通常见多识广，博览群书，喜欢拓广自己的知识面并将此分享给他人。在陈述自己的想法时非常强而有力。

总体来讲，具有创新性格特征的人会更多地表现出外倾型的特征，如灵活、忍耐力强、实际、注重结果、热情洋溢、富有想象力、反应快、睿智、现实主义、果断、有责任心、善于合作等，当然这也不是绝对的。

三、创业精神的培养与路径

创业精神意为创业者的主观世界中，那些具有开创性的思想、观念、个性、意志、作风和品质等。具体到大学生的创业精神，指的是大学生寻找、利用、甄别机会，在自主创业的过程中由认知、意识、个性、意志和行动力构成的一种精神力量。

"90"后、"00"后这两个群体生长于互联网时代，被称为"互联网原住民"，他们习惯于在互联网上完成信息搜索、社交、娱乐等日常行为，因此这一代大学生的创业更加尊重个性和自由，他们挑战权威、崇尚个性、具备很强的行动力和自主选择权，他们的家庭背景、学历背景更加多样化。他们的创业精神具有超越历史的先进性、鲜明的时代性、思维的创新性、实践的操作性和业绩的追逐性等特征。

大学生创业精神的培养，可以从以下几个方面着手：

（1）客观方面

①学校。学校创业教育课程体系的合理构建和创新创业氛围的营造会对学生创业精神、创业意识、创业行为的培养产生重要的作用。首先，学校创业教育课程体系的合理构建，既能让学生在专业学习方面打下坚实的基础，形成创业的基本能力，又能让学生在实践方面养成岗位素养，形成创业的胜任能力和创业的实战能力。其次，学校创业氛围的营造以及能为学生创业提供的软、硬件条件，对学生创业信心的建立和创业行动的转化具有重要的意义。最后，学校的创业实习基地、众创空间基地以及创业导师队伍的建设，会在学生遇到问题和困境时，能提供一部分支持和解决方案。

②家庭。来自家庭的开放性教育会影响学生对创业的选择。首先，如果家庭的教育风格是开放的，平时家长就鼓励他们挑战自我，或者注重对子女独立思考、独立解决问题和自主决策能力的培养，那么学生在创业的倾向性上选择会比较明显。另外，来自家庭的情感和经济支持对学生的创业行为也会带来积极的作用。最后，家庭对子女个人发展的目标期望和能够提供的帮助也会对学生的创业精神起到潜移默化的作用。

③社会。国家层面制定的创新驱动战略和推动"大众创业、万众创新"的决策，各级地方政府和企业建设和扶持的创业园区、孵化器等创业环境的铺设，以及同时推出

的各种大学生创业优惠的政策，会在积极层面影响大学生的创业意愿和创业行为。

（2）主观方面

①加强创业知识储备。

②有意培养自身的创业意识。

③坚定自己的创业意志。

④加强创业执行力。

案例1-1

手抓饼大王——禹化普

禹化普，1990年出生，2008年考上重庆电子工程职业学院，2011年毕业，麦食尚手抓饼创始人，大三时就当上手抓饼小老板，2013年底，加盟店已突破100家，年收入达1000万元，2014年6月，加盟店已达160家，4个月的时间，禹化普就带动了600人就业，现任重庆禹化普餐饮管理有限公司董事长。

刚入大学校门的禹化普颇有生意头脑，他用从哥哥处得来的几百元，在大学里做起了批发销售学习用品的生意，开始了初次创业，大三时已掘到人生的第一桶金，于是他找到负责推广"台湾手抓饼"的许少波，在沙坪坝陈家桥开了第一家店，但第二次创业没有成功，6个月后，这家手抓饼店因为亏损4万多元关张倒闭。具有创新精神和创新性格的人从来不会因为一次失败而退缩，他们会不断地寻找新趋势和新的商机，任何机会都会引起他们的注意。2012年10月，禹化普偶然发现了新的商机——一线城市风靡的真人版"密室逃脱"，于是他和朋友龙坤合伙把这项游戏引到了重庆，经过半年时间的运营，在获得了既得利润后，他们选择了急流勇退，因为他们意识到"密室逃脱"游戏没有太多的技术含量，市场消费群体也很小，商业模式缺乏核心竞争力，任何人都可以复制。虽然做抓饼生意曾经失败，但禹化普并没有死心，2013年5月，他拿着上一次创业挣来的几万元，再次找到许少波合伙开店，许少波专注于技术改良，禹化普负责开店营销，这次禹化普一方面注意了选址，另一方面更加注重"聚人气"，他把第一家店开在了重庆大学城熙街的核心位置，结果这家店一开，每天都能卖到500个以上，营业额超过了4000元，在初试成功的激励下，两人决定联手打造手抓饼连锁店，取名麦食尚，由于生意火爆，4个多月就增加90多家加盟店。如果说4成靠销售，那么口感占6成，禹化普一直坚持在自建的加工厂里手工制作，拒绝机器加工。

思考题：

1. 马斯克、余建军、禹化普都是连续创业者，其中余建军和禹化普是在学生时代就开始创业的典范，他们都具有什么共同品质，我们可以学习什么？

2. 禹化普的"手抓饼项目"前后经历过两次创业，两次创业有什么不同？

第二章 创造力与创意的产生

第一节 创新思维与创造力

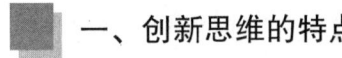
一、创新思维的特点与内容

（一）联想性

联想是将表面看来互不相干的事物联系起来，从而达到创新的界域。联想性思维可以利用已有的经验创新，如我们常说的由此及彼、举一反三、触类旁通，也可以利用别人的发明或创造进行创新。联想是创新者在创新思考时经常使用的方法，也比较容易见到成效。

能否主动地、有效地运用联想，与一个人的联想能力有关，然而在创新思考中若能有意识地运用这种方式则是有效利用联想的重要前提。任何事物之间都存在着一定的联系，这是人们能够采用联想的客观基础，因此联想的最主要方法是积极寻找事物之间一一对应的关系。

（二）求异性

创新思维在创新活动过程中，尤其在初期阶段，求异性特别明显。它要求关注客观事物的不同性与特殊性，关注现象与本质、形式与内容的不一致性。

英国科学家何非认为："科学研究工作就是设法走到某事物的极端而观察它有无特别现象的工作。"创新也是如此。一般来说，人们对司空见惯的现象和已有的权威结论怀有盲从和迷信的心理，这种心理使人很难有所发现、有所创新。而求异性思维则不拘泥于常规，不轻信权威，以怀疑和批判的态度对待一切事物和现象。

（三）发散性

发散性思维是一种开放性思维，其过程是从某一点出发，任意发散，既无一定方向，也无一定范围。它主张打开大门，张开思维之网，冲破一切禁锢，尽力接受更多的信息。可以海阔天空地想，甚至可以想入非非。人的行动可能会受到各种条件的限制，而人的思维活动却有无限广阔的天地，是任何别的外界因素难以限制的。

发散性思维是创新思维的核心。发散性思维能够产生众多的可供选择的方案、办法及建议，能提出一些独出心裁、出乎意料的见解，使一些似乎无法解决的问题迎刃而解。

（四）逆向性

逆向性思维就是有意识从常规思维的反方向去思考问题的思维方法。如果把传统观念、常规经验、权威言论当作金科玉律，常常会阻碍我们创新思维活动的展开。因此，面对新的问题或长期解决不了的问题，不要习惯于沿着前辈或自己长久形成的、固有的思路去思考问题，而应从相反的方向寻找解决问题的办法。

欧几里得几何学建立之后，从公元5世纪开始，就有人试图证明作为欧氏几何学基石之一的第五公理，但始终没有成功，人们对它似乎陷入了绝望。1826年，罗巴切夫斯基运用与过去完全相反的思维方法，公开声明第五公理不可证明，并且采用了与第五公理完全相反的公理。从这个公理和其他公理出发，他终于建立了非欧几何学。非欧几何学的建立解放了人们的思想，扩大了人们的空间观念，使人类对空间的认识产生了一次革命性的飞跃。

（五）综合性

综合性思维是把对事物各个侧面、部分和属性的认识统一为一个整体，从而把握事物的本质和规律的一种思维方法。综合性思维不是把事物各个部分、侧面和属性的认识，随意地、主观地拼凑在一起，也不是机械地相加，而是按它们内在的、必然的、本质的联系把整个事物在思维中再现出来的思维方法。

美国在1969年7月16日，实现了"阿波罗"登月计划，参加这项工程的科学家和工程师达42万多人，参加单位2万多个，历时11年，耗资300多亿美元，共用700多万个零件。美国"阿波罗"登月计划总指挥韦伯曾指出："阿波罗计划中没有一项新发明的技术，都是现成的技术，关键在于综合。"可见，"阿波罗"计划是充分运用综合性思维方法进行的最佳创新。

二、突破思维惯性的方法

惯性思维是指人习惯性地因循以前的思维思考问题，仿佛物体运动的惯性。由于这种惯性，人们在思考问题时容易产生"盲点"。惯性思维是创新思维的"天敌"，但并不是不可破除的"魔咒"。惯性思维是生物进化的一种产物，对于我们适应环境有着非常重要的意义。惯性思维是为了高效、自动地处理常见问题和事务而采用的一种节省心理资源的心理机制。

然而,对于新问题新事物,如果还依靠过去的惯性思维,往往会造成心理资源的浪费,甚至无法解决问题。在这种情况下,就需要突破惯性思维的旧框,在旧概念和新概念之间"造出一条新路",来解决新问题,认识新事物。这个过程,也就是"创新思维"的过程。

那么如何才能突破惯性思维的屏障呢?有很多种方法可以采用。

(一) 逆向思维

逆向思维是指对常规思维的背离,即反向行之,对现成的结论进行逆向思维,一般有三种方法:换位思考法;换角度思考法;发散性逆向思维法(由一点到多点、由点及面、由此及彼,进行多向思考)。

(二) 发散思维与收敛思维

思想家托马斯·库恩认为,科学革命时期发散思维占优势,常规科学时期收敛思维占优势,一个好的探索者要在发散思维和收敛思维之间保持必要的张力。

1. 发散思维

发散思维是由美国心理学家 J. P. 吉尔福特在《人类智力的本质》中作为与创造性有密切关系的思考方法提出的,是对同一问题从不同层次、不同角度、不同方向进行探索,从而提供新结构、新点子、新思路或新发现的思维过程(见图 2 - 1)。发散思维具有流畅性、灵活性和独特性的特点。

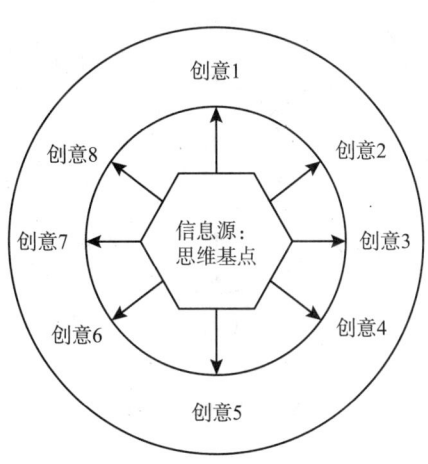

图 2 - 1　发散思维

发散思维的具体形式包括用途发散、功能发散、结构发散和因果发散等。

用途发散:以某个物品为扩散点,尽可能多地列举材料的用途。例如把回形针经过材料发散可得到各种用途:把纸和文件别在一起;拉开一端,能在水泥板或泥地上画印痕；拉直了可用作纺织工的织针；可变形制作挂钩等。

功能发散：以某种功能为发散点，设想出获得该功能的各种可能性。例如对"物质分离"进行功能发散，可采用过滤、蒸发、结晶等方法来实现。再如对"照明"采用功能发散，可得到很多结果：开电灯、点蜡烛、点火把、用手电筒、用镜子反射太阳光等。

结构发散：以某个事物的结构为发散点，尽可能多地设想出具有该结构的各种可能性。例如由三角形结构发散，可以得到三角尺、三角窗、三角旗、屋顶的三角结构、金字塔等。

因果发散：以某个事物发展的结果为发散点，推测造成该结果的各种原因，或以某个事物发展的起因为发散点，推测可能发生的各种结果。例如对玻璃杯破碎进行因果发散，找寻原因，可得到手没抓稳，掉在地上碰碎了；被某种东西敲碎了；冬天冲开水时爆裂了；杯子里的水结冰胀裂了等原因。

2. 收敛思维

收敛思维（见图 2-2）是将各种信息从不同的角度和层面聚集在一起，尽可能利用已有的知识和经验，将各种信息重新进行组织、整合，实现从开放的自由状态向封闭的点进行思考，从不同的角度和层面，把众多的信息和解题的可能性逐步引导到条理化的逻辑序列中，以产生新的想法，寻求相同目标和结果的思维方法，形成一个合理的方案。收敛思维具有封闭性、综合性和合理性的特点。

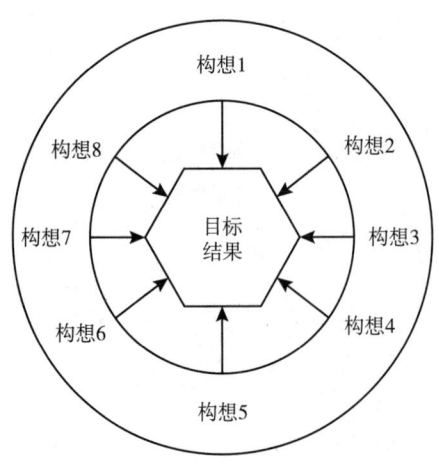

图 2-2 收敛思维

（三）和田十二法

和田十二法，又叫"和田创新法则"（和田创新十二法），即指人们在观察、认识一个事物时，可以考虑是否可以。和田十二法是我国学者许立言、张福奎在奥斯本稽核问题表基础上，借用其基本原理，加以创造而提出的一种思维技法。它既是对奥斯本稽核问题表法的一种继承，又是一种大胆的创新。

①加一加：加高、加厚、加多、组合等；
②减一减：减轻、减少、省略等；
③扩一扩：放大、扩大、提高功效等；
④变一变：变形状、颜色、气味、音响、次序等；
⑤改一改：改缺点、改不便、不足之处；
⑥缩一缩：压缩、缩小、微型化；
⑦联一联：原因和结果有何联系，把某些东西联系起来；
⑧学一学：模仿形状、结构、方法，学习先进；
⑨代一代：用别的材料代替，用别的方法代替；
⑩搬一搬：移作他用；
⑪反一反：能否颠倒一下；
⑫定一定：定个界限、标准，能提高工作效率。

（四）TRIZ 中的思维方法

1. 九屏幕法

九屏幕法是 TRIZ 理论中提出的一种克服思维惯性的独特的创新思维方法。九屏幕法是从系统的现在、过去和将来出发，联想到与之相关的子系统、超系统的现在、过去、将来等九个方面（如图 2-3 所示），涉及系统、时间、空间这三个不同的维度，包括事物间的普遍联系和因果关系，有助于培养研究人员的系统思维能力，使其从更广的视角多方面、多层次、多维度系统地看待问题，填补思维盲点，从而更好地解决创新问题。

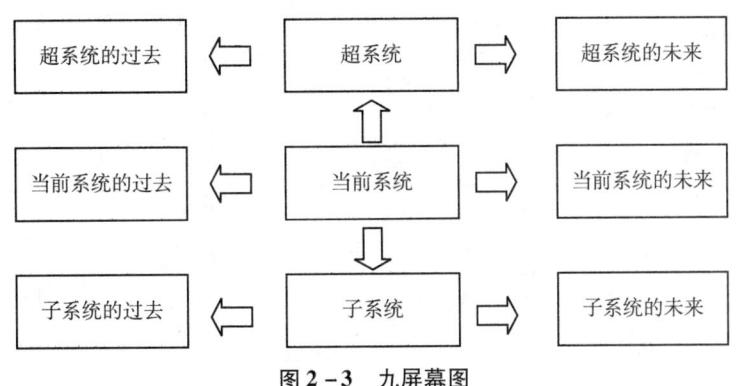

图 2-3 九屏幕图

九屏幕法是系统思维的一种方法，克服思维惯性，按照时间和系统层次两个维度进行思考，寻找可以利用的资源，系统地思考问题的产生与发展，系统地分析资源，选取最佳方案解决问题。

2. STC 算子

STC 算子法是一种非常简单的工具，通过极限思考的方式想象系统，将尺寸、时间和成本因素进行一系列变化的思维实验,用来打破思维定式。STC 的含义分别是:S——尺寸、T——时间、C——成本,从尺寸、时间和成本三个方面的参数变化来改变原有的问题。单独考虑尺寸、时间、成本的一个因素,而不考虑其他的两个因素。引申的意思就是一个产品由诸多因素组成,单一考虑相应因素,而不是统一考虑。

尺寸:一般可以考虑研究对象的三个维度,即长、宽、高,但尺寸不仅包含上述含义,同时延伸的尺寸还包括温度、强度、亮度、精度等的大小及变化的方向,它不只是几何尺寸,而且还包含了可能改变任何参数的尺寸。

时间:一般可以考虑是物体完成有用功能所需要的时间、有害功能持续的时间、动作之间的时间差等。

成本:一般可以理解为不仅包括物体本身的成本,也包括物体完成主要功能所需各项辅助操作的成本以及浪费的成本。

应用 STC 算子的目的:一是克服长期由于思维惯性产生的心理障碍,打破原有的思维束缚,将客观对象由"习惯"概念变为"非习惯"概念,在很多时候,问题的成功解决取决于如何动摇和摧毁原有的系统以及对原有系统的认识;二是通过尺寸、时间和成本三个维度的分析,迅速发现对研究对象最初认识的误差;三是通过认识误差的分析,重新定位、界定研究对象,使"熟悉"的对象陌生化;四是用 STC 算子思考后,可以在分析问题的过程中发现系统中存在的技术矛盾或物理矛盾,以便在后续的解题过程中予以解决,很多时候改变原来的思路就可以找到问题的解决方案。

应用 STC 算子的步骤如图 2-4 所示。

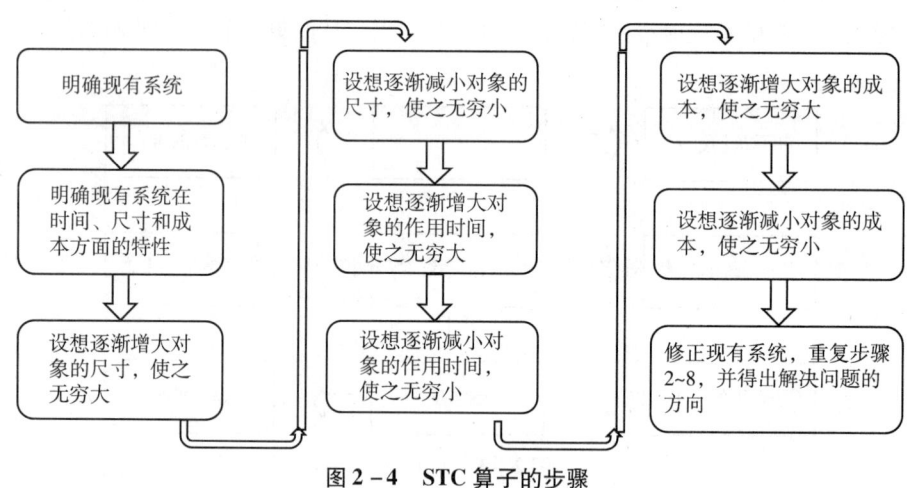

图 2-4 STC 算子的步骤

(1) 最终理想结果 (IFR)

最终理想结果 (ideal final result, IFR):系统在最小限度改变的情况下能够实现最大限度的自服务(自我实现、自我传递、自我控制等)。

式(2-1)就是理想度的定义。其中,I 为理想度,U 为有用功能,H 为有害功能，i 为变量 U 的数量，j 为变量 H 的数量。

$$I = \frac{\sum_{i=1}^{\infty} U_i}{\sum_{j=1}^{0} H_j} = \infty$$

将式中的有用功能用技术系统的效益来表示，将有害功能细化为系统的成本（如时间、空间、能量、重量）和系统产生的有害作用之和。明确指出了在技术系统的进化过程中，其效益不断增加，有害作用不断降低，成本不断减小（系统实现其功能所需要的时间、空间、能量等不断减少，同时，系统的体积和重量也不断减小），系统的理想度不断增大，最终趋向于无穷大。

根据定义，可以用以下三种方法来提高系统的理想度：
①增加有用功能；
②降低有害功能或成本；
③将上述①与②结合起来。

(2) 小人法

什么是小人法？当系统内的某些组件不能完成其必要的功能，并表现出相互矛盾的作用，用组小人来代表这些不能完成特定功能部件，通过能动的小人，实现预期的功能。然后，根据小人模型对结构进行重新设计。

小人法的目的：克服由于思维惯性导致的思维障碍；提供解决矛盾问题的思路。

应用小人法的步骤：
①对象中各个部分想象成一群一群的小人（当前怎样）。
②把小人分成按问题的条件而行动的组（分组）。
③研究得到的问题模型（有小人的图）并对其进行改造，以便实现解决矛盾（该怎样——打乱重组）。
④过渡到技术解决方案（变成怎样）。

使用小人法的常见错误：画一个或几个小人。

小人法的作用：更形象生动地描述技术系统中出现的问题。通过用小人表示系统，打破原有对技术系统的思维定式，更容易解决问题，获得理想解决方案。

(3) 金鱼法

在创新过程中，有时候产生的想法看起来并不可行甚至不现实，但是，此种想法的实现却绝对令人称奇。如何才能克服对"虚幻"想法的自然排斥心理呢？金鱼法是一个反复迭代的分解过程，其本质是将幻想的、不现实的问题求解构想，变为可行的解决方案（见图 2-5）。

金鱼法的基础，是将一个异想天开的想法分为两个部分：现实部分及非现实（幻想）部分。接着，把非现实部分再分为两部分：现实部分及非现实部分，继续划分，直到余下的非现实部分有时会变得微不足道，而想法看起来却愈加可行为止。

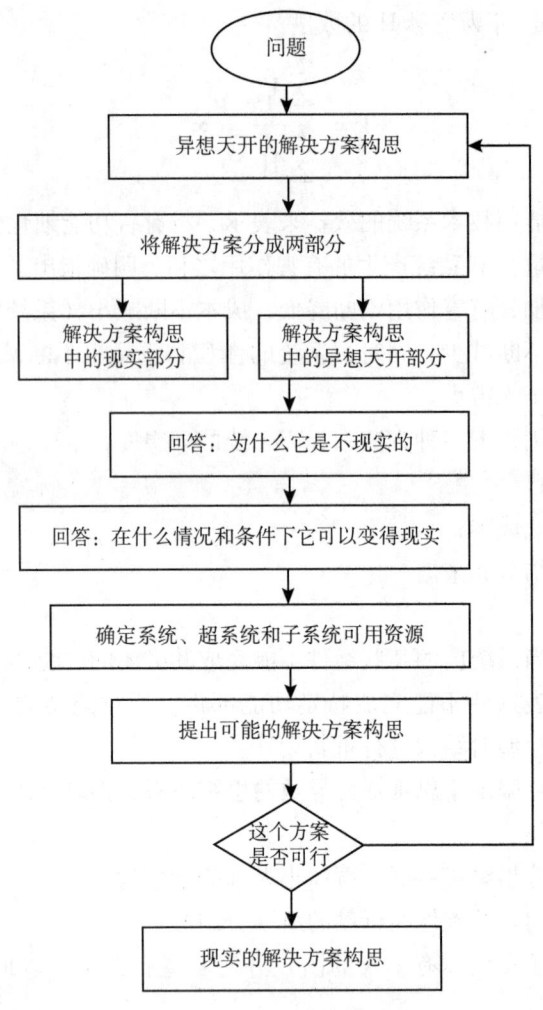

图 2-5 金鱼法流程

金鱼算法的具体做法是:

①将不现实的想法分为两个部分:现实部分与非现实部分。精确界定什么样的想法是现实的,什么样的想法看起来是不现实的;

②解释为什么非现实部分是不可行的。尽力对此进行严密而准确的解释,否则最后可能又得到一个不可行的想法;

③找出在哪些条件下想法的非现实部分可变为现实的;

④检查系统、超系统或子系统中的资源能否提供此类条件;

⑤如果能,则可定义相关想法,即应怎样对情境加以改变,才能实现想法的看似不可行的部分。将这一新想法与初始想法的可行部分,组合为可行的解决方案构想;

⑥如果我们无法通过可行途径,来利用现有资源为看起来不现实的部分提供实现条件,则可将这一"看起来不现实的部分"再次分解为现实部分与非现实部分。然后,

重复步骤①~⑤，直到得出可行的解决方案构想。

金鱼法是一个反复迭代的分解过程，其本质是将幻想的、不现实的问题求解构想，变为可行的解决方案。

3. 整体思考法

整体思考法是由德·彼诺（Edward de Bono）开发的一个全面思考问题的模型，它提供了"横向思考"的工具，避免把时间浪费在相互争执上。这种方法将思维方式分为六类，而每次思考时思考者只能用一种方式思考，这样可有效避免思维混杂，为在需要一种确定类型的思维时提供形式上的方便。同时，可将一般争辩型思维向制图型思维转化，从而形象地展示出思考的路线，这有利于思维的展开和整理，如图2-6所示。

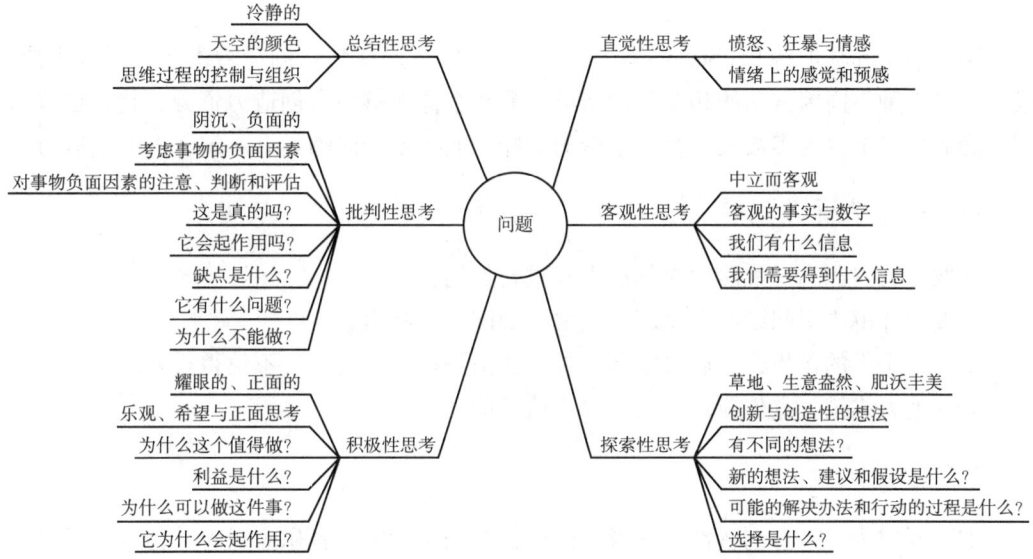

图2-6 整体思考法

整体思考法是一种集问题分析、方案生成、方案评价于一体的创造性思考过程的集合。其应用的关键在于使用者用何种方式去排列思考模式，也就是组织思考的流程。几种思考方式并不存在唯一正确的序列，因为序列会随着思考内容的具体性质而改变。但如何选择使用顺序，也存在一定的指导原则。例如，在需要找出困难、危险或者考虑方案是否正确可行时，使用批判性；在经过逻辑否定后，允许使用直觉思考表达"我觉得这个想法仍有潜力"的感觉。

一般性思考的顺序是：

①客观性思考：收集可加以利用的有用信息；

②探索性思考：对进一步探索和想出可供选择的信息进行考虑；

③积极性思考：对每一种选择的可行性和利益做出评估；

④批判性思考：对每一种选择的危险性和弱点做出评估；

⑤探索性思考：对最富有前景的选择进行进一步拓展，并做出决策；
⑥总结性思考：对目前为止已经取得的成果进行总结与评估；
⑦批判性思考：对所作选择做出最后的评判；
⑧直觉性思考：找出对结果的感受。

第二节　创造力培养

 一、创造力培养所需的能力

斯滕伯格和陆伯特[①]（Sternberg and Lubart，1996）认为：创造力由多种成分组成，或者说受六种不同因素间的相互作用组成。只要个体能够整合创造力资源，将自己投入到正确的目标上，大多数人都会有创造的潜能，而且至少能够具有一定程度的创造力。

（一）智力资源

获取智力资源的三种能力对创造力有重要作用：
①发现并解决新问题或者用新方法解决旧问题的能力；
②评估个人的构想，然后决定哪一种想法值得投入、哪一种不值得投入的能力；
③向他人推销、宣传新观点的重要价值的能力。

（二）知识

如果要成为一个有创造性的或者有改革精神的文学家、音乐家或者其他学科的带头人，无论是儿童、青少年还是成人，都必须对他所在的领域非常熟悉，正如霍华德·格鲁伯（Howard Gruber）所描述的："顿悟只会光顾那些有准备的头脑。"

（三）认知风格

偏好用自我选择、新异的、发散性的思维方式进行思考，这对创造力很重要。这种认知风格还可以帮助个体拓宽思路，从整体上对问题进行思考，比如区分出什么是树木、什么是整片的森林。

---

① 《创意心理学》作者，罗伯特·斯滕伯格，曾任美国心理学会主席、IBM 公司的客座心理学教授，并在耶鲁大学心理学系从事研究工作。他是当今研究创造力的权威，在国际学术界上享有盛名。他最大的贡献是提出了人类智力的三元理论。他还致力于人类的创造性、思维方式和学习方式等领域的研究，提出了大量富有创造性的理论。陶德·陆伯特，美国著名心理学家，他致力于人类的创造性、思维方式和学习方式等领域的研究，提出了大量富有创造性的理论。

（四）个性特征

已有研究表明，一些个性变量与创造力有非常紧密的联系，如乐于冒险、在不确定的情况下保持清醒的头脑、不从众的自信心，以及对某一想法执着追求的精神，坚信这些想法最终会得到认可。

（五）动机

美国社会心理学家特蕾莎·阿马比尔（Teresa Amabile）认为，人们只有对从事的某一领域的事业有真正的热情，对工作本身感兴趣而不是对潜在的回报感兴趣，才会取得创造性成就。如果对儿童施加过分的压力，或驱使儿童一心为了获奖的话，将会使他们丧失对所追求目标的内在兴趣，从而真正地损伤他们的创造力。

（六）支持性的环境

对在棋类、音乐或数学方面有特殊才能的儿童进行的研究发现，他们的天才是环境所赐予的。他们生长在一种能促进他们的智力和动机发展，并对他们的成绩及时进行鼓励的环境里。有创造力的儿童的父母通常都鼓励孩子进行智力活动，并能接受孩子的与众不同。他们还能迅速发现孩子的特殊能力，并请专家、教练或家庭教师辅导孩子，使孩子的特殊才能得到进一步发展[①]。

二、创意产生的方法

对于创业者来说，一个好的创意是创业成功的开始。对于很多创业团队来说，创意的产生是创业者选择创业后，直接面对的第一个问题。只有好的创意，才会有好的产品，才会有成功的可能。对于创意的产生，除了每一个创业者所独具的创业天赋外，一些创意方法的使用，也可以有效地帮助我们产生一个好的创意。

（一）针对需求产生创意

创业者可以通过观察市场，来寻找一些特定的社会需求，而每一种社会需求都可以成为创业者的创意来源。针对需求的创意一般来说具有社会性，我们首先要确定这种需求是市场空白而不是没市场，其次要看待这种需求，创业者可不可以解决，还有就是要确定这种需求的有效时间，不要产生产品做出来了、需求却消失了的尴尬局面。

（二）完善现有产品的创意

对于创业者来说，创意并不仅仅是构思一种新产品。改良现有的产品也是创意的一

---

① ［美］David R. Shaffer 和 Katherine Kipp：《发展心理学（第九版）》，中国轻工业出版社2016年版。

种形式。伴随着互联网的不断深化，每一件旧产品的可塑性不断增强。因此近几年，很多创业者都将方向瞄准了产品改造。因为被改造的产品本身，就已经具有一定的市场稳定性，所以相对而言，产品改造的风险要比新产品的开发小很多。而像智能手机，就是产品改造的最经典案例。

（三）行业结合性创意

在面对产品思考没有思路的时候，我们可以把目光放到行业与行业之间。作为互联网时代的核心动力——数据，最大好处就是打破原来隔行如隔山的行业特点。每一个行业都可以通过接入互联网来形成统一的生态。在大数据时代，连接不同的行业，完成新的行业整合。同样可以作为创业者创业的一个创意方向。

（四）趋势潮流性创意

潮流虽然存在周期短、不稳定性高的特点，但是每一阵潮流都蕴含商机。所以创业者同样可以依据当下的时代潮流来思考我们的创意。但是追随潮流做创意的时候，一定要牢牢抓住潮流创意的本质特点。举例而言，就像很多潮流都如同一阵风，所以创业者在做创意的时候就一定要快，这个时候速度比质量更重要。如果错过了这阵潮流风，再好的产品，都和废物没有区别。

（五）分析信息性创意

我们生活中存在各种各样的信息，尤其在大数据时代，信息交流更加频繁。所以整理我们所获得的数据，同样可以有效地帮助我们产生好的创意。市场发展越成熟，创业的商机就越小越具体，同样也就越隐蔽。而数据分析，是一种有效扒开商机伪装的方法，这种方法，是目前互联网时代的发展方向——通过大数据的分析让商业发展从流水线走向个性化和智能化，最终让每一个隐藏的商机都变成市场。

（六）设想问题产生创意

思考问题产生创意，这个是我们从小就从教科书里学习的方法。就像牛顿被苹果砸中后发现万有引力定律就是这个的最经典例子。有的时候，我们对生活中遇到的问题进行思考，极有可能产生思想的火花。这种方法，最古老、最笨，所以一定最有效。

（七）命名产生创意

这种方法就类似于我们写作的时候，有一个题目，可能就会产生一篇文章，同样的原理。在创业者实在没有创意的情况下，可以命名思考。先命名，再思考，有的时候，会产生一个出乎意料的创意。

重点来了：这些方法的主要作用是帮助我们产生创意，一般来说产生的创意大都是荒谬无效的。所以我们必须对产生的创意进行审核，找出真正可以让我们成功的创意。

这是我们必须牢记的一步。

三、创意方案的评估和选择

国内外学者对于创意的研究主要包括内涵、来源与形成过程等方面，现有关于科技创意方案的研究还停留在指标维度设计层面，鲜有学者对科技创意方案评估指标体系与评估方法进行系统设计。因此，本书在系统分析科技创新方案影响因素的基础上，构建科学的评估指标体系，并设计一套基于规则的科技创意方案评估方法。

（一）科技创意方案影响因素分析

科技创意方案受多种因素共同作用。其中，创新性是科技创意方案的核心特征，价值性是科技创意方案的实现目标，可行性是科技创意方案实施的保障。

1. 创新性

创新性不仅是科技创意方案存在的前提，也是其核心要素。科技创意方案为创新创业提供新的解决问题方案，必须完全创新或具有一定程度的创新。只有创新性得到保证，科技创意方案才具有存在的实际意义。一个科技创意方案的创新性可通过创意稀缺程度、创意先进程度、技术颠覆程度和知识产权水平等因素进行衡量，即科技创意在现有市场上稀缺程度越高、方案越先进、方案技术突破程度越高、知识产权水平越高，科技创意方案的创新性就越高。

2. 价值性

科技创意方案是针对人或社会某方面的需求而提出有价值的科技创业方案，包括内部价值和外部价值两个方面。内部价值是指科技创意方案具有某些功能，或可以满足相关需求，或有助于提高效率，功能完备程度是实现价值性的根本要求，效率提升程度是在满足功能要求基础上的进一步目标追求。外部价值是指科技创意方案能否获得效益，可通过预期经济效益和社会效益进行衡量。预期经济效益是指科技创意方案可能带来的新产品销售收入或技术性收入等，是实现价值性的必要条件；预期社会效益是指在带动就业、节能、环保等社会发展方面可能产生的效益价值，是实现价值性的充分条件。

3. 可行性

可行性是衡量科技创意方案能否得以实现的重要因素，可行性较高表明科技创意方案实现的可能性较大。可行性可通过技术可行性、市场可行性、政策适应性和风险措施有效性等因素进行衡量。技术可行性反映科技创意方案在技术上可实现的程度，技术上可行是科技创意方案实现的必备条件；市场可行性是指判断科技创意方案转化为产品或服务后是否容易被市场接受以及是否具有良好的市场前景，它是科技创意方案转化为有市场竞争力产品或服务的必要保障；政策适应性是指判断科技创意方案是否满足相关政策以及法律法规的要求，反映科技创意方案满足有关政策法规要求的程度；风险措施有效性反映科技创意方案对预期风险制定有关措施的有效程度，风险措施有效性高表示该科技创意方案风险规避和防范水平高，有利于保障科技创意方案的实现。

（二）科技创意方案评估指标体系及方法

根据科技创意方案影响因素，遵循系统性、可比性、实用性等指标构建原则，从科技创意方案的创新性（P_1）、价值性（P_2）和可行性（P_3）3个维度设计科技创意方案评估指标体系，如表2-1、表2-2、表2-3、表2-4所示。

表2-1　　　　　　　　　　科技创意方案评估指标体系

目标层	准则层	指标层
科技创意方案评估体系 U	创新性 P_1	创意稀缺程度 X_1
		创意稀缺程度 X_2
		技术颠覆程度 X_3
		知识产权水平 X_4
	价值性 P_2	功能完备程度 X_5
		效率提升程度 X_6
		预期经济效益 X_7
		预期社会效益 X_8
	可行性 P_3	技术可行性 X_9
		市场可行性 X_{10}
		政策适应性 X_{11}
		风险措施有效性 X_{12}

表2-2　　　　　　　　科技创意方案评估指标的评分规则与标准

准则层	指标名称	科技创意方案评估规则及标准					备注
	指标层	25~21分（很好）（中值23）	20~16分（较好）（中值18）	15~11分（一般）（中值13）	10~6分（较差）（中值8）	5~1分（很差）（中值3）	
创新性 P_1	创意稀缺程度 X_1	市场上相同或类似功能的产品或服务几乎没有	市场上相同或类似功能的产品或服务很少	市场上相同或类似功能的产品或服务较少	市场上相同或类似功能的产品或服务较多	市场上相同或类似功能的产品或服务很多	根据相同或类似功能的产品或服务数量判断
	创意先进程度 X_2	国际领先	国际先进	国内领先	国内先进	省内领先	根据国内外相关产品或服务的发展水平判断

续表

准则层	指标名称 指标层	科技创意方案评估规则及标准					备注
		25~21分（很好）(中值23)	20~16分（较好）(中值18)	15~11分（一般）(中值13)	10~6分（较差）(中值8)	5~1分（很差）(中值3)	
创新性 P_1	技术颠覆程度 X_3	属于重大技术突破，技术前沿性很高	属于重要技术突破，技术前沿性高	具有一定的技术突破，技术前沿性较高	具有较少的技术突破，技术前沿性一般	几乎没有实现技术突破	根据技术方案实际情况与现有技术差异性判断
	知识产权水平 X_4	拥有国际发明专利	拥有国家发明专利	拥有国家实用新型专利或著作权	拥有外观设计专利	未获得任何专利	知识产权相关证书或专利转让合同
价值性 P_2	功能完备程度 X_5	能够满足用户多样化需求	能够满足用户很多需求	能够满足用户较多需求	能够满足用户较少需求	只能满足用户单一需求	根据方案满足用户需求的种类判断
	效率提升程度 X_6	同等条件下产品或服务能最快响应需求	同等条件下产品或服务能很快响应需求	同等条件下产品或服务能较快响应需求	同等条件下产品或服务能正常响应需求	同等条件下产品或服务较慢响应需求	根据产品或服务响应需求速度判断
	预期经济效益 X_7	在同类产品或服务中处于很高水平	在同类产品或服务中处于高水平	在同类产品或服务中处于较高水平	在同类产品或服务中处于中等水平	在同类产品或服务中处于一般水平	根据同类产品或服务实际经济效益情况判断
	预期社会效益 X_8	带动大量高水平人才就业，满足最高环境标准	带动部分高水平人才就业，满足高级别环境标准	带动一定数量高水平人才就业，满足较高级别环境标准	带动少量高水平人才就业，满足低级别环境标准	带动人员就业，满足最低环境标准	本科及以上学历可代表高水平人才；根据环境评价报告判断标准级别
可行性 P_3	技术可行性 X_9	技术成熟度等级达到TRL9	技术成熟度等级处于TRL7~TRL8	技术成熟度等级处于TRL5~TRL6	技术成熟度等级处于TRL3~TRL4	技术成熟度等级处于TRL1~TRL2	参见技术成熟度九级量表
	市场可行性 X_{10}	产品或服务市场潜力巨大，市场竞争很小	产品或服务市场潜力很大，市场竞争较小	产品或服务市场潜力大，市场竞争比较激烈	产品或服务市场潜力较小，市场竞争激烈	产品或服务市场潜力小，市场竞争很激烈	根据产品或服务的市场调研报告判断
	政策适应性 X_{11}	符合国家法律法规要求，政策方向非常明确	符合国家法律法规要求，政策方向明确	符合国家法律法规要求，政策方向比较明确	符合国家法律法规要求，政策方向不明朗	符合国家法律法规要求，政策空白	根据相关国家政策及法律法规的要求判断
	风险措施有效性 X_{12}	风险措施的操作性极强，能够化解所有风险	风险措施的操作性很强，能够化解大部分风险	风险措施的操作性强，能够化解部分风险	风险措施的操作性较强，能化解少量风险	风险措施的操作性一般，不能有效应对风险	根据方案提出的具体风险措施判断

表 2-3　　　　　　　　　　　　专家评分汇总（一）

评估指标	创意稀缺程度 X_1	创意先进程度 X_2	技术颠覆程度 X_3	知识产权水平 X_4	功能完备程度 X_5	效率提升程度 X_6	预期经济效益 X_7	预期社会效益 X_8	技术可行性 X_9	市场可行性 X_{10}	政策适应性 X_{11}	风险措施有效性 X_{12}
专家 1												
……												
专家 n												

表 2-4　　　　　　　　　　　　专家评分汇总（二）

评估指标	专家 1	专家 2	专家 3	专家 4	专家 5	平均分值
创意稀缺程度 X_1	22	21	19	20	18	20.0
创意先进程度 X_2	10	8	9	9	8	9.2
技术颠覆程度 X_3	19	15	17	15	15	16.2
知识产权水平 X_4	4	5	5	4	4	4.4
功能完备程度 X_5	19	20	20	19	20	19.6
效率提升程度 X_6	23	22	21	19	22	21.4
预期经济效益 X_7	24	25	20	23	24	23.2
预期社会效益 X_8	20	19	23	21	20	20.6
技术可行性 X_9	23	23	20	21	25	22.4
市场可行性 X_{10}	20	21	19	20	21	20.2
政策适应性 X_{11}	24	23	23	24	22	23.2
风险措施有效性 X_{12}	16	18	17	15	18	16.8

1. 创意稀缺程度

主要反映科技创意方案在现有市场的稀缺状况，根据市场上具有相同或类似功能的产品或服务的数量进行衡量。

2. 创意先进程度

主要反映科技创意方案在相同或类似功能的产品或服务中的水平，可参考相同或类似功能的产品或服务水平进行衡量。

3. 技术颠覆程度

主要反映科技创意方案的技术突破程度与前沿性程度，根据技术方案实际情况与现有技术的差异性进行衡量。

4. 知识产权水平

主要反映科技创意方案具有的知识产权情况，根据知识产权相关证书或专利转让合同进行衡量。

5. 功能完备程度

主要反映科技创意方案满足用户差异化需求的情况，根据科技创意方案满足用户需求的种类进行衡量。

6. 效率提升程度

主要反映科技创意方案形成便捷化产品或服务的情况，根据产品或服务响应用户需求的速度进行衡量。

7. 预期经济效益

主要反映科技创意方案在同类产品或服务中的预期经济效益水平，根据同类产品或服务的实际经济效益情况进行衡量。

8. 预期社会效益

主要反映科技创意方案带动人才就业和满足节能、环保标准的情况，根据人才质量要求、节能和环境评价报告进行衡量。

9. 技术可行性

主要反映科技创意方案的技术成熟度水平，根据技术成熟度九级量表 TRL1 – TRL9 进行衡量。

10. 市场可行性

主要反映科技创意方案形成产品或服务的市场潜力和市场竞争情况，根据相应产品或服务的市场调研报告进行衡量。

11. 政策适应性

主要反映科技创意方案以及发展方向对相关政策的适应程度，根据相关国家政策及法律法规的要求进行判断。

12. 风险措施有效性

主要反映科技创意方案风险措施的操作性以及有效化解风险的程度，根据科技创意方案提出的具体风险措施进行衡量。

案例 3–1

（1）案例介绍

创业团队 W 成立于 2015 年 3 月，由某"211"院校的 4 名大学生组成，他们在校期间发现学生毕业后，很多书本、衣服等物品直接扔掉，造成了资源的极大浪费，于是，创业团队 W 初步打算做一款校园二手交易的手机 App。通过充分的市场调研，明确了广大学生的实际需求，经过近 3 个月时间的不断研究，最终形成了一份完整的科技创意方案。

（2）评估过程

第一步：科技创意方案评估指标权重的确定。邀请相关专家对准则层指标进行两两比较构造判断矩阵，根据判断矩阵计算层次分析权重和熵值权重，进而求得组合权重。

第二步：科技创意方案评估指标专家评分。邀请相关领域的5名专家根据科技创意方案评估指标的评分规则与标准，对每个指标进行评分，并计算专家的平均分值，如表2-4所示。

第三步：计算科技创意方案评估综合值。结合科技创意方案评估指标组合权重和平均分值进行综合评估。

(3) 结果分析

针对创业团队W的科技创意方案提出以下改进策略：①提高科技创意方案的创新性。入驻合适的众创空间并接受众创空间创业导师的专业辅导，便于了解国内外相关产品或服务的发展情况，从而有针对性地提高科技创意方案的先进程度，同时，在众创空间的帮助下进行软件著作权的申报与使用，从而提高科技创意方案的知识产权水平。②进一步完善科技创意方案的功能。通过完善市场调研数据，扩大调研对象的数量和范围，进一步补充学生对校园二手交易手机App的功能需求，也可以通过网上广泛调研功能需求，以有效改善科技创意方案的功能。③完善风险应对措施。对科技创意方案实现过程中的各类风险要素进行系统分析和归类，全面了解各种风险应对措施的特征和使用条件，从而建立合理有效的风险清单，提高风险管控措施的有效性。

第三章　创新方法的运用

第一节　TRIZ 创新方法

 一、**TRIZ** 的起源与发展

TRIZ 源于"发明问题解决理论"的俄文单词的首字母缩写，按照国际标准"ISO/R9-1968E"的规定，把俄文转换成拉丁字母以后，就成为"TRIZ"。因此，TRIZ 只是一个特殊缩略语，既不是俄文，也不是英文。TRIZ 的英文同义语为"theory of inventive problem solving"，缩写为"TIPS"。由此，不管是拉丁文的 TRIZ，还是英文的 TIPS，说的都是同一个意思——"发明问题解决理论"。

"发明问题解决理论"有两个基本的含义，表面的意思是强调解决实际问题，特别是发明问题；隐含的意思是由解决发明问题而最终实现（技术和管理）创新，因为解决问题就是要实现发明的实用化，这符合创新的基本定义。

1946 年，年仅 20 岁的阿奇舒勒（Altshuller）成为苏联里海舰队专利部的一名专利审查员，也就是从这个时候开始，他有机会接触并对大量的专利进行分析研究。在研究中阿奇舒勒发现，发明是有一定规律的，掌握了这种规律有助于做出更多、更高级别的发明。从此，阿奇舒勒共花费了将近 50 年的时间，揭示出隐藏在专利背后的规律，提出了一套体系相对完整的"发明问题解决理论"，为 TRIZ 的问世和发展奠定了基础。构建了 TRIZ 的理论基础，创立并完善了 TRIZ。阿奇舒勒在分析专利的过程中，从不同的角度、利用不同的分析方法对这些专利进行分析，总结出了多种规律。阿奇舒勒及其团队在分析世界上 200 万份发明专利的基础上，总结出各种技术发展进化遵循的规律模式，以及解决各种技术矛盾和物理矛盾的创新原理和法则，建立一个由解决技术问题、实现创新开发的各种方法、算法组成的综合理论体系，并综合多学科领域的原理和法则，建立起 TRIZ 理论体系。

2008 年，国家科技部、发展改革委、教育部、中国科协联合发布了《关于加强创新方法工作的若干意见》，明确了创新方法工作的指导思想、工作思路、重点任务及其保障措施等。截至目前，全国已分批在几乎所有省（区、市）开展了以 TRIZ 理论体系为主的创新方法的推广应用工作。

 ## 二、TRIZ 的主要内容

TRIZ 的理论体系庞大，包括了诸多内容，本书将从两个方面进行介绍：第一方面是 TRIZ 的基本理论体系；第二方面是 TRIZ 的解题工具体系。我们先来介绍一下 TRIZ 的基本理论体系，在后面的章节中再比较详细地介绍 TRIZ 的各种解题工具和解题方法。

在图 3-1 中，以一种"静态"的方式，比较详细和形象地展示了 TRIZ 的基本理论体系框架，重点说明了 TRIZ 的内容和层次。

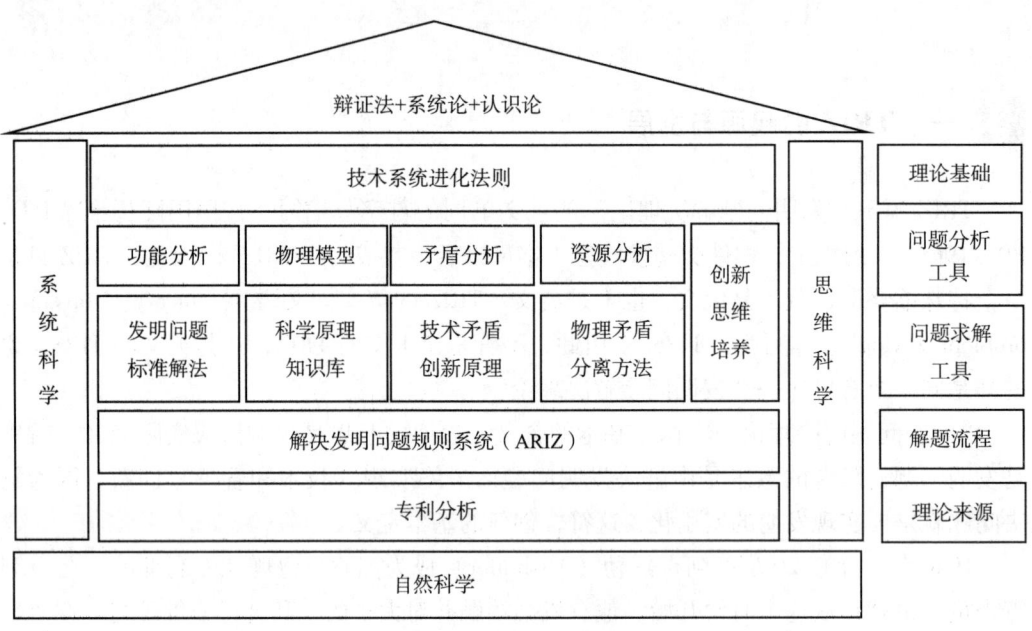

图 3-1　TRIZ 知识体系

如果用发展的眼光，从方法学的角度来分析 TRIZ 的基本理论体系构成，其还有很多需要完善之处，尽管如此，它仍不失为一个比较完整的理论体系。这个体系包括：

①以辩证法、系统论、认识论为理论指导；
②以自然科学、系统科学和思维科学为科学支撑；
③以技术系统进化法则为理论主干；
④以技术系统/技术过程、矛盾、资源、理想化最终结果为基本概念；
⑤以解决工程技术问题和复杂发明问题所需的各种问题分析工具、问题求解工具和解题流程为操作工具。

经过 60 多年的不断发展，这一方法学体系在实践中逐渐丰富完善，已取得关于如何以一种"动态"的方式来描述 TRIZ 内容与作用的方法。

三、TRIZ 的核心思想

阿奇舒勒发现：技术系统进化过程不是随机的，而是有客观规律可以遵循，这种规律在不同领域反复出现，这就是 TRIZ 的核心思想。

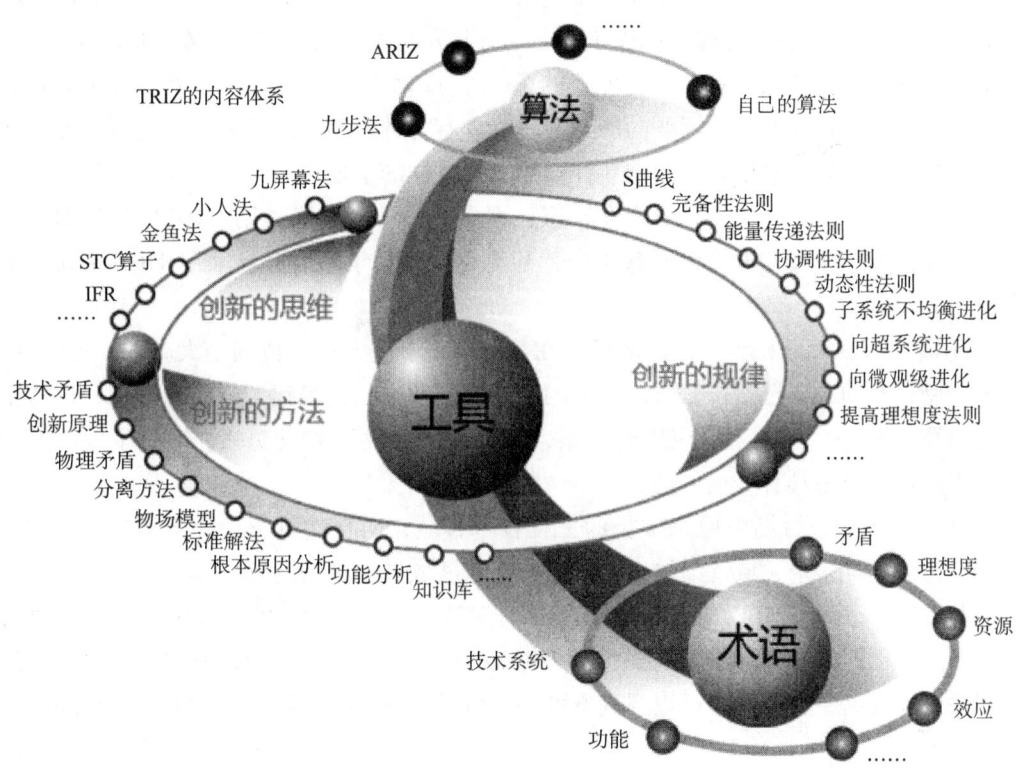

图 3-2　TRIZ 核心思想工具图

①在解决发明问题的实践中，人们遇到的各种矛盾以及相应的解决方案总是重复出现；

②用来彻底而不是折中解决技术矛盾的创新原理与方法，其数量并不多，一般科技人员都可以学习、掌握；

③解决本领域技术问题最有效的原理与方法，往往来自其他领域的科学知识。

四、TRIZ 的具体应用

任何一项理论要想得到广泛应用，首先取决于人们对其认知和普及程度。我们来看一看，TRIZ 在它的诞生地的情况。苏联对于创造力教育一直高度重视。从 20 世纪 70 年代起，不仅成立了发明家的组织，还建立了世界上第一批发明学校。在这些组织和学校里，人们可以学习和实践解决发明问题的技术，并使他们能够付诸实际。在苏联，在一些重要的科研机构和工程单位中，一度要求"每七个工程技术人员中有一个TRIZ工程师"。

在苏联的80座城市里，大约有100所这样的学校，在培养着大量的创新人才。每年，都有几千名科学工作者、工程师和学生们，在这些学校里研究和学习TRIZ。因为学生们在发明学校里的学习成绩，是以完成达到各级发明水平的毕业论文作为考核标准的，因而，在这里每年都能得到几百项发明的"产品"。在这些学校中，最著名的是阿奇舒勒于1970年在阿塞拜疆的巴库市设立的青年发明家学校，该学校在1971年改成了阿塞拜疆发明创新社会学院，是世界上的第一个TRIZ学习中心。该学院的任务是：训练学生具备解决各种发明性课题的能力，培养具有各种发明才能的人才。之后，在很多城市设立了发明创新学校、科技创新社会学院，这样的学校在20世纪80年代的时候超过了500所。事实上，在苏联及东欧国家，不少的科学家普遍采用TRIZ作为发明的工具。另外，不仅在大学理工科的教学中，甚至在中、小学阶段，也采用TRIZ来对学生进行创新教育。

TRIZ不仅在苏联得到广泛的应用，在美国的很多企业——特别是大企业，如波音、通用、克莱斯勒、摩托罗拉等公司——的新产品开发中，也得到了全面的应用，取得了可观的经济效益。TRIZ普遍应用的结果，不仅提高了发明的成功率，缩短了发明的周期，还使发明问题具有可预见性。

目前，TRIZ已逐渐由原来擅长的工程技术领域，向自然科学、社会科学、管理科学、生物科学等多个领域逐渐渗透，尝试解决这些领域遇到的问题。

调查资料显示，TRIZ现已在欧美和亚洲发达国家和地区的企业得到广泛的应用，大大提高了创新的效率。据统计，应用TRIZ的理论与方法，可以增加80%～100%的专利数量并提高专利质量；可以提高60%～70%的新产品开发效率；可以缩短50%的产品上市时间。

五、TRIZ的未来发展探讨

TRIZ面世并不意味着发明创新理论的终结与完成。相反，它可以指导人们发现新原理和总结新知识，使TRIZ本身可以随着科学技术的发展和社会的进步而不断地完善。TRIZ今后的研究和应用方向主要有两个：第一个是TRIZ本身的不断完善；第二个是进一步拓展TRIZ的应用领域。

①TRIZ是前人知识的总结和升华，受到了一定的时代限制。如何适应新的时代要求，把它的内容和体系进一步完善，使其逐步从"成长期"过渡到"成熟期"，一直是人们关注的焦点和研究的主要方向之一。如果把阿奇舒勒的所有理论成就定义为经典TRIZ的话，那么在阿奇舒勒去世后的最近10年，TRIZ已经派生出了不同的流派与分支，呈现出"百花齐放、百家争鸣"的局面。

②进一步探讨和拓展 TRIZ 的理论内涵，尤其是把信息技术、生命技术、社会科学等方面的原理和方法，融入 TRIZ 中。

③将 TRIZ 与其他一些新兴理论（如本体论）有机地结合在一起，从而让 TRIZ 指导发明创新的能力变得更加强大。

④全面拓展 TRIZ 的应用范围，从工程领域拓展到其他领域，使人们能够利用 TRIZ 去解决更广泛领域内的各种矛盾和发明问题，使 TRIZ 的受益面更广。

⑤要把利用 TRIZ 解决实际问题的实践和方法进一步软件化和工具化，尽快开发出适合更广阔领域、满足各种不同专业用途的系列化软件。

⑥在中国推广以 TRIZ 为核心的创新方法，还要涉及 TRIZ 本土化的问题。与电灯、汽车、计算机、微积分、进化论等科学技术一样，TRIZ 是"舶来品"，如何让这个"舶来品"适合中国的国情，根植于中国文化，在中国发扬光大，是研究与推广创新方法的首要任务之一。

⑦TRIZ 主要解决设计中如何（how）做的问题，但对设计中做什么（what）的问题未能给出合适的方法。大量的工程实例表明，TRIZ 的出发点是借助于经验，发现设计中的矛盾。矛盾发现的过程，是通过对问题的定性描述来完成的。其他的设计理论，特别是质量功能展开（quality function deployment，QFD）法，恰恰能解决做什么的问题。所以，将两者有机地结合，发挥各自的优势，将更有助于产品创新。但是，TRIZ 与 QFD 法都未给出具体的参数设计方法，稳健设计则特别适合于详细设计阶段的参数设计。将 QFD、TRIZ 和稳健设计集成，能形成从产品定义、概念设计到详细设计的强有力支持工具。因此，三者的有机集成，现已成为设计领域的重要研究方向。

相对于传统的创新方法，基于 TRIZ 的计算机辅助创新技术的出现，是 TRIZ 应用的全新发展。传统的创新方法大多停留在对创新的外围认识和创新技法技巧水平，从心理因素方面尽可能激发个人的创造性思维能力，而没有转化为真正的问题解决方法。它们在一定程度上显得比较抽象，可操作性差，创新效率比较低，无法面对当前各种各样大量技术难题的解决和创新需求。而 TRIZ 则成功地揭示了创造发明的内在规律和原理。相对于传统的创新方法，它着力澄清和强调系统中存在的矛盾，其目标是完全解决矛盾，而不是采取折中或者妥协的做法；而且，它基于产品技术的发展演化规律，研究的是整个设计与开发过程，而不再是随机的行为。尤其是它采用了科学的问题求解方法，将特殊的问题归结为 TRIZ 的一般性问题，应用 TRIZ 寻求标准解法，在此基础上演绎形成初始问题的具体解决方案，充分体现了科学的问题求解思想和技术特征。

第二节　奥斯本检核表法

所谓的检核表法，是根据需要研究的对象之特点列出有关问题，形成检核表，然后依次进行核对讨论，从而发掘出解决问题的大量设想。它引导人们根据检核项目的一条条思路来求解问题，力求比较周密的思考。奥斯本的检核表法是针对某种特定要求制定的检核表，主要用于新产品的研制开发。奥斯本检核表法是指以该技法的发明者奥斯本[①]命名、引导主体在创造过程中对照九个方面的问题进行思考，以便启迪思路、开拓思维想象的空间、促进人们产生新设想新方案的方法，主要面对九个大问题：有无其他用途、能否借用、能否改变、能否扩大、能否缩小、能否代用、能否重新调整、能否颠倒、能否组合。

奥斯本检核表法是一种产生创意的方法。在众多的创造技法中，这种方法是一种效果比较理想的技法。由于它突出的效果，被誉为创造之母。人们运用这种方法，产生了很多杰出的创意，以及大量的发明创造。这是因为它强制人去思考，有利于突破一些人不愿提问题或不善于提问题的心理障碍。提问，尤其是提出有创见的新问题本身就是一种创新。它又是一种多向发散的思考，使人的思维角度、思维目标更丰富。另外核检思考提供了创新活动最基本的思路，可以使创新者尽快集中精力，朝提示的目标方向构想、创造、创新。奥斯本检核表法有利于提高发现创新的成功率：创新发明最大的敌人是思维的惰性。大部分人思维总是自觉和不自觉沿着长期形成的思维模式来看待事物，对问题不敏感，即使看出了事物的缺陷和毛病，也懒于去进一步思索，不爱动脑筋，不进行积极的思维，因而难以有所创新。因为检核表法的设计特点之一是多向思维，用多条提示引导你去发散思考。如奥斯本创造的检核表法中有九个问题，就好像有九个人从九个角度帮助你思考。你可以把九个思考点都试一试，也可以从中挑选一两条集中精力深思。检核表法使人们突破了不愿提问或不善于提问的心理障碍，在进行逐项检核时，强迫人们思维扩展，突破旧的思维框架，开拓创新的思路，有利于提高发现创新的成功率。

利用奥斯本检核表法，可以产生大量的原始思路和原始创意，它对人们的发散思维有很大的启发作用。当然，运用此方法时，还要注意几个问题。它还要和具体的知识经验相结合。奥斯本只是提示了思考的一般角度和思路，思路的发展还要依赖人们的具体思考。运用此方法，还要结合改进对象（方案或产品）来进行思考。运用此方法，还可以自行设计大量的问题来提问。提出的问题越新颖，得到的主意越有创意。

奥斯本检核表法的优点很突出，它使思考问题的角度具体化了；同时它也存在缺点，该法是改进型的创意产生方法，必须先选定一个有待改进的对象，然后在此基础上设法加以改进。奥斯本检核表法不是原创型的，但有时候，也能够产生原创型的创意。比如，把一个产品的原理引入另一个领域，就可能产生原创型的创意。

奥斯本检核表法的核心是改进，或者说，关键词是改进，即通过变化来改进。

其基本做法是：首先，选定一个要改进的产品或方案；其次，面对一个需要改进的产品或方案，或者面对一个问题，从下列角度提出一系列的问题，并由此产生大量的思路；最后，根据提出的思路，进行筛选和进一步思考、完善。

---

① 亚历克斯·奥斯本是美国创新技法和创新过程之父。1941年出版《思考的方法》提出了世界上第一个创新发明技法"智力激励法"。1941年出版世界上的第一部创新学专著《创造性想象》，提出了奥斯本检核表法，此书的销量4亿册，曾一度超过《圣经》。

（1）实施步骤

①根据创新对象明确需要解决的问题；

②根据需要解决的问题，参照表中列出的问题，运用丰富想象力，强制性地一个个核对讨论，写出新设想；

③对新设想进行筛选，将最有价值和创新性的设想筛选出来。

（2）过程中的注意事项

①要联系实际一条一条地进行核检，不要有遗漏。

②要多核检几遍，效果会更好，或许会更准确地选择出所需创新、发明的方面。

③在检核每项内容时，要尽可能地发挥自己的想象力和联想力，产生更多的创造性设想。进行检索思考时，可以将每大类问题作为一种单独的创新方法来运用。

④核检方式可根据需要，一人核检也可以，三至八人共同核检也可以。集体核检可以互相激励，产生头脑风暴，更有希望创新。

奥斯本的检核表法属于横向思维，以直观、直接的方式激发思维活动，操作十分方便，效果也相当好。

下述九组问题对于任何领域创造性地解决问题都是适用的，这75个问题不是奥斯本凭空想象的，而是他在研究和总结大量近现代科学发现、发明、创造事例的基础上归纳出来的。

①现有的东西（如发明、材料、方法等）有无其他用途？保持原状不变能否扩大用途？稍加改变，有无别的用途？

人们从事创造活动时，往往沿着这样两条途径：一种是当某个目标确定后，沿着从目标到方法的途径，根据目标找出达到目标的方法；另一种则与此相反，首先发现一种事实，然后想象这一事实能起什么作用，即从方法入手将思维引向目标。后一种方法是人们最常用的，而且随着科学技术的发展，这种方法将越来越广泛地得到应用。

某个东西，"还能有其他什么用途？""还能用其他什么方法使用它？"……这能使我们的想象活跃起来。当我们拥有某种材料，为扩大它的用途，打开它的市场，就必须善于进行这种思考。德国有人想出了300种利用花生的实用方法，仅仅用于烹调，他就想出了100多种方法。橡胶有什么用处？有家公司提出了成千上万种设想，如用它制成床毯、浴盆、人行道边饰、衣夹、鸟笼、门扶手、棺材、墓碑等。炉渣有什么用处？废料有什么用处？边角料有什么用处？……当人们将自己的想象投入这条广阔的"高速公路"上就会以丰富的想象力产生出更多的好设想。

②能否从别处得到启发？能否借用别处的经验或发明？外界有无相似的想法，能否借鉴？过去有无类似的东西，有什么东西可供模仿？谁的东西可供模仿？现有的发明能否引入其他的创造性设想之中？

当伦琴发现"X射线"时，并没有预见到这种射线的任何用途。因而当他发现这种射线具有广泛用途时，他感到吃惊。通过联想借鉴，现在人们不仅已用"X射线"来治疗疾病，外科医生还用它来观察人体的内部情况。同样，电灯在开始时只用来照明，后来，改进了光线的波长，发明了紫外线灯、红外线加热灯、灭菌灯等。科学技术的重大进步不仅表现在某些科学技术难题的突破上，也表现在科学技术成果的推广应用上。一种新产品、新工艺、新材料，必将随着它的越来越多的新应用而显示其生命力。

③现有的东西是否可以做某些改变？改变一下会怎么样？可否改变一下形状、颜色、音响、味道？是否可改变一下意义、型号、模具、运动形式？……改变之后，效果又将如何？

如汽车，有时改变一下车身的颜色，就会增加汽车的美感，从而增加销售量。又如面包，给它裹上一层芳香的包装，就能提高嗅觉诱力。据说妇女用的游泳衣是婴儿衣服的模仿品，而滚柱轴承改成滚珠轴承就是改变形状的结果。

④放大、扩大。现有的东西能否扩大使用范围？能不能增加一些东西？能否添加部件，拉长时间，增加长度，提高强度，延长使用寿命，提高价值，加快转速？……

在自我发问的技巧中，研究"再多些"与"再少些"这类有关联的成分，能给想象提供大量的构思设想。使用加法和乘法，便可能使人们扩大探索的领域。

"为什么不用更大的包装呢？"——橡胶工厂大量使用的黏合剂通常装在一加仑的马口铁桶中出售，使用后便扔掉。有位工人建议黏合剂装在五十加仑的容器内，容器可反复使用，节省了大量马口铁。

"能使之加固吗？"——织袜厂通过加固袜头和袜跟，使袜子的销售量大增。

"能改变一下成分吗？"——牙膏中加入某种配料，成了具有某种附加功能的牙膏。

⑤缩小、省略。缩小一些怎么样？现在的东西能否缩小体积，减轻重量，降低高度，压缩、变薄？……能否省略，能否进一步细分？……

前面一条沿着"借助于扩大""借助于增加"而通往新设想的渠道，这一条则是沿着"借助于缩小""借助于省略或分解"的途径来寻找新设想。袖珍式收音机、微型计算机、折叠伞等就是缩小的产物。没有内胎的轮胎，尽可能删去细节的漫画，就是省略的结果。

⑥能否代用。可否由别的东西代替，由别人代替？用别的材料、零件代替，用别的方法、工艺代替，用别的能源代替？可否选取其他地点？

如在气体中用液压传动来替代金属齿轮，又如用充氩的办法来代替电灯泡中的真空，使钨丝灯泡提高亮度。通过取代、替换的途径也可以为想象提供广阔的探索领域。

⑦从调换的角度思考问题。能否更换一下先后顺序？可否调换元件、部件？是否可用其他型号，可否改成另一种安排方式？原因与结果能否对换位置？能否变换一下日程？……更换一下，会怎么样？

重新安排通常会带来很多的创造性设想。飞机诞生的初期，螺旋桨安排在头部，后来，将它装到了顶部，成了直升机，喷气式飞机则把它安放在尾部，说明通过重新安排可以产生种种创造性设想。商店柜台的重新安排，营业时间的合理调整，电视节目的顺序安排，机器设备的布局调整……都有可能导致更好的结果。

⑧从相反方向思考问题，通过对比也能成为萌发想象的宝贵源泉，可以启发人的思路。倒过来会怎么样？上下是否可以倒过来？左右、前后是否可以对换位置？里外可否

倒换？正反是否可以倒换？可否用否定代替肯定？……

这是一种反向思维的方法，它在创造活动中是一种颇为常见和有用的思维方法。第一次世界大战期间，有人就曾运用这种"颠倒"的设想建造舰船，建造速度也有了显著的加快。

⑨从综合的角度分析问题。组合起来怎么样？能否装配成一个系统？能否把目的进行组合？能否将各种想法进行综合？能否把各种部件进行组合？等等。

例如把铅笔和橡皮组合在一起成为带橡皮的铅笔，把几种部件组合在一起变成组合机床，把几种金属组合在一起变成种种性能不同的合金，把几件材料组合在一起制成复合材料，把几个企业组合在一起构成横向联合……

应用奥斯本检核表是一种强制性思考过程，有利于突破不愿提问的心理障碍。很多时候，善于提问本身就是一种创造（见表3-1和表3-2）。

表3-1　　　　　　　　　　奥斯本检核一

序号	检核项目	引出的发明
1	能否他用	其他用途：信号灯、装饰灯
2	能否借用	增加功能：加大反光罩，增加灯泡亮度
3	能否改变	改一改：改灯罩、改小电珠和用彩色电珠等
4	能否扩大	延长使用寿命：使用节电、降压开关
5	能否缩小	缩小体积：1号电池→2号电池→5号电池→7号电池→8号电池→纽扣电池
6	能否替代	代用：用发光二极管代小电珠
7	能否调整	换型号：两节电池直排、横排、改变式样
8	能否颠倒	反过来想：不用干电池的手电筒，用磁电机发电
9	能否组合	与其他组合：带手电收音机、带手电的钟等

表3-2　　　　　　　　　　奥斯本检核二

序号	检核问题	创新思路	创新产品
1	能否他用	用于保健	磁化杯、消毒杯、含微量元素的杯子
2	能否借用	借助电照技术	智能杯——会说话、会做简单提示
3	能否改变	颜色变化，形状变化	变色杯——随温度而能变色；仿形杯——按个人爱好特制
4	能否扩大	加厚、加大	双层杯——可放两种饮料；安全杯——底部加厚不易倒
5	能否缩小	微型化、方便化	迷你观赏杯，可折叠便携杯
6	能否替代	材料替代	以钢、铜、石、竹、木、玉、纸、布、骨等材料制作
7	能否调整	调整其尺寸比例工艺流程	新潮另类杯
8	能否颠倒	倒置不漏水	旅行杯——随身携带不易漏水
9	能否组合	将容量器具、炊具、保鲜等功能组合之	多功能杯

第三节 5W1H法

 一、5W1H法概论

1932年,美国政治学家拉斯维尔提出"5W分析法",后经过人们的不断运用和总结,逐步形成了一套成熟的"5W+1H"模式。

5W1H分析法也称六何分析法,是一种思考方法,也可以说是一种创造技法。是对选定的项目、工序或操作,都要从原因(why)、对象(what)、地点(where)、时间(when)、人员(who)、方法(how)这六个方面提出问题进行思考。这种看似很可笑、很天真的问话和思考办法,可使思考的内容深化、科学化。具体如表3-3所示:

表3-3　　　　　　　　　　5W1H分析法

	现状如何	为什么	能否改善	该怎么改善
对象(what)	生产什么	为什么生产这种产品或配件	是否可以生产别的	到底应该生产什么
目的(why)	什么目的	为什么是这种目的	有无别的目的	应该是什么目的
场所(where)	在哪儿干	为什么在那儿干	是否在别处干	应该在哪儿干
时间和程序(when)	何时干	为什么在那时干	能否其他时候干	应该什么时候干
作业员(who)	谁来干	为什么那人干	是否由其他人干	应该由谁干
手段(how)	怎么干	为什么那么干	有无其他方法	应该怎么干

1. 对象

公司生产什么产品?车间生产什么零配件?为什么要生产这个产品?能不能生产别的?我到底应该生产什么?

2. 场所

生产是在哪里干的?为什么偏偏要在这个地方干?换个地方行不行?到底应该在什么地方干?这是选择工作场所应该考虑的。

3. 时间和程序

例如现在这个工序或者零部件是在什么时候干的?为什么要在这个时候干?能不能在其他时候干?把后工序提到前面行不行?到底应该在什么时间干?

4. 人员

现在这个事情是谁在干?为什么要让他干?如果他既不负责任、脾气又很大,是不是可以换个人?有时候换一个人,整个生产就有起色了。

5. 手段

手段也就是工艺方法,例如,现在我们是怎样干的?为什么用这种方法来干?有没有别的方法可以干？到底应该怎么干？有时候方法一改，全局就会改变。

二、5W1H 分析法分析的四种技巧

1. 取消

现场能不能排除某道工序，如果可以就取消这道工序。

2. 合并

现场能不能把几道工序合并，尤其在流水线生产上合并的技巧能立竿见影地改善并提高效率。

3. 改变

如上所述，改变一下顺序、改变一下工艺就能提高效率。

4. 简化

将复杂的工艺变得简单一点，也能提高效率。

无论对何种工作、工序、动作、布局、时间、地点等，都可以运用取消、合并、改变和简化四种技巧进行分析，形成一个新的人、物、场所结合的新概念和新方法，如图 3-3 所示。

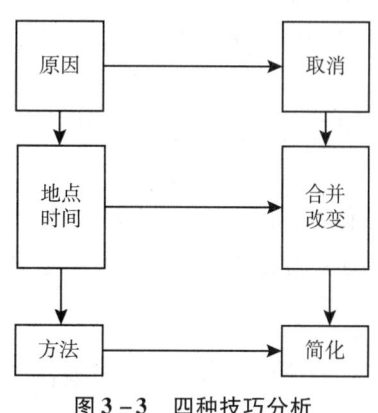

图 3-3 四种技巧分析

第四节 移 植 法

一、移植法的基本概念

移植法是将某个学科、领域中的原理、技术、方法等，应用或渗透到其他学科、领域中，为解决某一问题提供启迪、帮助的创新思维方法。其原理是在各种理论和技术互相之间的转移。一般是把已成熟的成果转移、应用到新的领域，用来解决新的问题，因

此，它是现有成果在新情境下的延伸、拓展和再创造。

 二、移植法的基本方法

1. 原理移植

即把某一学科中的科学原理应用于解决其他学科中的问题。例如，电子语音合成技术最初用在贺年卡上，后来就把它用到了倒车提示器上，又有人把它用到了玩具上，出现会哭、会笑、会说话、会唱歌、会奏乐的玩具。

2. 技术移植

即把某一领域中的技术运用于解决其他领域中的问题。例如，将应用于医学中的无痛切割技术转移到鹿茸切割技术中。

3. 方法移植

即把某一学科、领域中的方法应用于解决其他学科、领域中的问题。例如，把荷兰的"小人国"的微缩处理方法移植到深圳，建成了具有中国特色和现代意味的崭新名胜"锦绣中华"。

4. 结构移植

即将某种事物的结构形式或结构特征，部分地或整体地运用于另外的某种产品的设计与制造。例如，将蜜蜂蜂巢结构应用于人类房屋的构建。

5. 功能移植

即通过设法使某一事物的某种功能也为另一事物所具有而解决某个问题。

6. 材料移植

就是将材料转用到新的载体上，以产生新的成果。例如，用塑料和玻璃纤维取代钢来制造坦克的外壳，不但减轻了坦克的重量，而且具有避开雷达的隐形功能。

第五节　六项思考帽法

六项思考帽是英国学者爱德华·德·博诺（Edward de Bono）博士开发的一种思维训练模式，或者说是一个全面思考问题的模型。它提供了"平行思维"的工具，避免将时间浪费在互相争执上。强调的是"能够成为什么"，而非"本身是什么"，是寻求一条向前发展的路，而不是争论谁对谁错。运用德博诺的六项思考帽，将会使混乱的思考变得更清晰，使团体中无意义的争论变成集思广益的创造，使每个人变得富有创造性。

所谓六项思考帽，是指使用六种不同颜色的帽子代表六种不同的思维模式。任何人都有能力使用以下六种基本思维模式：

白色思考帽：白色是中立而客观的。戴上白色思考帽，人们思考的是关注客观的事实和数据。

绿色思考帽：绿色代表茵茵芳草，象征勃勃生机。绿色思考帽寓意创造力和想象力。它具有创造性思考、头脑风暴、求异思维等功能。

黄色思考帽：黄色代表价值与肯定。戴上黄色思考帽，人们从正面考虑问题，表达乐观的、满怀希望的、建设性的观点。

黑色思考帽：戴上黑色思考帽，人们可以运用否定、怀疑、质疑的看法，合乎逻辑地进行批判，尽情发表负面的意见，找出逻辑上的错误。

红色思考帽：红色是情感的色彩。戴上红色思考帽，人们可以表现自己的情绪，还可以表达直觉、感受、预感等方面的看法。

蓝色思考帽：蓝色思考帽负责控制和调节思维过程。它负责控制各种思考帽的使用顺序，规划和管理整个思考过程，并负责做出结论。

下面是一个六项思考帽在会议中的典型的应用步骤：

①陈述问题（白帽）；
②提出解决问题的方案（绿帽）；
③评估该方案的优点（黄帽）；
④列举该方案的缺点（黑帽）；
⑤对该方案进行直觉判断（红帽）；
⑥总结陈述，做出决策（蓝帽）。

第六节　信息交合法

信息交合法，是华夏研究院思维技能研究所所长许国泰副教授于1983年首创的。又可以称为"要素标的发明法"，或称为"信息反应场法"。信息交合法是一种在信息交合中进行创新的思维技巧，即把物体的总体信息分解成若干个要素，然后把这种物体与人类各种实践活动相关的用途进行要素分解，把两种信息要素用坐标法连成信息标X轴与Y轴，两轴垂直相交，构成"信息反应场"，每个轴上各点的信息可以依次与另一轴上的信息交合，从而产生新的信息。

1. 公理

第一个公理：不同信息的交合可产生新信息。
第二个公理：不同联系的交合可产生新联系。

2. 定理

第一个定理：心理世界的构象即人脑中勾勒的印象，由信息和联系组成。定理1表明：其一，不同信息、相同联系所产生的构象。比如轮子与喇叭是两个不同信息，但交合在一起组成了汽车，轮子可行走，喇叭则发出声音表示"警告"。其二，相同信息、不同联系产生的构象。比如，同样是"灯"，可吊、可挂、可随身携带（手电筒），也可做成无影灯。其三，不同信息、不同联系产生的构象，比如，独轮自行车本来与盒、碗、勺没有必然联系，但杂技演员将它们交合在一起，构成了杂技节目这一物象。

第二个定理：新信息、新联系在相互作用中产生。

第三个定理：具体的信息和联系均有一定的时空限制性。定理2则表明：没有相互作用就不能产生新信息、新联系。所以"相互作用"（即一定条件）是中介。当然，只要有了这种一定条件，任何的信息均可以进行联系。比如，手杖与枪是风马牛不相及的不同信息，但是，在战争范畴（条件）内，则可以交合"手杖式枪支"。

两个公理告诉我们，世界是相互联系的，而信息则是联系的印记。在联系的相互作用中，不断地产生着新信息、新联系。任何事物均有一定的条件限制。信息交合法也不是万能的，它只不过是一种较有实用价值的思维技巧。它不可能取代所有的人类的思维技巧，更不可能取代人类的任何思维活动。

信息交合法，有自己独特的特点。主要表现在：信息交合法不但能使人们的思维更富有发散性，应用范围也更广泛得多，而且这种方法能够有助于人们在发明创造活动中，不断地强化理性的逻辑思维能力的培养，同时在创造思维、创造教育中，作为教学、培养、培训方法，显得更系统、深刻和实用。

第七节　创新成果的保护与转化

 一、创新成果的保护途径

1. 保守秘密

对技术的关键问题秘而不宣（不申报专利）。

2. 申请专利

一旦获得专利权，就将受到专利法保护。

3. 通过其他非法律途径保护

（1）申请鉴定

确定发明成果的质量和水平。

公开成果，防止别人再申请专利。

（2）报请奖励

奖励后就得到了国家和社会的肯定，无形中也对该发明的成果形成一定程度的保护。

（3）发表文章

通过在国内外有关媒体，一般是学术刊物上公开发表有关文章来证明自己是最先完成者或发明人。同时，也可以排除他人申请雷同专利的可能。

（4）占领市场

如发明成果经开发实施后，能以绝对实力大量占有市场，使别人无力与之相竞争，也可以达到对发明成果的保护目的。

 二、专利与应用技术的保护

从维权方式来讲，基于专利权的公示性和侵权判断的无过错判断原则，专利权维权对于创新者维权来讲更为主动；因此，对于创新成果首先需要考虑通过专利权进行保护。

由于专利保护的对象或者单位为技术方案，而"技术方案"具有主观性。如汽车技术为一个技术方案，汽车发动机也是一个技术方案，汽车发动机的传动机构还是一个技术方案。……汽车发动机传动机构的传动轮的轮轴和安装键的加工工艺的退火处理也是一个技术方案。对于一个确定的创新成果，理论上可以分成无数个技术方案；因此，基于一定的原则，针对一个创新成果布局一个专利群（高级说法叫专利池）可能是一个较优的选择。多个专利组成的专利群就如不同军种形成的联合集团军，可能具有无坚不摧的作用。

对于不能申请专利保护的创新，可以考虑通过商业秘密（技术秘密）进行保护。当然，通过商业秘密保护需要满足反不正当竞争法的要求，要满足不为公众所知悉、价值性及保密性的条件，基于商业秘密权非公示性及侵权过错责任判断原则，要获得商业秘密保护，需要有合适的保密措施进行配套。

最理想的情形是，专利与商业秘密的结合共同对某项创新成果进行保护。创新成果总是具体的，总是涉及最优的技术方案、最好的技术参数。如果能够通过专利将定性的技术成果进行保护，通过商业秘密将最优的技术方案及最好的技术参数进行保护将是极好的。这样，别人仅偷走您的专利权，在实施过程中，并不能产生最佳的技术效果；同时，您还可以利用专利大棒，对侵权者进行打击。专利+技术秘密将是"天设地配"。

对于一些技术成果，不仅要通过法律进行保护，为了应对"反向工程"的破解，也要考虑在专利产品中通过技术手段进行保护。具体是，通过对专利产品设置一些技术障碍和措施，使他人无法通过对合法产品的反向工程获得您最优的技术成果和商业秘密。在侵权案件中，就遇到拆开侵权产品，无法正常安装或恢复原状的情形；该侵权产品就可能为了应对反向工程而采取了一些技术手段。

 三、商标的保护

"商标"一词表明，只有在商业活动中使用的标记才可以称之为商标。在相关的市场竞争活动中，商标所有人为了出售更多的商品或者提供更多的服务，通常会通过技术革新、广告宣传、售后服务等手段，提高相关商标的知名度。至于消费者认牌购货，信赖某种商标所标示的商品或者服务，则是我们通常所说的"商誉"。

商标保护是指对商标依法进行保护的行为、活动，商标保护也是指对商标进行保护的制度（程序法或实体法），目前我国对商标的保护已经很完善了。

商标保护的作用在于使商标注册人及商标使用权人的商标使用权受到法律的保护，告知他人不要使用与该商标相同或近似的商标，追究侵犯他人注册商标专用权的违法分子的相关责任，保证广大的消费者能够通过商标区分不同的商品或服务的提供者，同时，最大限度地维护消费者和企业的合法权益。

商标保护有两种方式，一种是由国家各级工商行政管理部门或公安经济侦查部门主动行使权力对主管辖区内发生的假冒注册商标、商标侵权案件进行依法查处，另一种是由企业、个人向上述两个权力部门举报商标违法、犯罪行为或由相关商标使用权人向法院起诉商标侵权。

商标注册是指商标所有人为了取得商标专用权，将其使用的商标，依照国家规定的注册条件、原则和程序，向商标局提出注册申请，商标局经过审核，准予注册的法律事实。经商标局审核注册的商标，便是注册商标，享有商标专用权。

注册流程如图3-4所示：商标查询（2天内）→申请文件准备（3天内）→提交申请（2天内）→缴纳商标注册费用→商标形式审查（1个月）→下发商标受理通知书→商标实质审查（12个月）→商标公告（3个月）→颁发商标证书。（2014年5月1日实施新的商标法，商标实质审查期9个月。）

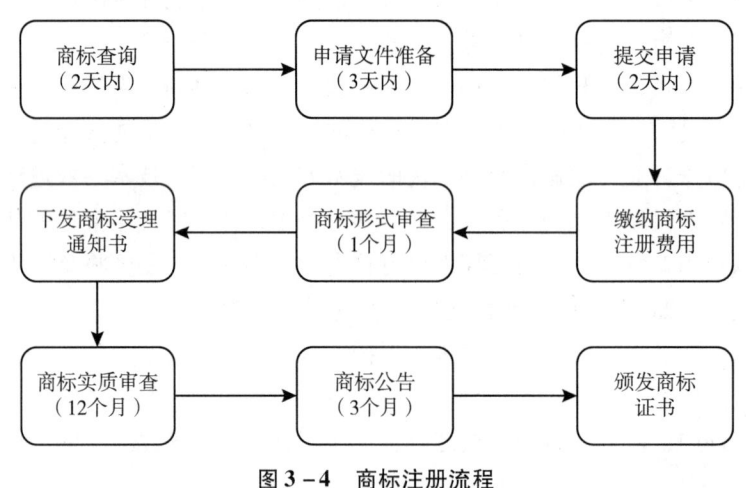

图3-4 商标注册流程

1. 商标查询

商标查询是指商标注册申请人或其代理人在提出注册申请前，对其申请的商标是否与在先权利商标有无相同或近似的查询工作。

以下几种情况在此说明：

①本身缺乏显著性或属于商标法律禁注禁用的词语不能通过查询来判断其申请注册

是否能被核准；

②如有在先申请的相同或近似商标在查询时还未进入商标局数据库，因两者时间相近会使查询结果无法反映；

③如查询报告提供了几个可能构成近似的商标，代理人只是通过一般审查标准和经验来做出分析，其意见仅供参考，并不能代表商标局的审查意见；

④对于组合商标，如仅查询了商标的一部分（如中文或英文），而实际申请商标中的其他部分（如图形）与他人的注册商标相同或近似也会导致商标整体被驳回；

⑤委托人在查询时仅提供了商标的名称，但实际申请时所提供的商标设计稿中由于字体、色彩、结构或排列的差异，也会导致查询结果不能完全反映相同或近似的程度。

2. 商标审查

商标审查分形式审查和实质审查。

①商标形式审查（3~4个月），确立申请日十分重要，由于中国商标注册采用申请在先原则，一旦发生申请日的先后成为确定商标权的法律依据，商标注册的申请日以商标局收到申请书件的日期为准，商标局收到商标申请书对于符合形式要件的申请书发放受理通知书。

②商标实质审查（12个月），商标实质审查是商标注册主管机关对商标注册申请是否合乎商标法的规定所进行的检查、资料检索、分析对比、调查研究并决定给予初步审定或驳回申请等一系列活动。在此期间，在该商标未获准注册以前，请不要在使用中标注注册标记（如："注册商标""®"等），可以标记"TM"。另外，在未核准注册以前，带有该商标的商品及包装物或商标标识不宜一次制作过多，以防因注册受阻而造成不必要的损失。

3. 初审公告

商标的审定是指商标注册申请经审查后，对符合《商标法》有关规定的，允许其注册的决定。并在《商标公告》中予以公告。3个月内没有人提出异议或提出异议经裁定不成立的，该商标即注册生效，发放注册证。

四、知识产权商业化

（一）知识产权商业化概念与主要方式

知识产权商业化涉及的内容比较广泛，与知识产权涵盖的范畴相对应，某一个人或组织将其各种智力创造比如发明、文学和艺术作品，以及在商业中使用的标志、名称、图像以及外观设计，为扩大其经济效益所采取的行为，均可视为其知识产权的商业化，如：专利的利用、技术的转移、产权的交易、版权的授权等，它与个人和组织对其智力劳动成果的创建、保护、管理、运用以及交易都息息相关。

（二）知识产权商业化存在形式

①以专利许可、买卖及诉讼为手段的形式；

②是以专利活化（patent liquidity enhancement）为目的的专利运营，通过专利集合为客户提供专利保护的形式；

③是投资研发与组织专利集合运营并行的形式。

（三）科技成果转化

科技成果转化，是指为提高生产力水平而对科学研究与技术开发所产生的具有实用价值的科技成果所进行的后续试验、开发、应用、推广直至形成新产品、新工艺、新材料，发展新产业等活动。

科技成果转化的概念可分为广义和狭义两种。广义的科技成果转化应当包括各类成果的应用，劳动者素质的提高、技能的加强、效率的增加等。狭义的科技成果转化实际上仅指技术成果的转化，即将具有创新性的技术成果从科研单位转移到生产部门，使新产品增加、工艺改进、效益提高，最终经济得到进步。

科技是经济增长的发动机，是提高综合国力的主要驱动力。促进科技成果转化、加速科技成果产业化，已经成为世界各国科技政策的新趋势。科技成果转化的途径，主要有直接和间接两种转化方式，并且这两种方式也并非泾渭分明，经常是相互包含的。

2016年1月，媒体报道，我国科技成果转化率不足30%，先进国家这一指标为60%~70%。

全国政协委员、长江学者创新团队带头人祝连庆表示："提高科技成果转化率，需要政府、高校和研发机构，以及企业三方同时发力，唯有如此才能研发出更适合实体经济发展的高科技成果，并进一步转化成高附加值的产品。"

（1）直接转化

①科技人员自己创办企业。

②高校、科研机构与企业开展合作或合同研究。

③高校、研究机构与企业开展人才交流。

④高校、科研院所与企业沟通交流的网络平台。

（2）间接转化

科技成果的间接转化主要是通过各类中介机构来开展的。机构类型和活动方式多种多样。在体制上，有官办的、民办的，也有官民合办的；在功能上，有大型多功能的机构（如既充当科技中介机构，又从事具体项目的开发等），也有小型单一功能的组织。

①通过专门机构实施科技成果转化。

②通过高校设立的科技成果转化机构实施转化。

③通过科技咨询公司开展科技成果转化活动。

第四章 创业者素质与能力培养

第一节 创业概述

 一、创业内涵

"创业"已经成为新时代的关键词。"创业"一词其实在中国由来已久,目前,创业已经成为一个专门领域内的专有名词,但是,对于创业的内涵界定学术界目前还没有统一的说法,存在一定的差异。

(一)国外学者的观点

著名学者熊彼特(1934)认为,创业就是创新,即创业的过程就是创新的过程,创新者就是创业者,创业者通过创新使自由市场经济的内在矛盾得以克服,从而促使经济得以增长。科尔(Cole,1965)把创业定义为发起、维持和发展以利润为导向的企业的有目的性的行为。奥地利经济学派著名学者柯兹纳(Kirzner,1973)给出的创业概念是与套利交易相联系的,他从认知学的角度认为创业就是准确预见下一个市场缺点或不均衡之处的能力,创业者应当具有捕捉市场获利机会的能力和能够利用自己特有的知识来认知这种机会,并通过对机会的开拓获取回报。美国经济学家哈维·莱本斯坦(Leibenstein,1978)认为,公司不一定非要在他们生产能力的外界约束条件下运行,因此,创业就是比企业竞争对手做得更好更强的一种能力。史蒂文森、罗伯茨和格罗斯贝克(Stevenson,Roberts & Grousbeck,1985)认为创业应该是一种被感知到的机会所驱动的行为,而不是被现有资源控制的一种行为。韦伯(Weber,1990)提出创业是一个人接管和组织一个经济体的某部分,并且以自己可以承受的经济风险通过交易来满足对利润的追求,目的是为了创造价值。加特纳(Gartner,1990)用德尔菲法对创业的概念进行了研究,认为创业的内涵主要表现在创业者的个人特性和他的创业行为结果两个方面。

(二)国内学者的观点

宋克勤(2002)认为创业是创业者通过发现和识别商业机会,组织各种资源提供产品或服务，用以创造价值的过程。创业包括创业者、商业机会、组织和资源等要素。张健等（2003）认为创业是一个跨越多个学科领域的复杂现象，不同学科都从其独特的研究视角进行观察和研究，这些学科包括经济学、心理学、社会学、人类学、管理学等，而在各个学科领域又衍生出不同的创业研究方向。罗天虎（2004）认为社会上的个人或群体为了改变现状、造福后人，依靠自己的力量创造财富的艰苦奋斗过程，是开创事业和积累财富的过程，创业活动具有开拓性、自主性和功利性等基本特征。刘健钧（2005）则强调创业是一种创建企业的过程或活动，创业与创新有着必然的联系，但创新并不必然地导致创业活动。义鸿等（2005）认为创业和创业者的定义是密不可分的。创业就是一个发现和捕捉机会并由此创造出新颖产品或服务并实现其潜在价值的过程。

综上所述，创业是一种精神，是一种意识，是一种素质；创业不是个人行为，是合作和表率；创业不是牟取暴利，是奉献与无私；创业不但指部分人的创立企业，而且是指人类对所有事业的创新和创造。

创业是一个发现和捕获机会并由此创造出新颖产品以及服务实现其潜在价值的过程。创业必须投入必要的时间和付出一定的努力，承担相应的财务、心理和社会风险，并能在金钱和个人成就感方面取得回报。具体来讲，从事创业的主体将是一个新颖的、创新的、灵活的、有活力的、有创造性的以及能承担风险的个人或是群体。具体来说，创业的本质概念可以概括为：

（1）创业是创造的一种过程

创业者通过创业活动创造出了某种有价值的新事物，这种新事物是有价值的，不仅对创业者本身有价值，而且对其开发的某些目标对象有价值。比如，当创业者从事商业方面的创业行为时，其目标对象就是市场上的购买群体，是创业企业的客户；当创业者创造出的是一个虚拟的信息服务平台的时候，其目标对象就是信息所涉及的需求者；当创业者创造的是一所教育培训机构的时候，其目标对象就是受训者。

（2）创业需要贡献必要的时间，付出极大的努力

创业者要创造新的有价值的事物和经营模式，就需要大量的时间，而要获得成功，没有极大努力和持续的坚持是无法完成的。

（3）创业需要承担相应的风险

创业的风险可能有几种不同的形式，依赖于创业的领域，但通常的风险不外乎财务风险、竞争风险和社会领域的风险等几个方面，创业者需要有面对风险的心理能力和应对风险的能力。

（4）创业会获得相应的回报

作为创业者，最重要的回报可能是事业的确立并由此获得的个人的满足，对于商业领域的创业者而言，金钱是衡量成功的一种重要标尺。

对于一个真正开始自己事业的人来说，创业是一项充满激情、挫折、忧虑和艰难的工作。由于市场疲软、竞争激烈、资金匮乏、管理经验不足等各种原因，创业失败的比例非常高，但是一旦成功其回报也是非常高的。

二、创业的要素与模式

（一）创业三要素

创业是一个复杂和复合的系统，需要很多前提、条件、资源和要素。"创业教育之父"美誉的杰弗里·蒂蒙斯（Jeffry A. Timmons）是创业教育的先驱，他提出了创业要素模型——蒂蒙斯模型①，如图4-1所示。

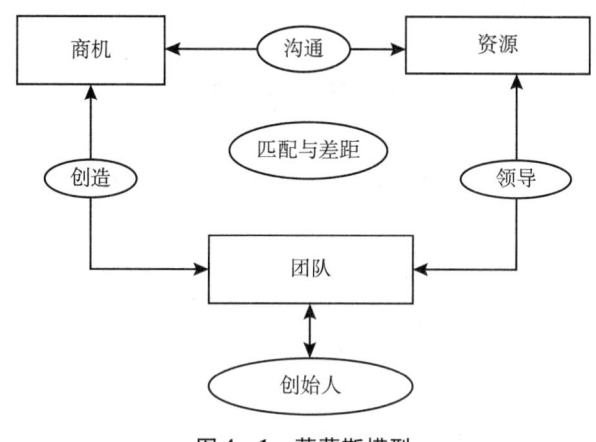

图4-1 蒂蒙斯模型

蒂蒙斯模型提出，创业的关键要素有机会、创业者及其创业团队、资源。这三个要素是任何创业活动都不可或缺的。没有机会，创业活动就成了盲目的行动，根本谈不上创造价值；机会普遍存在，没有创业者识别和开发机会，创业活动也不可能发生；合适的创业者把握住合适的机会，还需要有资源，没有资源，机会就无法被开发和利用。

蒂蒙斯模型突出了要素之间匹配与平衡发展的思想，蒂蒙斯认为，在创业活动中，不论是机会，还是团队，抑或是资源，都没有好和差之分，重要的是匹配和平衡。这里说的匹配，既包括机会与创业者之间的匹配，也包括机会与资源之间的匹配。机会、创业者、资源之间的平衡和协调，是创业成功的基本保证。

创业的三要素很重要，但不是静止不变的。随着创业过程的展开，其重点也会相应地发生变化。创业过程实际上是创业的三个因素相互作用，由不平衡向平衡方向发展的过程。成功的创业活动，不但要将机会、创业者及其创业团队、资源三者做出最适当的搭配，而且要使其在事业发展过程中始终处于动态的平衡状态。

---

① 杰弗里·蒂蒙斯，小斯蒂芬·斯皮内利. 创业学（第6版）. 周伟民，吕长春，译. 北京：人民邮电出版社，2005：67.

（二）创业四模式

随着全球化信息化时代和移动互联网的迅猛发展，大数据、人工智能等新技术的出现，创业活动的类型呈现多样化的趋势，从谁创业、在哪里创业、创业效果等三个方面分类，具有典型意义的模式有四种。

1. 互联网创业模式

互联网创业是指利用互联网作为平台进行创业的行为。互联网创业是我国大学生创业的主要模式，经过多年发展，目前网络创业方兴未艾，充满极大的潜力，网络创业公司层出不穷。表4-1所示中外知名网络创业公司。

表 4-1　　　　　　　　中外知名网络创业公司概况　　　　　　　　单位：美元

网站名称	主要业务领域	收入主要来源	市值
谷歌（Aoogle）	搜索服务	广告	7948亿
亚马逊（Amazon）	零售	书籍零售	8270亿
脸谱网（Facebook）	社交服务	广告	1029亿
腾讯	社交服务	网络游戏和虚拟空间	4700亿
eBay	产品展示和交易服务	拍卖、第三方支付	380亿
百度	搜索服务	广告	903亿
阿里巴巴	零售服务	交易担保提成和推广费用	5148亿

注：市值为2018年6月股票的市场价值。

2. 生存型创业与机会型创业模式

生存型创业指为解决面临的生存困难而进行的创业活动，如很多下岗职工的创业行为。生存型创业的特征有：（1）生存型创业是面对现有的市场，最常见的是在现有市场中捕捉机会，表现出创业市场的现实性。（2）生存型创业从事的是技术壁垒低、不需要很高技能的行业。（3）生存型创业受生活所迫，物质资源贫乏，从事低成本、低门槛、低风险、低利润的创业，往往无力雇用工人。在我国所有创业活动中，生存型创业所占比重在90%左右，创业者大部分文化水平不高，创业项目也主要集中在餐饮副食、百货等微利行业，创业目的大多仅仅是为了养家糊口，补贴家用。

机会型创业指个人抓住现有机会并实现其价值的强烈愿望而进行的创业活动，如比尔·盖茨创建微软公司、马云创建阿里巴巴公司。据调查，美国90%以上的创业活动属于机会型。机会型创业不仅能解决自己的就业问题，经营状况较好的还能聘请员工，带动他人就业。另外，机会型创业着眼于新的市场机会，拥有更高的技术含量，有可能创造更大的经济效益，从而改善经济结构。因此，无论是从缓解就业压力还是改善经济结构的目的出发，政府更关注机会型创业，大力倡导机会型创业。

3. 个体创业与公司创业模式

个体创业指不依托于某一特定组织而开展的创业活动，而公司创业指被已有组织发起的组织的创造、更新与创新活动。虽然在创业本质上，二者有许多共同点，但是由于起初的资源禀赋不同、组织形态不同、战略目标不同等，在诸多方面也有很大的差异。两者的主要差异点见表4-2。

表4-2　　　　　　　　　　个体创业和公司创业的主要差异点[①]

个体创业	公司创业
创业者承担风险	公司承担风险，而不是与个体相关的生涯风险
创业者拥有商业概念	公司拥有概念，特别是与商业概念有关的知识产权
创业者拥有全部或大部分事业	创业者或许拥有公司的权益，可能只是很小的部分
从理论上讲，对创业者的潜在回报是无限的	在公司内，创业者所能获得的潜在回报是有限的
个体的一次失误可能意味着生涯失败	公司具有更多的容错空间，能够吸纳失败
受外部环境波动的影响较大	受外部环境波动的影响较小
创业者具有相对独立性	公司内部的创业者更多受团队的牵扯
在过程、试验和方向的改变上具有灵活性	公司内部的规则、程序和官僚体系会阻碍创业者的策略调整
决策迅速	决策周期长
低保障	高保障
缺乏安全网	有一系列安全网
在创业主意上，可以沟通的人少	在创业主意上，可以沟通的人多
至少在初期阶段，存在有限的规模经济和范围经济	能够很快地达到规模经济和范围经济
严重的资源局限性	在各种资源的占有上都有优势

4. 衍生创业模式

衍生企业指从已有组织（企业、大学或科研机构）中产生出来的企业，也指在现有组织中工作的个体或团队，脱离所服务的组织，凭借在过去工作中积累的经验和资源，独立开展创业活动的创业行为，图4-2给出了衍生企业创业的类型[②]。

在衍生创业中，母体组织中的高层管理者个人离开原来的组织进行独立创业比较少，衍生创业的主体一般是来自母体组织的一个团队，母体组织可以是企业组织，也可以是大学及科研机构。比如英特尔是一个衍生于仙童公司的企业，牛根生离开伊利公司创建蒙牛公司，中关村大量高新技术新创企业是衍生于相应的大学与科研机构。

[①] Morris M., Kuratko D. Corporate Entrepreneurship, Harcourt College Publishers, 2002.

[②] Koster S. Spin-off Firms and Individual Start-ups. Are they Really Different? The 44 ERSA Conference, 2004. August 25-29.

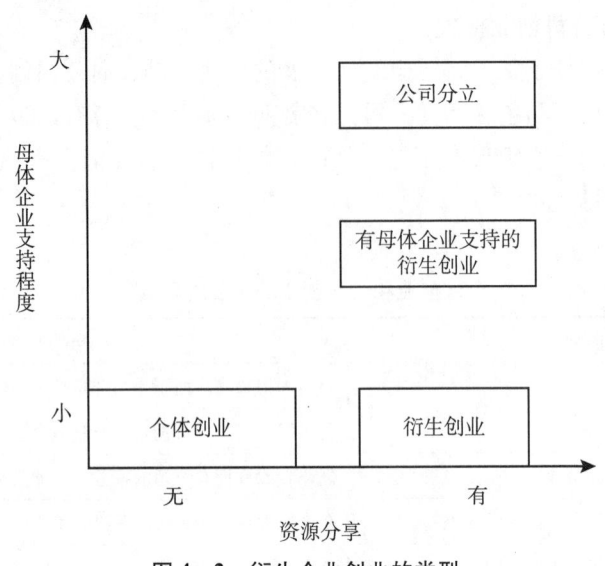

图 4-2　衍生企业创业的类型

三、创业精神

（一）创业精神的内涵

经济学家将创业精神称为"企业家精神"，主要指创业者通过创新的手段，将资源更有效地利用，为市场创造新的价值的过程。

创业精神可以区分为"个体的创业精神"和"组织的创业精神"两个不同的层面。"个体的创业精神"是以个人的力量，在个人意愿的引导下从事创新活动并进而创造一个新事业；而"组织的创业精神"则是指在组织内部，以群体力量追求共同愿景，从事组织创新活动。

在经济学家的眼中，创业精神既是一种思维方式，也是一种实践行为，其实质是创新。最先提出"创新"概念的熊彼特认为，创业精神是一股"创造性的破坏"力量，创业者采用的"新组合"使旧产业遭到淘汰，原有的经营方式被新的、更好的方式所摧毁。

创业精神包括以下特征：第一，建立私人王国梦想。熊彼特认为，对于没有其他机会获得社会地位的人来说，这样的梦想动力是巨大的。第二，对胜利的热情。为了成功本身而不仅仅是获得成功的成果。第三，创造的喜悦。第四，坚强的意志。管理学大师彼得·德鲁克也在《创新与企业家精神》一书中强调，通常企业家们本身并不带来变革，但企业家在寻求变革，并把变革作为机会予以利用，这就是企业家与企业家精神的定义。从经济学的视角研究创业精神，主要分为三个维度：创新性、冒险性、主动性。

总之，所谓"创业精神"是指能够对创业者起到引导、推动、规范作用的理想信念、观念意识、个性品质、行为取向及职业操守等。创业精神体现了创业者对创业价值的认识、判断，引导着创业者选择创业活动的方向、态度，规范着创业者的职业操守，激励着创业者实现创业的目标和理想。创业精神是创业教育的动力系统和基本内核，是大学生创业的精神支柱，是创业成功的关键因素。

（二）创业精神的要素

创业精神的构成要素包括创业理想、创业意愿、创业心理品质和创业意识。

创业理想是指，人们在创业实践中持有的一种奋斗目标、价值观念、人生追求，是人们对创业这一现象和过程所持有的根本看法和态度。在麦克斯研究院撰写的《2012年中国大学生就业报告》中，创业理想是2011届大学毕业生最重要的动力（本科和高职高专均为46%），因此加强创业理想的培养才是提升大学生自主创业的有效途径。金火眼科技公司CEO魏小强认为："在创业过程中，没有人会一帆风顺，多大的困难都有可能遇到。重要的是你是否有足够强大的内心去面对。如果将创业视为梦想，就拥有了直面困难，破解难题的动力和勇气。"

创业意愿是指人们对创业活动的倾向性反应，包括创业兴趣、创业需要、创业动机等内容，它体现出大学生对待创业的态度和行为取向。创业兴趣是创业活动的最初诱因，当创业者不断通过创业体验，对创业活动产生积极情绪和态度认可时，会激发产生更多的创业需要和动机，而且也能促进创业技能的发展，达到提高创业绩效的目的。创业需要明确指向生存和发展的社会性条件，如生活状况、社会地位、阶级和阶层、社会交往和人际关系、工作和事业等，没有创业需要，就很难出现创业行为，也不可能有更高层次的创业理想。创业动机主要是一种成就动机，即在完成创业任务时竭力追求获得最佳效果的心理动力，创业动机是当创业需要有了满足的可行性时产生的一种内部冲动，是实现创业成功的内在力量。对大学生而言，创业动机是多元性的，既包含解决经济和就业问题等低层次的需要，也包含实现人生价值及造福社会的高层次成就动机的需要。

创业心理品质是指在创业实践过程中对人的心理和行为起着调节作用的个性品质特征。彭钢（1995）认为，大学生创业需要具备的心理品质主要包括8种，分别是独立性、敢为性、坚韧性、克制性、适应性、合作性、缜密性和外向性。马云认为，一个创业者身上最优秀的素质，那就是永远乐观，乐观不仅是自己安慰自己、左手温暖右手，还要把自己的快乐分享给别人。

创业意识是指在创业中应具有的潜在的创业活动行为准则，主要包括商机意识、转化意识、战略意识、风险意识和勤奋敬业意识。商机意识是指创业者在创业之前、创业中和创业后有足够的市场敏锐度，可以宏观地审视经济环境，洞察未来市场形势的走向，以便作出正确的决策来保证企业的持续发展。转化意识就是把商机、机会等转化为生产力，把创业者的知识转化为智力资本、人际关系资本和营销资本。战略意识是指创业者需要对企业未来发展的愿景、宗旨和战略目标有清晰的认识与规划。需要指出的是，创业战略不止有一种，也没有绝对的好坏之分，关键要适合自己的创业之路。在这条路上应时刻保持着战略的高度，不以朝夕得失论成败。风险意识是指创业者要认真分析自己在创业过程中可能会遇到哪些风险及找到应对和化解风险的办法，创业者是否具备风险意识和规避风险的能力，将直接影响到创业的成败。勤奋敬业意识是指创业者要务实和勤奋，不能把创业活动停留在理论研究和主观构想上，从小投资开始，逐步积累经验，要有勇气去迈出第一步。李嘉诚说："事业成功虽然有运气在其中，主要还是靠勤劳，勤劳苦干可以提高自己的能力，就有很多机会降临在你面前。"

（三）创业精神的培养

创业精神培养的目的不单纯是提高大学生的创业技能，更重要的是塑造大学生的创业核心素质，为大学生全面发展奠定坚实的基础。创业精神的培养必须具有全面性、系统性、成长性的特点，从创业理想、创业文化、创新思维、创业心理品质、创业规范意识等多方面入手，社会、学校、大学生三者目标一致，发展协调，相辅相成，形成合力，并具有不断创新和完善的自觉力量。

四、创业者的心理素质要求

（一）领导欲

创业者需要具备并保持旺盛的斗志、充沛的精力和动力，克服自己的惰性，管理新创企业并推动其成长，自己是否能够保持旺盛的斗志和充沛的精力是准备成立一个新企业的人们所必须考虑的问题。领导人自身具备的领袖素质包括激情、负责任、信任、欣赏、付出等，领导能力是领导人的决策、授权、计划、组织、指挥等能力。

（二）独立性和成就感

与领导力密切相关的是对个人独立性的追求。创业者往往是喜欢按自己的方式做事的特立独行的人，这种人很难循规蹈矩地按别人的指令做事。渴望独立，也就是做自己的领导，通常被认为是一个创业者最强烈的心理需求之一。而对成就感的需求，一方面指的是一个人需要被社会承认；另一方面指一个人希望自我实现。

（三）风险承担

目前，几乎所有创业者的定义都会提到风险承担这一因素。承担风险，无论是财务方面、社会方面的风险，还是心理方面的风险，是创业过程不可分割的一部分。

值得一提的是，促使许多人决定自主创业的也许并不单纯是对风险的偏好，而是对他们自己降低风险能力的信心。面对各种潜在的不确定性，许多创业者相信兵来将挡、水来土掩，在解决各种不可预料的问题的过程中激发自己的创造性和潜力。几乎没有一个成功的创业者是遵循创业之初的规划按部就班地去成立和发展自己的企业的。正是在创造性地解决问题的过程中，创业者逐渐增强自己的抗风险能力。创业过程是一个学习和创造的过程，没有比做到连自己都不相信自己能做到的事情，更能给创业者带来个人成就感了。

五、创业者的能力素质要求

（一）商业机会敏感性

机会到处都有，创业者往往对机会更加敏感。比如20世纪70年代末，比尔·盖茨发现"个人电脑的触角将深入未来每一个家庭中"，成就了微软商业帝国。而当时的华人企业家王安对这一趋势不够敏感，使王安电脑公司作为当时世界上最大的办公软件企业很快走向衰败。1995年，马云去美国出差，第一次接触了个人电脑和互联网，敏锐地发现互联网领域所潜藏的商机，创立了阿里巴巴公司。可以说，成功的创业者都会为商机而殚精竭虑，时刻保持高度敏锐，这样，一旦好的机会来临，才不会错过。

（二）执行商

像智商、情商一样，每个人都有执行商。执行商是创业者取得商业成功的关键特质，它们深藏在创业者体内，主导着创业成败。比如阿里巴巴创始人马云认为，很多创业者失败的原因是"晚上想想千千路，早上起来走原路"。现实的创业者中，出身军人的创业者更易于成功，不是军人天生适合创业，而是在于军人具有较高的执行商。联想集团创始人柳传志所说："军队的执行能力，融化在我的血液中，军队总想把5%的希望变成100%的现实，军人的性格是一旦下了决心，不管刀山火海，也要一往无前。"亚马逊网站创始人杰夫·贝索斯曾说过："创意很容易，难的是执行。"

（三）领导力

马云在美国西点军校演讲时认为，领导者要做别人不想做的事，要做社会需要的事、消费者需要的事、人民需要的事。领导者不仅要聪明，还要智慧，聪明人可以过得很快乐，但智慧的人可以活得更长，因为他们知道如何放弃。

优秀的创业者是自我激励者，有高度的内在控制力。他们是耐心的领导者，能够把看不见、摸不着的愿景灌输下去，并从长远的目标出发进行管理。成功的创业者往往具有很强的能力，不需要凭正式权力就能对别人施加影响。他们善于化解冲突，知道什么时候用逻辑说理，什么时候用劝说说服，什么时候做出妥协，什么时候寸步不让。他们总是努力把蛋糕做大做好，而不是只抓住一小块，并把它小气地藏起来，使它完全变成自己的。创业领导者没有被团队成员看成扩张或保护个人利益的特权，要被看成带领大家实现共同目标的英雄。具有这种能力的领导者才能带领团队不断拓展发展空间。

（四）洞察风险

商业创意具有激情很重要，但理解创意的潜在缺陷和风险也很重要。成功的创业者并非赌徒，他们是有计划地冒风险，在决定冒险时，他们会仔细而周全地计算风险的大小，并且尽一切可能让各种可能事件朝着有利于他们的方向发展。在创业过程中，高速变化和高度风险、模糊和不确定性几乎是不可避免的，但成功的创业者可以容纳这些变化、风险、模糊和不确定性，在驾驭悖论和矛盾过程中保持足够的灵活性。

（五）百折不挠

创业者们不害怕失败，坚信"成功的背后包含着许多失败"，并因此坚定成功的决心。害怕失败的人会丧失他们可能具有的获得成功的动力。而且，成功的创业者有能力从失败的经验中吸取教训，能更好地理解自身和他人在造成失败的过程中所起的作用。因此，在将来避免类似问题发生，成为成功的创业者要经过"尝试—错误"的循环，这方面的特性使他们所遭受的严重挫折和失望成为学习过程中不可缺少的一部分。

（六）胜出动机

成功的创业者具有超越别人的内在驱动力，受到内心强烈的愿望驱使，希望与自己定下的标准竞争，追求并达到富有挑战性的目标。他们渴望获得成就，而对地位和权力的需求很低。他们从所创建企业的挑战和兴奋中产生个人动力，设定较高的目标，目光长远且说到做到。对待竞争，他们往往保持冷静或乐观的现实主义态度。成功的创业者都很自信，不相信自己的创业成败受命运、运气或其他强大的外部力量所控制。

（七）学习力

成功的创业者一般都具有很强的学习能力，他不仅能够快速学习和掌握所需的各种背景知识，还能够从其他团队成员、顾问、员工、投资者甚至是竞争对手那里学习到各种经验和策略。他们在坚持自己主见的同时，还能够积极地向外寻求反馈并利用这些反馈，作为克服困难、避免挫折并取得成功的重要途径。

当然，创业者还有一些可取的素质，如富有激情、精力充沛、身体健康、情绪稳定；具有很强的激励能力、善于创新和创造价值等。至于大男子主义、反独裁主义、完美主义、无所不知、易于冲动与不易受到伤害等特点，并非所有创业者的共同特质。图4-3描述了创业者的各种素质。

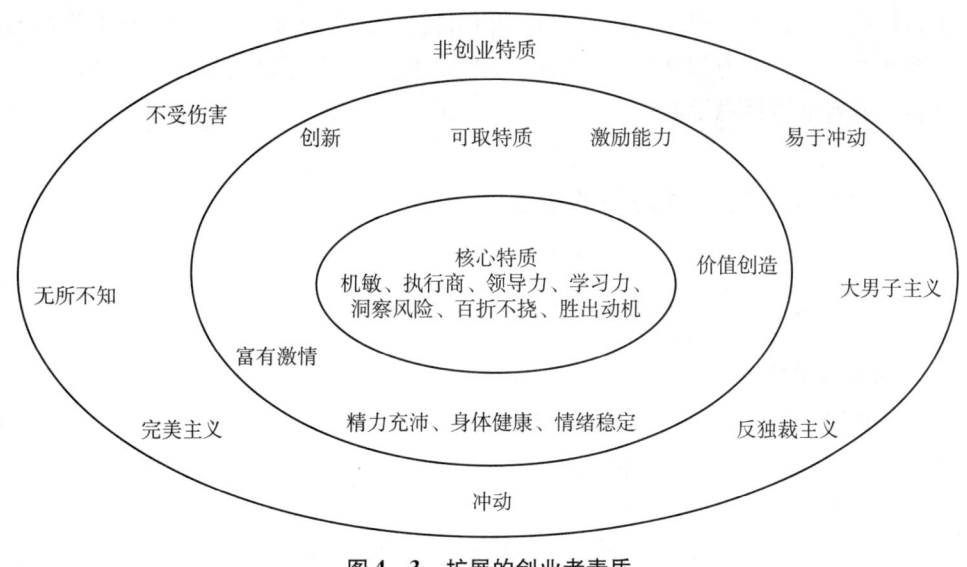

图 4-3 扩展的创业者素质

第二节 创业能力的培养

 一、创业思维意识的培养

心理学家林崇德(2002)认为:"创造性人才=创造性思维+创造性人格。"创造性思维具备如下几个特点:一是新颖、独特且有意义的思维活动;二是通过想象加以构思;三是在创造性思维过程中,常有灵感显现;四是创造性思维是分析思维和直觉思维的统一;五是创造性思维是辐合思维和发散思维的统一。

在创业过程中,创业者的创造性思维训练是极其重要的环节。创业者如果不具备创造性思维基础,创业行为就缺乏缜密的理性思考,创业活动有可能昙花一现。

创业者创造性思维训练可以采用多种方法和途径。具体包括:

①教学方式和教学评价体系的改革。教师采用启发式教学、探究式教学、案例分析法等教学方式,鼓励学生自主学习,探讨钻研采用多维度的手段给学生公平客观的评价。

②通过竞赛、社会实践为创业者搭建创造性思维训练平台,激发学生的创新思维能力,促进学生人格特质中勇于创新的人文精神的建构。如举办创业计划大赛、小发明比赛、设计比赛、制作比赛等创意比赛,以及组织创业协会,举办创业论坛和创业沙龙,聘请社会上有一定影响的企业家来开设创业专题讲座等活动让学生通过参与组织、策划以及观看讲座的过程活跃思维,激发各种奇思妙想。鼓励创业者参加各种社团活动,也是创业者创新能力与实践能力培养的必要环节和重要组成部分。社团活动的开展从策划

到实施，从内容到形式，都由创业者自己研究设计，组织实施。培养了创业者观察能力、应变能力、决策能力和社会责任感；调动了创业者参与活动的能动性、主动性，有利于培养创业者创造性思维品质。

二、创业者专业技术能力的培养

（一）创业者管理能力的培养

1. 培养目标管理能力

目标管理是一项基本的管理能力。不能为了创业而创业，创业者需要问自己一个问题，创业的目标是什么？而这个问题的解答需要创业者对自己的能力状况和可用资源现状进行评估，进而确定出来。

在创业的各个阶段，创业企业要达到什么样的具体目标？如何使组织目标与团队目标进行挂钩？如何实现有效的管理方法与流程的统一？总之，目标管理要求创业者强调自主自控的管理，是重绩效和重成果的管理。

2. 培养财务管理能力

初创企业在财务上会面临两方面的问题：一是如何确定企业支持企业业务发展的资金规模；二是如何平衡现金收入与现金支出，防止企业资金链断裂。解决这两方面的问题，需要创业者掌握基本的财务管理能力，理解企业增长与资金需求之间的关系，合理进行筹资；能够运用现金预算控制现金的流转，建立更稳健的资本结构；能够利用财务分析方法发现企业的财务问题并找到对策。

3. 培养信息管理能力

初创企业面对的风险较多，而自身的抗风险能力较弱，因此，创业者要具备信息管理的能力。

创业者要具备获取各种信息和资源的途径、方法和技巧，能够运用各种数据库（如Wind）、搜索引擎（如百度、谷歌）、政府网站获取国家相关政策、市场数据和相关统计数据，以支持企业的决策。

（二）决策能力的培养

决策能力是创业者根据主客观条件，正确地确定创业的发展方向、目标、战略以及具体选择实施方案的能力。决策是一个人综合能力的表现，创业者首先要成为一个决策者。创业者要考察众多的行业及产品，对创业的行业及产品进行分析、判断，发现行业及产品的投资价值与风险，找出存在的问题，分析原因，提出解决问题的正确方法。做到正确决策，要求创业者具有良好的数据分析能力，掌握相应的分析工具，同时还要有判断能力。判断是分析的目的，良好的决策能力是良好的分析能力和果断的判断能力的综合。通过分析判断，提出目前最有发展前景和将来大有发展潜力的行业，决定创业的行业和产品。

(三) 社会交往能力的培养

卡耐基研究表明，在影响成功的因素中，人际关系占了85%。交往能力是指能够妥善地处理与公众之间的关系，以及能够协调下属各部门成员之间关系的能力。每个人的交往能力是不同的，但只要在职业实践中刻苦努力，交往能力不但可以获得发展和提高，还有可能挖掘出潜能。

交往能力是通过参加各项活动、游戏、联欢会、演讲比赛等形式逐步培养起来的。与同事和谐相处，互帮互助，善于团结一切可以团结的人，会使自己的交往能力逐步提高。

(四) 认知法律条款的能力

市场经济本质上就是法律经济。随着市场的逐步成熟与完善，法律规范已经渗透到了经济领域生产、交换、分配、消费的各个环节和层面。加入WTO、与国际市场接轨、风险投资、企业股份制改造、法人治理结构的建立以及各类新型市场的培育与发展都离不开法律，具备法律素质、懂法并善于用法已是人才素质结构中不可或缺的重要元素。创业者必须熟悉和了解市场、社会和企业等内外部环境的法律法规及其运行机制，更为重要的是，要能以法律为武器，规范自己和企业的行为，保护自己和企业的合法权益。

案例 4-1

民营经济的代表——刘永好

1951年，刘永好出生于四川新津县，小的时候家里非常贫穷，以至于在他20岁之前，竟没穿过鞋子。1982年，正当绝大多数人还在抱着"铁饭碗"吃得有滋有味时，年过而立之年的刘永好毅然辞去了来之不易且令人羡慕的政府部门公职，同兄弟四人卖废铁、手表、自行车、黑白电视，凑足了1000元钱，下海自谋职业。当时，他选择的行当是别人不看好的农产品生产领域，他们从种植业、养殖业起步，创办"育新良种场"，开始了向土地要财富的道路。刘氏四兄弟作出这样的抉择是很有胆量的。刘氏四兄弟大学毕业后都分配在国家单位工作，有着令人羡慕的舒适工作环境和稳定收入。在接下来7年的时间里，他们筹办起一家小良种场，专门孵化小鸡和鹌鹑，公司几经风险，近乎绝望，兄弟四人曾经在"跳岷江""逃新疆""继续干"三条路中选择道路，最后咬牙选择了第三者。

1988年，刘永好出差到广州，偶遇广东农民排着长队购买泰国正大颗粒饲料，令他惊奇不已。他观看了饲料，索要了说明书，与排队客户摆起"龙门阵"。回到成都后，他向几位兄长介绍生产猪饲料的前途。刘永好说："四川是全国养猪大省，养猪是四川农村经济的重要来源。泰国正大的猪饲料动摇了我国落后的喂养结构，应该把目光放到更广大的市场上，去搞饲料、搞高科技全价饲料。"

于是，刘氏兄弟经过认真研究，决定放弃养鹌鹑而转产饲料，并做了详细的战略部署。刘氏兄弟将资金全部投入到这个项目中，并聘请30余名动物营养学专家重点攻关。1989年4月，公司自行研发的"希望牌"乳猪全价颗粒饲料问世，一下子打破了正大集团洋饲料垄断中国高档饲料市场的局面。1993年希望集团成立，刘永言为董事会主席；刘永行为董事长，刘永美为总经理，刘永好为总裁、法定代表。希望集团的诞生给刘氏兄弟的事业发展带来了无限生机。

当时希望集团写的大字标语遍布广袤的城乡大地——"希望养猪富，希望来帮助。"刘氏兄弟喊出这样的口号不是没有道理的。那时候，刘氏兄弟踏进饲料行业，并已经专注经营了4年多，创业的辛苦已经尝遍了，经验当然也就丰富了。

邓小平南方谈话后，希望集团走出四川，先后在上海、江西、安徽、云南、内蒙古等二十几个省、市、自治区开展国有、集体、外资企业的广泛合作，迅速开拓了全国市场。1997年，正当成都的房地产业刚刚完成了第一轮开发的积累，开始对已有的产品进行检点与反省，并准备进入由卖方市场向买方市场转变的"微利"时代的时候，刘永好又一次抓住了机会，进入房地产业。

"在最高潮，大家认为最好的时候，我们反而没有做。当然，没有挣钱也没有被套，我们抓住谷底攀升的时机，我们还要随着曲线上升。"——当别人开始纷纷感到房地产这碗饭越来越难吃的时候，刘永好却意识到机会的存在。经过两年时间的论证，刘永好与房地产业的第二次握手取得了实质性成果：1998年，新希望成立了自己的房地产公司，在成都买下418亩地，进行规模房地产开发。但对于精熟于饲料业的刘永好来说，房地产开发毕竟是个全新的领域。刘永好坦言："房地产是我不熟悉的，作为一个战略投资者，我需要了解熟悉房地产市场，逐步弄懂它。所以现在，我把本来用于打高尔夫球的时间用来把握房地产市场，这是个挑战。"幸好学习对于刘永好来讲并非难事，据说，他最成功的地方正是"学习"。他把自己的时间一分为三，1/3用来处理新希望集团内部关键性问题，1/3用来跟一流人才打交道并建立各方关系，另外的1/3用来学习和研究企业发展问题。而这一方法是他出国访问时学习吸收国外企业家的经验得来的。

刘永好有个随身带笔和本子的习惯，凡找人谈话或接受采访，只要对方说得有道理，他便记下来。正是这种勤奋与孜孜不倦的追求，使得新希望的房地产开发再一次取得了成功，锦官新城一问世，首期开盘三天之内就销售了1.4亿元，创造了成都房地产的奇迹。

2000年，美国《福布斯》评定刘永好、刘永行兄弟财产为10亿美元，列中国大陆50名富豪第2位。这位曾赤脚走路的创业者，终于用他的勤奋和努力踩出了一条成功之路。

【思考与讨论】

1. 请分析刘永好创业成功的因素中哪些是他个人的素质和能力？他的这些素质能力是什么？

2. 结合刘永好成功的案例，谈谈你觉得创业者应该培养和锻炼的素质、能力有哪些？哪些素质能力是你具有的和不具有的？

3. 有人说"刘永好的成功是创业时赶上了当时的良好环境，现在情况不同了，如果他现在开始创业，不一定能成功"，对此你的观点是什么？（从内因与外因的关系角度思考）

（资料来源：陈小凡：《赤脚首富刘永好》，载于《今日东方》2007年第7期）

第五章　创业机会的识别与环境分析

第一节　创业机会识别

一、创业机会

1979年，纽约大学教授柯兹纳首次指出创业是一个机会发现活动，创业者往往对机会保持高度警觉性，机会发现是创业中的一个重要环节。2000年，尚恩和文卡塔拉曼指出，揭示如何发现和开发创业机会是创业研究领域应当关注的关键问题。

创业机会识别作为创业活动的初始阶段和核心环节，对于新创企业起步与发展方向至关重要。创业机会识别源于创意的产生，但创意与机会并不能等同。

（一）创意与机会

无论何种创业都要善于抓住好的创业机会。好的创业机会又来源于好的创意，可以说"好的创意是成功的一半"，把握住了任何一个稍纵即逝的、真正的好创意，创业就等于成功了一半，创意是创业机会的来源。

然而，"创意"并不等于"创业机会"，管理学认为创意是一种创新，其突出的标志是具有新颖性、独特性。任何一个创意的产生，可以天马行空、可以不十分注重实现的可能性。但是一个真正的创业机会却必须是实实在在的，具备实施条件的，能够用来做新创企业基础的。所以，创意是否具有商业价值存在不确定性。

好的创意应该具备实用性和价值性，即能够付诸实施，并能给消费者带来真正的价值，但创意的价值需要通过市场来检验。具有商业价值的创意，往往能够点石成金，激活创业活力，推动产业升级，甚至创造出全新产业，极大地推动社会进步，并获得巨大的经济效益。

（二）机会的内涵

创业是建立在机会基础之上的，机会发现是创业的基础和前提。不同的研究视角对机会的理解存在差异。

(1) 静态角度定义创业机会（强调创业机会是客观存在的）

柯兹纳的定义：机会就是未明确的市场需求或为得到充分利用的资源或能力。

赫尔伯特的定义：机会实际上是一种亟待满足的市场需求，这种潜在的市场需求如此旺盛，因而对于创业者来说，实现该需求的商业活动相当有利可图。

阿德吉费里的定义：机会事实上意味着创业者探寻到的潜在价值。

萨拉瓦蒂的定义：机会就是利用现有资源去更好地达到预定目标的一种可能性。

(2) 动态角度定义机会（强调创业者的努力在机会识别中的重要作用）

熊彼特的定义：通过创造性地打破市场平衡，才会出现企业家获取超额利润的机会。

文卡塔拉曼的定义：机会并不是客观存在的，是由主动型创业者创造出来的，机会的创造内生于想象和创造一个更美好未来的交互活动中，其结果就是创业者创造出一个新市场。

尚恩、塔克哈特的定义：机会是个体获取、修理并解读信息价值的过程。

可见，机会是客观存在还是主观创造出来的，学者们尚存争议，但可以肯定的是：机会总是存在的，但大多数机会不会显而易见，需要发现和挖掘。

（三）创业机会的特征

美国百森商学院蒂蒙斯教授在《21世纪创业》中提出创业机会的四个特征：

(1) 它很能吸引顾客

创业机会需要满足真实的市场需求，只有能为消费者创造新价值或增加原有价值，才能对顾客产生吸引力，才可能具有良好的市场前景。也就是说，创业机会要有价值性。

(2) 它能在你的商业环境中行得通

有价值的创业机会能让创业者在承担风险和投入资源之后，不仅能收回投资，还能创造更高价值，即消费者认为购买你的产品或服务比购买其他的产品或服务能够获得更高价值，也体现了创业机会的价值性。

(3) 它必须在机会之窗存在期间被实施

机会之窗是指商业创意被推广到市场上去所花费的时间，若机会窗口存续时期同是创业的时间时期，即时机，那么"机不可失，时不再来"。而且产品市场建立起来，机会窗口就被打开了。机会窗口一般会持续一段时间，不会转瞬即逝，但也不会长久存在。随着市场的成长，企业进入市场并设法建立有利可图的定位，当达到某个点时，市场成熟，竞争者已经有了同样的想法并把产品推向市场，那么机会之窗就关闭了。因此，特定的企业机会仅存在于特定的时间段内，创业者务必要把握好这个"黄金时间段"，这体现了创业机会的时效性。

(4) 必须有必要的资源（人、财、物、信息、时间和技能）

在"你的商业环境中行得通"是前提。说明创业机会必须适合创业者所处的市场环境，创业者才有可能开发和利用这种机会，这就是创业机会的可行性。否则，机会再好，因缺乏可以利用的必要资源，这样的市场机会对于特定的创业者来说，也不能称之为创业机会。

二、创业机会的来源

对于创业机会的来源，理论界尚未形成权威共识。蒂蒙斯认为，创业机会主要来自改变、混乱或是不连续的状况。德鲁克（Peter F. Drucker, 1969）认为机会有七种来源，分别是意外事件、不协调、程序需要、产业和市场结构、人口变化、认知意识和情绪变化、新知识。谢恩（Scott Shane, 2002）认为，创业机会来源于四种变革，即技术变革、政治和制度变革、社会和人口结构变革、产业结构变革。学者们的观点总体可归纳为四个方面：问题、发明创造、差异、变化。

1. 问题

创业的根本目的是满足顾客需求，顾客需求在没有满足前就是问题。寻找创业机会的一个重要途径是善于发现和体会自己和他人在需求方面的问题或生活中的难处，新的需求出现以及需求方式的改变往往产生新的问题，有经验的创业者就可能从中找到富有价值的创业的机会。

2. 发明创造

发明创造提供了新产品、新服务，更好地满足了顾客需求，同时也带来了创业机会。在人类社会发展史上，每次重大的发明创造都引起产业结构的重大变革，产生无数的创业机会。200多年前，蒸汽机推动了第一次工业革命，催生了众多产业部门；100多年前，第二次工业革命中诞生了发电机、内燃机、汽车、电话等创新产品，引发了全球性创业高潮；20世纪50年代后，半导体、计算机、集成电路、互联网等发明创造将人类带入了崭新的信息时代，开创了许许多多的产业部门。即使你不能发明新的东西，但如果能跟上时代的步伐，成为销售和推广新产品、新服务或新技术的人，也会带来无限商机。

3. 差异

如果你能寻找和其他企业的差异，弥补竞争对手在消费者定位中的差异或产品的差异，这也将带来新的创业机会。如果你能弥补竞争对手的缺陷和不足，这也将成为你的创业商业机会。看看你的竞争对手，你能比他们更快、更可靠、更便宜地提供产品或服务吗？你能做得更好吗？若能，你也许就找到了机会。

实现产品差异化有时会与争取占领更大的市场份额相矛盾。它往往要求公司对于这一战略的排他性有思想准备，即这一战略与提高市场份额两者不可兼顾。具体做法为：追求产品品质的优异化，创造独家所有，确保市场占有率小而投资回报率高；追求产品可靠度的优异化，稳定可靠标准化；追求产品专利权的优异化，以专利保护技术创新，以此区隔市场；追求产品创新力的优异化，技术第一，是最先进的产品；追求产品周边服务的优异化，创造特性和附属性功能；追求售前和售后服务的优异化；追求品牌的优异化，强调产品的品牌诉求。

4. 变化

创业的机会大都产生于不断变化的市场环境，环境变化了，市场需求、市场结构必然发生变化。著名管理大师彼得·德鲁克将创业者定义为那些能"寻找变化，并积极反应，把它当作机会充分利用起来的人"。这种变化主要来自产业结构的变动、消费结构升级、城市化加速、人口思想观念化的变化、政府政策的变化、人口结构的变化、居民收入水平提高、全球化趋势等诸方面。比如居民收入水平提高，私人轿车的拥有量将不断增加，这就会派生出汽车销售、修理、配件、清洁、装潢、二手车交易、陪驾等诸多创业商业机会。

美国凯斯西储大学教授谢恩提出，产生创业机会的四种变革为：

（1）技术变革

技术变革可以使人们去做以前不可能做到的事情，或更有效地去做以前只能用不太有效的方法去做的事情。例如，从"低科技"中把握机会。随着科技的发展，开发高科技领域是时下热门的课题。美国近年来设立的风险性公司中电脑占25%、医疗和遗传基因占16%，半导体、电子零件占13%、通信占9%。但是，公司机会并不只属于"高科技领域"。在运输、金融、保健、饮食、流通这些所谓的"低科技领域"也有机会，关键在于开发。当人类基因图像获得完全解决，可以预期必然在生物科技与医疗服务等领域，带来极多的新事业机会。虽然大量的创业机会可以经由系统地研究来发掘，不过，最好的点子还是来自创业者长期观察与生活体验。

（2）政治制度变革

政治制度变革除了过去的禁区和障碍，或者将价值从经济因素的一部分转移到另一部分，或者创造了更大的新价值。

（3）社会人口变革

社会人口变革就是通过改变人们的偏好和创造以前并不存在的需求来创造机会。

（4）产业结构变革

产业结构变革指因其他企业或为主体顾客提供产品或服务的企业消亡，或者企业吞并、互相合并等原因而引起变化，进而对行业中竞争状态的改变。

三、创业机会识别

我们正处在一个充满机会的年代。机会是一个神圣的因素，就像夜空中偶尔飞过的流星，虽然只有瞬间的光辉，但却照亮了漫长的创业里程。机会对于所有的创业者都是均等的，每个创业者都不缺少机会。不同的是，有的人机会来了，抓住不放，创出了一番事业；有的人面对机会，却无动于衷，错失良机、一事无成。其中的关键就是对机会的识别和把握。

(一) 创业机会识别过程

创业机会识别是创业领域的关键问题之一。从创业过程角度来说，它是创业的起点。创业过程就是围绕着机会进行识别、开发、利用的过程。识别正确的创业机会是创业者应当具备的重要技能。

创业往往是从发现、把握、利用某个或某些商业机会开始的。识别创业机会是创业成功最重要的一步，好的创业机会真正是创业成功的一半。

1. 创业机会的来源与时机

（1）创业机会的来源

创业机会的出现往往是因为环境的变动、市场的不协调或混乱、信息的滞后、领先或缺口以及各种各样的其他因素的影响。也就是说，在一个自由的企业系统中，当行业和市场中存在变化着的环境、混乱、混沌、矛盾、落后与领先、知识和信息的鸿沟以及其他真空时，创业机会就产生了，如技术革新、消费者偏好的变化、法律政策的调整等。

总的来说，以上几种因素可归纳为技术机会、市场机会和政策机会三类创业机会。

一是技术机会，即技术变化带来的创业机会，主要源自新的科技突破和社会的科技进步。通常，技术上的任何变化，或多种技术的组合都可能给创业者带来某种商业机会，具体表现在三方面：①新技术替代旧技术。当在某一领域出现了新的科技突破和技术，并且它们足以替代某些旧技术时，创业的机会就来了。②实现新功能、创造新产品的新技术的出现。这无疑会给创业者带来新的商机。③新技术带来的新问题。多数技术的出现对人类都有其既利又弊的两面性，即在给人类带来新的利益的同时，也会给人类带来某些新的灾难，这就会迫使人们为了消除新技术的某些弊端，再去开发新的技术并使其商业化，这就会带来新的创业机会。

二是市场机会，即市场变化产生的创业机会。一般来看，主要有以下四类：第一，市场上出现了与经济发展阶段有关的新需求。相应地，就需要有企业去满足这些新的需求，这同样是创业者可以利用的商业机会。第二，当期市场供给缺陷产生的新的商业机会。非均衡经济学认为，市场是不可能真正"出清"供求平衡的，总有一些供给不能实现其价值。因此，创业者如果能发现这些供给结构性缺陷，同样可以找到可资利用创业的商业机会。第三，先进国家（或地区）产业转移带来的市场机会。从历史上看，世界各地的发展进程是有快有慢的，即使在同一国家，不同区域的发展进程也不尽相同。这样，在先进国家或地区与落后国家或地区之间，就有一个发展的"势差"。当这个"势差"大到一定程度，由于国家或地区之间存在"成本差异"，再加上经济发展到一定程度时，环保问题往往会被先进国家或地区率先提到议事日程上，所以，先进国家或地区就会将某些产业向外转移，这就可能为落后国家或地区的创业者提供创业的商业机会。第四，从国内外比较中寻找差距，差距中往往隐含着某种商机。通过与先进国家或地区比较，看看别人已有的哪些东西我们还没有，这"没有的"就是差距，其中即可能发现某种商业机会。

三是政策机会，即政府政策变化所赐予创业者的商业机会。随着经济发展、科技变革等，政府必然也要不断调整自己的政策，而政府政策的某些变化，就可能给创业者带来新的商业机会。

(2) 创业机会的时机

创业机会存在于或产生于现实的时间之中。一个好的机会是诱人的、持久的、适时的，它被固化在一种产品或服务中，这种产品或服务为它的买主或最终用户创造或添加了价值。

在创业的过程中可能存在这样的问题：如果真的有一个经营机会，是否有抓住这个机会的足够时间呢？这取决于技术的动作和竞争对手的动向等因素，所以说，一个市场机会通常也是一个不断移动的目标，因此，在此意义上，存在着一个"机会窗口"。

所谓机会窗口，就是指市场存在的发展空间有一定的时间长度，使得创业者能够在这一时段中创立自己的企业，并获得相应的盈利与投资回报。图5-1给出了一个一般化市场上的机会窗口。

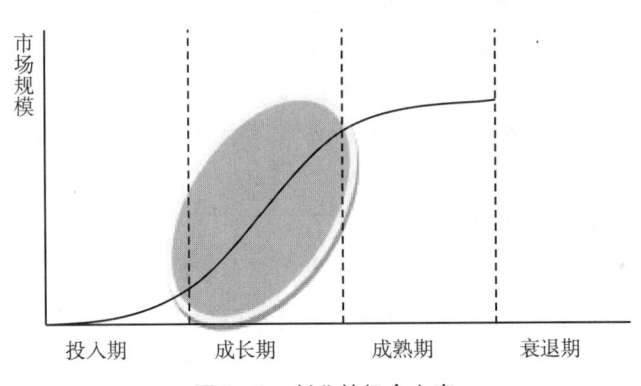

图5-1　创业的机会之窗

图5-1中曲线描述的是典型新兴行业的快速生长模式与生命周期，如微型计算机、软件、生物工程等产业在成熟的行业，曲线的坡度平缓，商机出现的概率则要小一些。一般来说，市场随着时间的变化以不同的速度增长，并且随着市场的迅速扩大，往往会出现越来越多的机会。但当市场变得更大并稳定下来时，市场条件就不那么有利了。因此，在市场扩展到足够大的程度，形成一定结构时，机会窗口就打开了；而当市场成熟了之后，机会窗口就开始关闭。

由此可见，一个创业者要抓住某一市场机会，其机会窗口应是敞开的而不是关闭的，并且它必须保持敞开足够长的时间，以便被加以利用。因为如果等到机会窗口接近关闭的时候再来创业，留给创业者的余地将十分有限，新创企业也就很难盈利，从而导致创业夭折。

2. 创业机会的发现

创业机会的发现是创业机会识别过程中最重要的一步，它意味着创业者发现存在着的创业机会并使之成为自己所理解、认识的创业机会。

（1）形成创意

一个企业创业成功开始的关键，可能来源于一个经适当评价的新产品或服务较完美的创意，而创意往往来源于对市场机会、技术机会和政策机会的感觉和把握，具体来源于顾客、现有企业、企业的分销渠道、政府机构以及企业的研发活动等。

顾客。创业者可以通过正规或非正规的方式，接触有关新产品或服务的创意的最终焦点——潜在顾客，了解顾客的需求或潜在需求，从而形成创意。

现有企业。主要是对市场竞争者的产品和服务进行追踪、分析和评价，找出现有产品存在的缺陷，有针对性地提出改进产品的方法，形成创意，并且发现具有巨大潜力的新产品，进行创业。

分销渠道。由于分销商是直接面向市场的，他们不仅可以提供顾客所需的产品改进和新产品类型等方面的广泛信息，而且能对全新的产品提出建议来帮助推广新产品。因此，与分销商保持沟通，是形成创意的一条途径。

政府机构。一方面，专利局的文档中蕴涵着大量的新产品创意，尽管其专利本身可能对新产品的引进形成法律制约，却可能对其他具有市场潜力的创意带来有益的启发。另一方面，创意可能来源于对政府有关法规的反应。

研发活动。企业本身的研发活动通常装备精良，有能力为企业成功地开发新产品，它是创意的主要来源之一。

一个创意可以通过多种方法产生，主要有：

①根据经验分析。对创业者而言，创意是创建企业的工具，在创建成功企业的过程中少不了它。就这方面而言，经验在审视创意时显得至关重要。有经验的创业者往往在模式和机会还在形成的过程中就表现出了快速识别它们和形成创意的能力。

②创造性思维。创造性思维在形成创意的过程中是很有价值的，而且在创业的其他方面也是如此，创造性思维可以通过学习和培训等来提升。

③激发创造力。激发创造力的方法有很多，如头脑风暴法、自由联想法、灵感激励法等，可以通过这些方法来激发创造力。

④依靠团队创造力。当人们组成团队时，往往可以产生单个人不会出现的创造力。通过小组成员集体交换意见所产生的问题解决方案和其他方式相比，可能会更好。据统计，约47%的创意来源于工作团队的活动。

（2）创业机会信息的收集

创业机会信息的收集是使创意变为现实的创业机会的基础工作。

首先，根据创意，明确研究的目的或目标。例如，创业者可能会认为他们的产品或服务存在一个市场，但他们不能确信：产品或服务如果以某种形式出现，谁将是顾客。这样，一个目标便是向人们询问他们如何看待该产品或服务，是否愿意购买，了解有关人口统计的背景资料和消费者个人的态度。当然，还有其他目标，如了解有多少潜在顾客愿意购买该产品或服务，潜在的顾客愿意在哪里购买，以及预期会在哪里听说或了解该产品或服务等。

其次，从已有数据或第一手资料中收集信息。这些信息主要来自商贸杂志、图书馆、政府机构、大学或专门的咨询机构以及互联网等。一般可以找到一些关于行业、竞争者、顾客趋向、产品创新等方面的信息。这类信息一般可以免费获得，或者获得成本较低，创业者可以充分利用这些信息。

最后，从第一手资料中收集信息收集第一手资料，包括一个数据收集过程，如观察、访谈、集中小组试验以及问卷等。该种信息的获得一般来说成本都比较高，但却能够获得有意义的信息，可以更好地识别创业机会。

（二）创业机会识别方法

1. 应注意的问题

个人创业，如果把握住了每个稍纵即逝的创业机会，就等于成功了一半。怎样发现创业的机会，需要注意以下几个主要问题。

（1）变化就是机会

环境的变化会给各行各业带来良机，人们通过这些变化，就会发现新的前景。变化可以包括：产业结构的变化；科技进步；通信革新；政府放松管制；经济信息化、服务化；价值观；生活形态变化；人口结构变化。以人口因素变化为例，机会包括为老年人提供健康保障用品；为独生子女服务的业务项目；为年轻女性和上班女性提供的用品；为家庭提供文化娱乐用品。

（2）从低科技中把握机会

随着科技的发展，开发高科技领域是时下热门的课题，但是，创业机会并不只属于"高科技领域"。在运输、金融、保健、饮食、流通这些所谓的"低科技领域"也有机会，关键在于开发。

（3）集中盯住某些顾客的需要就会有机会

机会不能从全部顾客身上去找，因为共同需要基本上已很难再找到突破口。而实际上每个人的需求都是有差异的，如果我们时常关注某些人的日常生活和工作，就会从中发现一些机会。因此，在寻找机会时，应习惯把顾客分类，如政府职员、菜农、大学讲师、杂志编辑、小学生、单身女性、退休职工等，只要认真研究各类人员的需求特点，就一定会有机会。

（4）追求"负面"就会找到机会

所谓追求"负面"就是着眼于大家"苦恼的事"和"困扰的事"。人们总是迫切希望解决，如果能提供解决的办法，实际上就是找到机会。例如双职工家庭，没有时间照顾小孩，于是有了家庭托儿所；没有时间买菜，就产生了送菜公司。这些都是从"负面"寻找机会的例子。

2. 发现创业机会的五大来源

创业机会无处不在、无时不在，而机会主要来自五个方面：

(1) 问题

创业的根本是满足顾客需求。而顾客需求在没有满足前就是问题。寻找创业机会的重要途径是善于去发现和体会自己和他人在需求方面的问题或生活中的难处。比如，有一位大学生发现学生们放假时的交通不便，便创办了一家客运公司，这就是把问题转化为创业机会的成功案例。

(2) 变化

创业的机会大都产生于不断变化的市场环境，环境变化了，市场需求、市场结构必然发生变化。著名管理大师将创业者定义为那些能"寻找变化，并积极反应，把它当作机会充分利用起来的人"。这种变化将带来产业结构的变动、消费结构升级、城市化加速、人们思想观念的变化、政府改革的变化、人口结构的变化、居民收入水平提高、全球化趋势等诸多变化。

(3) 创造发明

创造发明提供了新产品、新服务，更好地满足顾客需求，同时也带来了创业机会。比如随着电脑的诞生，电脑维修、软件开发、电脑操作的培训、图文制作、信息服务、网上开店等创业机会随之而来，即使人们不发明新的东西，也能成为代销和推广新产品的人，从而带来商机。

创造发明是在校学生的主要创业源泉。在校大学生，尤其是理工科的学生容易接触一些现代科学技术，可以利用学校的科技资源优势，如果能在条件许可的情况下参加一些科学实验，得到专家的指导，就容易结合市场需要创造出新的技术发明，带来创业的机会。比如，西安交通大学生物医学工程专业的研究生们以所从事的科研项目为基础，发明了基于远程通信技术的家庭用 MF – Holter 及平台软件，这项技术和产品在 2004 年全国第九届"挑战杯"大学生课外学术科技大赛上获得了二等奖。这些具有技术专长的生物医学工程的研究生们又联合西安交大经济金融学院和管理学院的博士生和硕士生们，以此产品为基础设计了创业计划，这项创业项目不仅在 2006 年陕西省第三届"挑战杯"大学生创业计划竞赛上获得了金奖，而且开始与一家医疗器械公司合作，目前产品已进入了临床试验阶段，其他投资公司也开始和他们进行进一步的融资洽谈。

(4) 竞争

如果你能弥补竞争对手的缺陷和不足，这也将成为你的创业机会。看看你周围的公司，你能比它们更快、更可靠、更便宜地提供产品或服务吗？你能做得更好吗？若能，你也许就找到了机会。

(5) 新知识、新技术的产生

例如随着健康知识的普及和技术的进步，围绕"水"就带来了许多创业机会，上海就有不少创业者因加盟"都市清泉"而走上了创业之路。

3. 把握创业机会的四大特征

有的创业者认为自己有很好的想法和点子，对创业充满信心。有想法有点子固然重要，但是并不是每个人的想法和新奇的点子都能转化为创业机会。许多创业者因为仅仅凭想法去创业而失败了。那么如何判断一个好的商业机会呢？《创业学》的作者杰夫里·A.蒂蒙斯教授提出，好的商业机会有以下四个特征：第一，它很能吸引顾客；第二，它能在你的商业环境中行得通；第三，它必须在机会之窗存在的期间被实施（注：机会之窗是指商业想法推广到市场上去所花的时间，若竞争者已经有了同样的思想，并把产品已推向市场，那么机会之窗也就关闭了）；第四，你必须有资源（人、财、物、信息、时间）和技能才能创立业务。

4. 识别创业机会的具体措施

（1）信息情报中有机可乘

当今社会已进入了信息社会，信息为人们提供了创业的机会和财富，这里说的信息情报一般有两种情况：一是有目的、有计划地收集各种与企业有关的信息情报，并加工利用；二是随机捕捉、利用信息情报。

（2）社会潮流中审时度势

能顺应社会趋势和潮流者，就能借势发展，满足消费者的需求，从而保持领先，为企业带来巨大的利润。反过来，如果不能审时度势、善加利用，就可能会反受其害。

（3）竞争失误中有机可乘

在商战竞争中，如果一方出现失误，必然给对方造成可乘之机。这对于企业经营者来说，只要反应敏捷，善于捕捉机会，就能见机不失，乘机有所作为。

5. 培养发现创业机会的能力

发现创业机会不是一件容易的事情，但也不是高不可攀的。创业者可以在日常生活中有意识地加强实践，培养和提高这种能力：

首先，要有良好的市场调研习惯。发现创业机会的最根本一点是深入市场进行调研。要了解市场供求状况、变化的趋势，顾客需求的是否得到了满足，竞争对手的长处与不足。

其次，要多看、多听、多想。我们常说见多识广，识多路广。我们每个人的知识、经验、思维以及对市场的了解不可能做到面面俱到。多看、多听、多想能使我们广泛获取信息，及时从别人的知识、经验、想法中汲取有益的东西，从而增强发现机会的可能性和概率。

最后，要有独特的思维。机会往往是被少数人抓住的。我们要克服从众心理和传统的习惯思维的来源，敢于相信自己，有独立见解，才能发现和抓住被别人忽视或遗忘的机会。

 四、创业机会评价

创业机会是指创业者可以利用的商业机会。这个机会必须具有吸引力、持久性、适时性，而且这个机会所涉及的产品或服务必须能够为它的购买者或最终使用者创造一定的价值。怎样对创业机会进行合理的评价和选择？针对这个问题，国内尚无一套比较全面的评价体系。一般来说，对创业机会进行分析和评价的方法分为定性分析方法和定量分析方法两大类。

（一）定性分析方法

冯婉玲等在《高新技术创业管理》一书中指出可以从五个方面来选择创业机会：①机会的原始市场规模。市场越大越好，但大市场可能会吸引强大有力的竞争对手，因此小市场可能会更友善。②机会存在的时间跨度。一切机会都只存在于一段有限的时间之内，这段时间的长短差别很大，由商业性质决定。③预期特定机会的市场规模将随时间增长的速度。一个机会可能带来的市场规模将随时间变化，一个机会可能带来的风险和利润也会随时间变化，机会存在的某些时期，可能比其他时期更有商业潜力。④好机会一般都有五个特点：第一，前景市场可明确界定；第二，前景市场中前5~7年中销售额稳步且快速增长；第三，创业者能够获得利用机会所需的关键资源；第四，创业者不被锁定在刚性的技术路线上；第五，创业者可以用不同的方式创造额外的机会和利润。⑤特定机会对特定创业者的现实性：创业者是否拥有利用某个创业机会所需的资源；是否能"架桥"跨越"资源缺口"；对于可能遇到的竞争力量，至少要可以与之抗衡；存在可以占有的前景市场份额，甚至自己可以创造市场。

朗格内克等（Longenecker et al.）指出了评价创业机会的五项基本标准：①对产品有明确界定的市场需求，推出的时机也是恰当的。②投资的项目必须能够维持持久的竞争优势。③投资必须具有一定程度的高回报，从而允许一些投资中的失误。④创业者和机会之间必须互相合适。⑤机会中不存在致命的缺陷。

蒂蒙斯 J. A（Timmons J. A）制定了一套多达八大类（产业和市场、经济条件、收获条件、竞争优势、管理团队、致命缺陷、创业家的个人标准、理想与现实的战略差异）和55个条目的详细评价因素，对于每个因素都有创业机会的吸引力最高潜力和创业机会的吸引力最低潜力两个极端情况，一般来说所有的创业机会都会处于这两个极端的情况之间。

（二）定量分析方法

伯奇（Burch）提出了四种公认的评价方法：
（1）标准打分矩阵

通过选择对创业机会成功有重要影响的因素，并由专家小组对每一个因素进行最好（3分）、好（2分）、一般（1分）三个等级的打分，最后求出对于每个因素在各个创业机会下的加权平均分，从而可以对不同的创业机会进行比较。表5-1列出了其中十项主要的评价因素，在实际使用时可以根据具体情况选择其中的全部或者部分因素来进行评估。

表 5-1　　　　　　　　　　　　　　标准打分矩阵

标准	专家评分			
	极好	好	一般	加权平均分
易操作性	8	2	0	2.8
质量和易维护性	6	2	2	2.4
市场接受度	7	2	1	2.6
增加资本的能力	5	1	4	2.1
投资回报	6	3	1	2.5
专利权状况	9	1	0	2.9
市场的大小	8	1	1	2.7
制造的简单性	7	2	1	2.6
广告潜力	6	Z	2	2.4
成长的潜力	9	1	0	2.9

（2）Westinghouse 法

这实际上是计算和比较各个机会的优先级。公式如下：

成功概率 × 商业成功概率 × （价格 - 成本）× 投资生命周期 ÷ 总成本 = 机会优先级

在该公式中，技术和商业成功的概率是以百分比表示（0~100%），平均年销售数是以销售的产品数量计算，成本是以单位产品成本计算，投资生命周期是指可以预期的年均销售数保持不变的年限，总成本是指预期的所有投入，包括研究、设计、制造和营销费用。对于不同的创业机会将具体数值代入计算，特定机会的优先级越高，该机会越有可能成功。

例如，假设一个创业机会的技术成功概率为 80%，市场上的商业成功概率为 60%，在 9 年的投资生命周期中年均销售数量预计为 20000 个，净销售价格为 120 元/个，对于每个产品来说全部成本为 87 元，研发费用 50000 元，设计费用 140000 元，制造费用 230000 元，营销费用 50000 元，把这些数字代入公式之中，可以计算得出机会优先级约等于 6。

$$0.8 \times 0.6 \times 20000 \times (120 - 87) \times 9 \div (50000 + 140000 + 230000 + 50000) \approx 6$$

（3）Hanan Potentionmeter 法

这种方法可以通过让创业者来填写，针对不同因素的不同情况，预先设定好权值的选项式问卷方法，来快捷得到特定创业机会的成功潜力指标。对于每个因素来说，不同选项的得分可以从 -2 分到 +2 分，通过对所有因素得分的加总得到最后的总分，总分越高说明特定创业机会成功的潜力越高，只有那些最后得分高于 15 分的创业初会才值得创业者进行下一步的策划（见表 5-2）。

表 5-2　　　　　　　　　　Hanan Potentionmeter 法

对于税前投资回报率的贡献
预期的年销售额
生命周期中预期的成长阶段
从创业到销售额高速增长的预期时间
投资回收期
占有领先者地位的潜力
商业周期的影响
为产品制定高价的潜力
进入市场的容易程度
市场试验的时间范围
销售人员的要求

（4）Baty 的选择因素法

如表 5-3 所示，在这种方法中，通过 11 个选择因素的设定来对创业机会进行判断。如果某个创业机会符合其中的 6 个或更少的因素，这个创业机会就很可能不可取；相反，如果某个创业机会符其中的 7 个及以上的因素，那么这个创业机会将大有希望。

表 5-3　　　　　　　　　　Baty 的选择因素法

这个创业机会在现阶段是否只有你一个人发现了？
初始的产品生产成本是否可以承受？
初始的市场开发成本是否可以承受？
产品是否具有高利润回报的潜力？
是否可以预期产品投放市场和达到盈亏平衡点的时间？
潜在的市场是否巨大？
你的产品是否是一个高速成长的产品家族中的第一个成员？
你是否拥有一些现成的初始用户？
是否可以预期产品的开发成本和开发周期？
是否处于一个成长中的行业？
金融界是否能够理解你的产品和顾客对它的需求？

(三) 创业机会分析方法的使用

一个创业机会具有很多方面的属性，一些属性可以量化，比如说潜在市场的规模，预计市场增长率等；一些属性不易量化，比如说产品的成本结构、资本的退出机制等。单纯的定性评价方法存在着不足，它比较难对几个创业机会进行优劣的排序；单纯的定量评价方法也存在不足，它很难把某些事关成败的关键属性和一些重要程度一般的属性进行严格的区分，通过一个关键属性大的权值来对它进行区分的方法存在一些缺陷，对于一个创业机会是否能成功，几个表现较好的次要属性往往是无法弥补一个有缺陷的关键属性的。

要对特定的创业机会进行评价，可以分以下几个步骤来进行：

首先，要列出特定创业机会的所有属性。蒂蒙斯提出的八大类、55 个评价因素是比较全面的，几乎涵盖了其他几种理论所涉及的全部内容，可以把这 55 个评价因素作为评价创业机会的属性库。

其次，对属性库中的属性进行分类。依据重要性的不同，可以分为关键属性和重要属性两大类。有一些属性是无法量化的，有一些属性是能够量化的，对于这部分能够量化的属性，国外已经有了量化的方法，我们还需要通过对中国企业的具体调查，把量化方法中均值域阈值转化成适合中国国情的指标。

最后，对于关键属性采用定性分析的方法。创业机会的评价首先要过关键属性定性评价这第一关，在这一步评价之中，各个属性都是硬指标，如果有一个创业机会有哪项属性达不到就说明它存在严重的缺陷；第二关是关键属性和重要属性结合的定量评价，一个创业机会在过第一关之后，我们就可以把关键和重要属性混合起来处理，用设定权值来对它们进行区分，通过定量打分的高低进一步对创业机会进行排序。

需要说明的是，制定一套适合中国国情的创业机会评价指标体系还有许多工作要做：比如创业机会属性库的完善；属性库中属性的分类，可量化属性值域和阈值的实证分析；关键属性定评价表的设计，关键和重要属性结合的定量评价表的设计。只有通过大量的实证调研，不断对评价体系进行改进，才能真正建立一套行之有效的适合中国国情的创业机会评价指标体系和方法。

第二节 创业商业环境分析

一、创业项目计划书的基本要素

创业计划竞赛要求参赛者组成优势互补的竞赛小组，提出一个具有市场前景的产品服务，围绕这一产品服务，完成一份完整、具体、深入、可行性、可操作性俱佳的创业计划。创业计划基于具体的产品服务，着眼于特定的市场、竞争、经营、运作、管理、财务等策略方案，描述公司的创业机会，阐述把握这一机会创立公司的过程并说明所需资源。

(1) 概述

要求：简明、扼要、具有鲜明的特色。重点包括对公司及产品服务的介绍、市场概貌、经营策略、生产销售管理计划、财务预测；指出新思想的形成过程和对企业发展目标的展望；介绍创业团队的特殊性和优势等。

(2) 产品服务

要求：如何满足关键用户需要；进入策略和市场开发策略；说明其专利权、著作权、政府批文、鉴定材料等；指出产品服务目前的技术水平是否处于领先地位，是否适应市场的需求，能否实现产业化。

(3) 市场

要求：市场容量与趋势、市场竞争状况、市场变化趋势及潜力，细分目标市场及客户描述，估计市场份额和销售额。市场调查和分析应当严密科学。

(4) 竞争

要求：包括公司的商业目的、市场定位、全盘战略及阶段的目标等，同时要有对现有和潜在的竞争者的分析，替代品竞争，行业内原有竞争的分析。总结本公司的竞争优势并研究战胜对手的方案，并对主要的竞争对手和市场驱动力进行适当分析。

(5) 营销

要求：阐述如何保持并提高市场占有率，把握企业的总体进度，对收入、盈亏平衡点、现金流量、市场份额、产品开发、主要合作伙伴和融资等重要事件有所安排，构建一条畅通合理的营销渠道和与之相应的新颖而富于吸引力的促销方式。

(6) 经营

要求：原材料的供应情况，工艺设备的运行安排，人力资源的安排等。这部分要求以产品或服务为依据，以生产工艺为主线，力求描述准确、合理、可操作性强。

(7) 组织

要求：介绍管理团队中各成员有关的教育和工作背景、经验、能力、专长。组建营销、财务、行政、生产、技术团队。明确各成员之间的管理分工和互补情况，公司组织结构情况，领导层成员，创业顾问及主要投资人的持股情况。指出企业股权比例的划分。

(8) 财务

要求：包含营业收入和费用、现金流量、盈利能力和持久性、固定和变动成本；前两年财务月报，后三年财务年报。数据应基于对经营状况和未来发展的正确估计，并能有效反映出公司的财务绩效。

(9) 表述

要求：条理清晰；表述应避免冗长，力求简洁、清晰、重点突出、条理分明；专业语言的运用要准确和适度；相关数据科学、诚信、翔实。

 二、市场调查

创业市场调研是指创业者为了是否进入某一目标市场、进行产品的销售决策、寻找产品销售中存在的机会或解决存在的问题，而系统客观地收集、识别、分析和传播营销信息的工作。这是为解决投资方向和产品营销的决策服务的，它为市场预测提供客观而具体的资料依据，并对这些资料进行系统的收集、整理、分析和处理。

（一）市场调研的目的

（1）创业市场调研与预测的目的

创业市场调研与预测的目的就是根据消费者需求和市场潜力，决定是否进入某一目标市场，安排生产销售。调查—预测—决策，是企业经营的重要工作，也是进入和推广前必须要做的工作，能否做好调研直接影响着你的创业是否成功。一般而言，创业市场调研是一项目的非常明确的工作，必须有计划、有组织、有步骤地进行。它的任务是搜集商业情报和市场信息。每次市场调研都要事先定好调研的范围和所要达到的目标。

（2）市场调研的其他目的

①决策依据：针对某细分市场，从利润、发展前景、销售量等方面来衡量是否值得进入；

②市场观察：针对特定的产业区域做对照性的分析，从经济、科技等有组织的角度来做研究；

③产品调查：针对某一性质的相同产品，研究其发展历史、设计、生产等相关因素；

④广告研究：针对特定的广告做其促销效果的分析与整理；

⑤市场测试：在产品上市前，提供一定量的试用品给指定消费者，通过他们的反应来研究此产品未来市场的走向；

⑥概念测试：针对指定消费者，利用问卷或电话访谈等其他方式，测试新的销售创意是否有其市场；

⑦神秘购物：安排隐藏身份的研究员购买特定物品或消费特定的服务，并完整记录整个购物流程，以此测试产品、服务态度等。又被称作神秘客或神秘客购物；

⑧零售店审查：用以判断连锁店或零售店是否提供妥当的服务；

⑨需求评估：用以判断产品最大的需求层面，以找到主要客户；

⑩销售预测：找到最大需求层面后，判断能够销售多少产品或服务；

⑪客户满意度调查：利用问卷或访谈来量化客户对产品的满意程度；

⑫分销审查：用以判断可能的零售商、批发业者对产品、品牌和公司的态度；

⑬价格调整测试：用来找出当价格改变时，最先受影响的消费者；

⑭象限研究：将潜在消费者的消费行为、心理思考等用人口统计的方法分为象限来

研究；

⑮消费者购买决定过程研究：针对容易改变心意的消费者去分析什么因素影响他购买此产品，以及他改变购买决定时的行为模式；

⑯品牌命名测试：研究消费者对新产品名的感觉；

⑰品牌喜好度研究：量化消费者对不同品牌的喜好度；

⑱广告和促销活动研究：调查所做的销售手法，如广告，是否达到理想的效益？看广告的人真的理解其中的信息吗？他们会因为广告而去购买吗？

（二）市场调研的内容

由于市场变化的因素很多，因而市场调研的内容也十分广泛。一般来说，凡属影响市场变化的各种主要因素都应调研。

（1）宏观经济的调研

企业是社会经济的一个细胞，是整个国民经济建设有机整体的一部分。对产品的品种、规格、质量和数量等方面的要求，是受整个社会总需求制约的，而社会总需求的动态是与国家经济建设的方针、政策直接有关的。因此，任何企业的经营管理都必须适应国家经济形势的发展，都必须严格遵守政府的方针、政策和法令。只有在这个大前提下，企业才能自主经营。所以，首先必须对宏观经济进行调研，即调研整个国家经济环境的变化对企业产品的影响。调研的具体内容有工农业总产值、国民收入、积累与消费的比例、发展基建规模、基建投资、社会商品零售总额、人口增长、就业率、主要产品产量等。调研这些内容的目的如下：

①为了判断和确定企业的服务方向；

②通过调研主要产品产量，按相关比例测算对本企业产品的需要量。

（2）科学技术发展动态的调研

该项调研主要是调研与本企业生产的产品有关的科技现状和发展趋势。具体内容有：世界科学技术现状和发展趋势；国内同行业科学技术状况和发展趋势，本企业所需的设备、原材料的生产和科技状况及其发展趋势。进行科技调研的目的如下：

①为了掌握同行业的科技动态以确定本企业的科研方向；

②为了正确地进行产品决策，以便确定发展什么样的新产品、什么质量水平的产品。

（3）行业环境的调研

行业环境的调研包括整个行业市场、地区市场的销售状况和销售能力、行业所处的生命周期、行业竞争结构等。主要调研内容是商品供给的充足程度、市场空隙、库存状况，相关地区、企业产品的差别和供求关系及发展趋势，整个市场价格水平的现状和趋势；企业的产品处于产品生命周期的哪一个阶段，即有哪些产品的销售处于成长发展期？有哪些产品处于成熟的旺销时期？有哪些产品在市场上已处于饱和状态？有哪些产品的销售已处于衰退期？识别产品生命周期所处阶段的主要指标有市场增长率、需求增长率、产品品种、竞争者数量、进入壁垒及退出壁垒、技术变革、用户购买行为等；行业竞争结构调研是指一个行业中的竞争，不只是在原有竞争对手中进行，而是存在着五种基本的竞争力量：潜在的行业新进入者、替代品的竞争、买方讨价还价的能力、供应商讨价还价的能力以及现有竞争者之间的竞争。这五种基本竞争力量的状况及综合强度，决定着行业的竞争激烈程度，从而决定着行业中最终的获利潜力以及资本向本行业的流向程度。行业环境调研的目的如下：

①最终决定创业者是否值得进入某一领域；

②制定行业竞争策略。

（4）用户需求的调研

对用户需求的调研就是要了解用户和熟悉用户，掌握用户需求的变化规律，千方百计地去满足用户的需求。

①对用户的特点进行调研：本企业产品的用户是谁？是生产性用户，还是非生产性用户？是城市用户，还是农村用户？是国内用户，还是国外用户？谁又是最主要的用户？用户不同，其需要的特点也不同，要按照用户的不同特点满足要求。

②对影响用户需要的各种因素进行调研：如调研用户的购买力的大小。用户购买力分为集团购买力和个人购买力。集团购买力受国家财政经济状况及税收政策的影响。个人购买力主要取决于劳动者个人和家庭经济收入。又如调研社会风俗、习惯、文化水平、民族特点对用户的需要有何影响，用户购买力动机如何，想购买什么样的产品。

③对用户的现实需要和潜在需要进行调研：所谓现实需要，就是用户已意识到有能力购买，也准备购买客观存在的某种产品的需求容量，用户的现实需要既包括对本企业已有的新老产品的需要，也包括本企业没有生产，而市场已有产品的需要。

（5）产品销售的调研

企业经营，只有把产品顺利地销售出去，商品的价值才能得以实现，才能获取一定的盈利，才能有足够的资金重新购置生产资料进行再生产。因此，对产品的销售调研，实际上就是对产品的销路、产品的价值能否实现的调研，这对企业是至关重要的。对产品销售的调研内容有以下三点：

①企业所生产的各种产品，在一定的销售区域内是独家产品还是多家产品？用户对本企业产品是否满意？若不满意，其原因是什么？本企业的产品在市场上是畅销还是滞销？原因是什么？

②企业各种产品的价格在市场上有无竞争能力？用户对价格有何反映？市场价格的现状对哪些产品有利？对哪些产品不利？产品的价格波动幅度有多大？其发展趋势如何？

③销售渠道、销售过程和销售趋势的调研。企业产品是自销还是代销，是完全通过自设网点销售，还是部分经由代销网点销售；代销商的经营能力、社会声誉、目前销售和潜在销量；委托代销的运输成本、工具、路线、仓库储存能力等；人员直销和非人员直销各自的优劣；采用哪种广告媒体（如电视、广播、报纸、杂志、广告牌）引人注目、效果较好；服务方式的优劣，如成套供应、配件准备、分期付款、免费维修、价格

折扣、技术培训，哪种方式最受顾客欢迎等。

(6) 竞争对手的调研

企业的竞争场所是市场，产品的销售量是企业竞争的"晴雨表"，只有通过市场调研才能掌握竞争对手的情况。对竞争对手的调研内容主要有以下几方面：

①在全国或一个地区有哪些同类型企业，企业实力大小如何？所谓企业实力，是指企业满足市场要求的能力，包括生产能力、技术能力和销售能力等因素。这些企业当中，谁是最主要的竞争者？谁是潜在的竞争者？

②主要竞争者的产品市场分布如何？市场占有率多大？它对本企业的产品销售有何影响？所谓市场占有率，就是指本企业的某种产品在市场销售的同类产品中所占的比重。市场占有率反映一个企业的竞争能力和经营成果。

③主要竞争者采取了哪些市场营销组合策略？这些营销组合策略发生作用后对企业的生产经营产生何等程度的影响？

④市场竞争程度、竞争对手的策略、手段和实力；有关企业同类产品的生产、经营、成本、价格、利润的比较。

(三) 创业市场调研的方法

市场调研主题确定和内容明确后，还需要有正确的方法，也就是采用什么组织方式和方法取得调查资料。搜集调查资料的方式有普查、重点调查、典型调查、抽样调查等。具体调查方法有座谈会、二手资料、访问、电话调查、网络调查等。在调查时，采用何种方式、方法不是固定和统一的，而是取决于调查对象和调查任务。为了准确、及时、全面地取得市场信息，尤其应注意多种调查方式的结合运用。

按照收集资料的方式不同，市场调查方法可以分为直接市场调查和间接市场调查。主要有座谈会、二手资料法、文献法、入户访问、拦截式访问、电话调查、邮寄调查、神秘顾客访问、深度访谈、日记式/记账式调查、网络调查法等几种常见和常用的方法。

(1) 座谈会法

座谈会法是由一个经过训练的主持人以一种无结构的自然的形式与一个小组的被访问者交谈，主持人负责组织讨论，从而获取对一些有关问题的深入了解。

(2) 二手资料法

二手资料法是通过找各种媒体发表的文章或文献的方法来搜集相关资料。

(3) 文献法

文献法是通过找文献搜集有关市场信息，是一种间接的非介入式的市场调查方式。

(4) 入户访问法

入户访问法是访问员到被访者的家中进行访问，直接与被访者接触，利用结构式问卷逐个问题进行询问，并记录下对方的回答；或是将问卷交给被访者，说明填写要求，等待对方填写完毕后再收取问卷的调查方式。

（5）拦截式访问法

拦截式访问法是在一些固定范围内（例如商业区、商场、街道、医院、公园、报摊等）拦截行人进行面访调查。

（6）电话调查法

电话调查法是由访问员通过电话向被访者询问问题、搜集信息的方法。

（7）邮寄调查法

邮寄调查法是将调查的问卷及相关资料寄给被访者，由被访者根据要求填写问卷并寄回的方法。

（8）神秘顾客访问法

神秘顾客访问法是由符合条件的调查员作为消费者，到指定场所消费商品或服务，同时对商品、环境、服务态度等各方面进行调查。

（9）深度访谈法

深度访谈法是一种无结构的、直接的、个人的访问，在访问过程中，一个掌握高级技巧的调查员深入地访谈一个调查者，用以揭示对某一问题的潜在动机、信念、态度和感情。

（10）日记式/记账式调查法

日记式/记账式调查法是对固定样本发放登记簿或账本，由被访者逐日逐项记录，再由访问员定期整理汇总的一种调查方法。

（11）网络调查法

网络调查法又称在线调查，是通过互联网及其调查系统把传统的调查、分析方法在线化、智能化。其构成包括三个部分：客户、调查系统、参与人群。

（四）创业市场调研的步骤

创业市场调研的步骤如图5-2所示。

（1）确定市场调研目标

创业市场调研的目的在于帮助创业者确定是否进入某一行业，及进入该行业后准确地做出经营战略和营销决策，在市场调研之前，须先针对企业所面临的市场现状和亟待解决的问题，如产品销量、产品寿命、广告效果等，确定市场调研的目标和范围。

（2）确定所需信息资料

市场信息浩若烟海，企业进行市场调研必须根据已确定目标和范围收集与之密切相关的资料，而没有必要面面俱到。纵使资料堆积如山，如果没有确定的目标，也只会事倍功半。

（3）确定资料搜集方式

企业在进行市场调研时，收集资料必不可少。而收集资料的方法极其多样，企业必须根据所需资料的性质选择合适的方法，如实验法、观察法、调查法等。

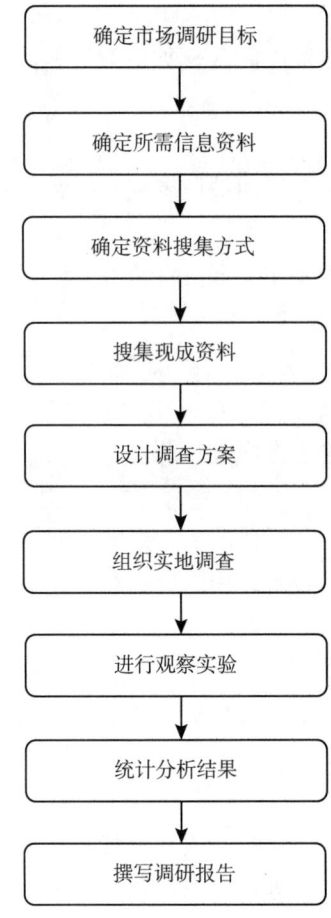

图 5-2 创业市场调研的步骤

（4）搜集现成资料

为有效地利用企业现有资料和信息，首先应该利用室内调研方法，集中搜集与既定目标有关的信息，这包括对企业内部经营资料、各级政府统计数据、行业调查报告和学术研究成果的搜集和整理。

（5）设计调查方案

在尽可能充分地占有现成资料和信息的基础上，再根据既定目标的要求，采用实地调查方法，以获取有针对性的市场情报。市场调查几乎都是抽样调查，抽样调查最核心的问题是抽样对象的选取和问卷的设计。如何抽样，须视调查目的和准确性要求而定。而问卷的设计更需要有的放矢，完全依据要了解的内容拟定问句。

（6）组织实地调查

实地调查需要调研人员直接参与，调研人员的素质影响着调查结果的正确性，因而首先必须对调研人员进行适当的技术和理论训练，其次还应该加强对调查活动的规划和监控，针对调查中出现的问题及时调整和补救。

(7) 进行观察试验

在调查结果不足以揭示既定目标要求和信息广度与深度时，可以采用实地观察和试验方法，组织有经验的市场调研人员对调查对象进行公开和秘密的跟踪观察，或是进行对比试验，以获得更具有针对性的信息。

(8) 统计分析结果

对获得的信息和资料进行进一步统计分析，提出相应的建议和对策是市场调研的根本目的。市场调研人员须以客观的态度和科学的方法进行细致的统计计算，以获得高度概括性的市场动向指标，并对这些指标进行横向和纵向的比较、分析和预测，以揭示市场发展的现状和趋势。

(9) 撰写研究报告

市场调研的最后阶段是根据比较、分析和预测结果写出书面调研报告，一般分专题报告和全面报告，阐明针对既定目标所获结果，以及建立在这种结果基础上的经营思路、可供选择的行动方案和今后进一步探索的重点。

特别要注意的是，对调研结果进行统计、分析和预测后所获得的信息，要达到如下要求：

①准确性：对于市场的调查必须坚持科学的态度、求实的精神，客观地反映事实。要认真鉴别信息的真实性和可信度，要求做到信息的根据充分、推理严谨、准确可靠。

②及时性：任何市场信息，重要的情报，都有极为严格的时间规定性。所以市场调研必须适时提出，迅速实施，按时完成，其所得信息情报要及时利用。

③针对性：市场信息多如牛毛，不应该也不可能处处张网，所以市场调研首先要明确目的。根据目的的要求，有的放矢，以免劳民伤财，事倍功半。

④系统性：市场信息在时间上应有连贯性，在空间上应有关联性，随着时间、空间的推移和改变，市场将发生日新月异的变化，信息也将不断扩充。企业对市场调研的资料加以统计、分类和整理，并提炼为符合事物内在本质联系的情报，而不是一个"杂烩"。

⑤规划性：市场信息面广量大，包罗万象，因此，要做好信息管理工作，就得加强计划性。既要广辟信息来源，又要分清主次，突出重点；既要持之以恒，又要注意经济效益；既要充分利用各方面的力量，又要有专业化的组织和统一管理。

⑥预见性：市场信息的搜集和整理，既要满足当前经营决策的需要，又要分析变化的未来趋势，预见今后的发展。

三、商业环境分析

环境在创业过程中扮演着非常重要的角色，因此，创业者准备创业计划之前，首先要对其进行研究分析，主要包括技术环境分析、市场环境分析和政策环境分析。

(一) 技术环境分析

技术的进步难以预测，从某种意义上说，技术是变化最为剧烈的因素。因为技术的进步可以极大地影响到企业的产品、服务、市场、供应商、分销商、竞争者、制造工艺、营销方法及竞争地位等。技术进步可以创造新的市场，产生大量新的和改进的产品，改变创业企业在产业中的相对成本及竞争位置。这些技术变革可以减少或消除企业间的成本壁垒，缩短产品的生命周期，并改变雇员、管理者和用户价值观与预期，还可以带来更为强大的新的竞争优势。因此，创业者应对本行业的技术变化趋势有所了解和把握，应考虑因政府投入可能带来的技术发展。

（二）市场环境分析

市场环境分析可以从宏观、中观和微观三个层次来进行。

在宏观上，主要是对经济因素、文化因素的分析。一方面，一个新创企业成功与否，在某种程度上取决于整个经济运行情况，如整个国民经济的发展状况、产业结构的构成与发展、积累基金的构成及其变化、失业状况以及消费者可支配收入等。具体体现在 GDP、可支配收入等指标上，这些因素都会影响市场的需求状况，从而对创业企业有一定影响。另一方面，从文化因素上说，如人们生活态度的变化、价值观念的变化、道德观的变化也会对创业的市场需求产生影响，特别是那些与健康或环境质量等有密切关系的产品更是如此。

在中观上，主要是对行业需求的分析，如市场是增长的还是衰退的、新的竞争者的数量及消费者需求可能的变化等重要问题，创业者必须加以认真考虑，以便确定创建企业所能预测的潜在市场的规模。

在微观上，根据波特的竞争模型，潜在的进入者、行业内现有的竞争者、代用品的生产供应者和购买者是主要的竞争力量。

（1）新进入者的威胁

新进入者是行业的重要竞争力量，虽然创业者本身往往是一个新进入者，但他同时也会面临着其他意识到同样创业机会的创业者或新进入的模仿者，他们会对创业的成功与收益带来很大威胁，其大小主要取决于进入障碍和本企业的可反度，其影响因素主要包括规模经济、产品差别优势、资金需求、转换成本、销售渠道等。

（2）现有竞争者的抗衡

创业者在进入某一个行业时，会遇到行业内现有企业的压力与竞争，其程度是由一些结构性因素决定的。由于每个行业的进入和退出障碍不同，便形成不同的组合。

（3）替代品的竞争压力将导致替代品的不断增多，因此，创业者在制定战略时，必须识别替代品的威胁及程度。对于顺应时代潮流，采用最新技术、最新材料的产品，或对于从能获得高额利润部门生产出来的替代品，尤应注意。

（4）购买者和供应者的讨价还价能力

任何行业的购买者和供应者，都会在各种交易条件上尽力迫使交易对方让步，使自己获得更多的收益，其中讨价还价能力起着重要作用。

(5) 其他利益相关者

主要包括股东、员工、政府、社区、借贷人等，他们各自对各个企业的影响大小不同。创业者从创业初始就应适当考虑与利益相关者的价值均衡问题及他们对创业的影响。

（三）政策环境分析

政府的政策规定、法律法规等都可能直接或间接影响创业的活动。例如取消价格控制法规、对媒体广告的约束法规（如禁止香烟广告）、影响产品及其包装的某个条例等，这些法规都将对创业企业的产品开发和市场营销等产生影响。另外，政府对市场的规制也是一个值得重视的方面，如美国政府在 20 世纪 80 年代对电信和航空业进入限制的放松，就导致了大量新公司的组建。

一般来说，有关市场特征、竞争者等可获得的数据，常常反过来与一个创业机会中真正的潜力相联系。也就是说，如果市场数据已经可以获得，并且数据清晰显示出重要的潜力，那么大量的竞争者就会进入该市场，该市场中的创业机会就会随之减少。因此，对收集的信息进行结果评价和分析，识别真正的创业机会是重要的一步。一般而言，单纯地对问题答案的总结，可以给出一些初步印象；接着对这些数据信息交叉制表进行分析，则可以获得更加有意义的结果。也就是说，对创业者来说，搜集必要的信息，发现可能性，将别人看来仅仅是一片混乱的事物联系起来以发现真正的创业机会，这是非常重要的。

第三节　创业项目的评估

《孙子兵法·谋攻》中说："知己知彼，百战不殆；不知彼而知己，一胜一负；不知彼不知己，每战必殆。"现阶段相当多的创业者在创业前期的准备中都存在不同程度的困惑：不知道往哪个方向进行创业，也不知道哪个行业适合自己去创业，这主要是因为这些创业者对自身的了解不足，对个性与创业之间的关系认识不够清晰。因此，成功创业首先就要对自己有一个正确的认知。

一、创业机会自我认知

（一）自我认知的概念

1. 自我认知与素质拓展

自我认知（self-cognition）是对自己的洞察和理解，包括自我观察和自我评价。自我观察是指对自己的感知、思维和意向等方面的觉察；自我评价是指对自己的想法、期望、行为及人格特征的判断与评估,这是自我调节的重要条件。

如果一个人不能正确地认识自我,看不到自我的不足,觉得处处不如别人,就会产生自卑,丧失信心,做事畏缩不前……相反,如果一个人过高地估计自己,也会骄傲自大、盲目乐观,导致工作的失误。因此,恰当地认识自我,实事求是地评价自己,是自我调节和人格完善的重要前提。

2. 自我认知的内容

自我认知,是指自己对自己的生理状况(如身材、容貌、健康状况等)、心理特征(如爱好、特长、能力、气质、智力、性格等)以及自己与他人和社会的关系(如与领导、同事、老师、同学、亲人、朋友等的关系)及在国家、地区、单位、阶层的地位和作用等的认识。自我认知与自我觉察是进行清晰的自我定位的基础,也是个人职业与事业生涯的起点。

自我认知包括:认知自己的生理状况、心理特征,认知自己的价值观、人生方向和目标,清醒认知自己的优势和劣势,觉察自我的情绪变化、原因等。

3. 自我认知力的提升

(1) 善于总结

可通过回顾童年、青少年时期等人生经历,总结成功与失败的经验教训,发现自己的个性特点。

(2) 善于比较

即以人为镜,在比较中认识自己。我们可以通过与同龄伙伴在个性、能力、与人交往的态度、情感表示方式等方面进行比较,找出自己的特点,确定自己在同龄群体中的位置,进一步认识自己。

(3) 善于审视

可以通过他人的评价来认识自己。他人评价比主观自省具有更大的客观性。在实际生活中,年轻的创业者自信满满,常易犯的错误是根据心理需要,只接受某些方面的评价,甚至有的人听得赞美的话,听不得不同的评议。

(4) 善于自省

自省是一种自我体验。人们往往可以在实际生活、学习、工作中,通过反思和自我检查来认识自己的个性特长、能力以及自己的优缺点。

(5) 善于测试

透过科学化的心理测试,可以帮助创业者了解自己未知、别人未知的部分。心理测试可以帮助创业者了解自己的气质和性格、价值观、职业兴趣与偏好等。只有不断正视自己、反思自己、发现新我、认识新我、促进自身发展,才能充分实现自我价值。

(二) 自我评价

1. 自我评价的含义与特点

自我评价是建立在自我认知基础上,通过自我观察与自我分析等手段对自我身心素质的全面评价,它不但包含自我整体的心理素质和知识、能力的评价,还包含自我地位及外部环境的评价。自我评价在自我的个性发展中发挥着重要的作用,并贯穿于人生的全过程。它指导着自我的进步和发展,促使自我更加成熟和人格更加完善。青年创业者自我评价的特点主要表现在:

（1）自觉性和经常性

随着知识的积累,客观世界的发展变化,以及自我意识的提高,青年创业者自我评价的水平也越来越高,将自觉性的自我评价逐步转入经常性的自我评价。正是由于其自我评价具有自觉性和经常性,所以他们会不断进步,日渐成熟,最终成长为成功的创业者。

（2）丰富性

由于现代青年涉猎广泛,思考问题的能力增强,活动范围扩大,自我认识和体验日益丰富,自我感情日趋复杂,这就决定了其自我评价的丰富性。如现代青年的自豪感、自卑感、成功感、失败感、喜悦感、羞耻感等往往集于一身,再如其的大公和自私、高傲和自卑、自我欣赏和自我贬低等同时存在。

（3）两极性

两极性是指自我评价过低或自我评价过高,这都偏离了"现实自我"。由于现实生活条件和思想发展状况等原因,引起"自我"个体产生满意与不满意、同情与不同情的体验,导致理性认识上的真与假的判断,产生自我评价的两极性。

（4）闭锁性

受过高等教育的年轻创业者因其特殊的社会地位,其自信心和自尊心很强。他人的理解和赞许,能使他们的自尊心得到满足、自信心得到增强,而这些愿望又不便表达出来,在一定程度上自我压抑、自我封闭,保守自己的秘密,置身于心灵的孤岛,有时会表现出一些过激的行为。

（5）深刻性

自我评价的自觉性和经常性,会使青年创业者的自我评价能力和水平迅速提高,人生观和价值观趋于多元。他们既强调自我人生价值,又追求"实用"和"实惠";既主张奉献精神,又力图索取;既追求社会地位,又不满足追求的结果;既尊重原则,又缺乏对不公平现象的正确态度;既想摆脱束缚、独立人生,又想依托外界的帮助。这些自我意识中尖锐的矛盾,充分体现了年轻人自我评价的深刻内涵。年轻创业者总是力图使理想与现实、开放与封闭、情感与理智等矛盾,在自我意识的评价中统一起来,去寻求新的心理平衡,消除内心的焦虑和不安。

（6）敏感性

自我认识的发展、社会地位和威信的提高、知识面的扩展,都使得青年创业者的自尊心和自信心得到增强。他们期待着别人的赞许和表扬,而又担心效果不好,受到批评,于是对别人的态度和言行极为敏感,容易产生强烈的情绪波动。

2. 自我评价的原则

自我评价是建立在自我观察、自我分析基础上的,对自我身心素质的全面评估。就原则而言，正确的自我评价应当注意掌握：

（1）客观性原则

对自己进行观察、分析、评价要以客观的事实作为基础和依据。不客观的评价就是过高或过低的评价，过高会使自己脱离现实，过低又往往会忽视自己的长处，使自己缺乏自信，过于自卑。

（2）全面性原则

自我评价应当全面，既要看到自己的优点和长处，又要看到自己的缺点和不足。既要看到自己某一方面的特殊素质，又要看到自己全面整体的素质。反之，任何一种片面、孤立、不分主次的自我评价都是不全面的。

（3）发展性原则

自我评价时应以发展变化的眼光看待自己的现实素质，做出客观、全面的评价，而且应当着眼于未来发展变化，预见自己将来的发展潜力和前景。

3. 自我评价的内容

（1）对自身教育背景的评价

青年创业者自我评价的一个重要内容就是对自己的教育背景进行客观评价。受过高等教育的创业者要客观评价所受教育学校的社会地位、社会影响力、办学水平和学校毕业生的素质和能力，清醒认识高等教育给自身带来的优势和自身的不足，合理利用学校的社会交往范围和学校的社会影响潜力。

（2）对专业能力适合创业需求的评价

首先，要对自身专业能力进行客观分析评价；其次，要根据专业实践能力支撑创业需求的程度进行分析评价。

（3）对自我综合素质的评价

自我综合素质的评价主要从知识、气质、能力、品德诸多方面进行客观评价。

4. 自我评价训练

（1）自画像

每位受训者在白纸上画一幅自画像，全面体现自己的形象，既可很具体，也可很抽象。自画像完成后，在白纸上不加思考回答各10句：我是谁？我能做什么？我有什么缺点？

（2）他画像

两位受训者一组既做照镜人，又做镜子，每位受训者在白纸上详细写上对方的优点及缺点。一组两位受训者互相交流、比较，我自己眼中的"我"和对方眼中的"我"是否一致，然后分析一下"我"究竟是一个怎样的人？

5. 创业机会之创业者自我认知

在自我认知和自我评价的基础上，充分认识自身素质是否具备创业条件，是创业成功与否的重要因素，清醒地了解自身素质能否适应创业环境，抓住创业机会。因此创业者需要具备以下素质：

(1) 强烈的创业意识

强烈的创业意识,能够帮助创业者克服创业道路上的各种艰难险阻,并将创业目标作为自己的人生奋斗目标。

(2) 良好的创业心理品质

处变不惊的良好心理素质和愈挫愈强的顽强意志,能够帮助创业者在创业的道路上自强不息、顽强拼搏,闯出属于自己的一番事业。

(3) 竞争合作的意识

敢于竞争、善于竞争的创业者在面临充满压力的市场时,才能取得成功。竞争的同时应注意寻求合作,拥有好的合作伙伴可以使你降低风险,获取资源,从而更易于获得成功。

(4) 超强的五种能力

即诚信力、决策力、管理力、创新力和社交力。诚信力,即指具备诚信经营意识、注重诚信教育和打造诚信企业文化的能力;决策力,即指创业者客观、正确地确定创业的发展方向、目标、战略以及具体选择实施方案的综合能力;管理力,即指通过计划、组织、协调、控制、激励、沟通和应变等方式推动企业持续发展的能力;创新力,即指改造现实世界包括客观世界和主观世界的创造新活动的能力,强烈创新意愿、适当的冒险精神和善于总结的特征是培养创新力的保证;社交力,即指承担社会责任的意愿、良好的沟通技巧以及开拓社会资源的综合能力。

创业者的自我认知与综合测评描述见表 5-4。

表 5-4　　　　　　　　　　　创业者的自我认知与综合测评

测试题目	计分规则
1. 你父母有过创业的经历吗?	1. 是:加1分;否:减1分
2. 在学校时你学习好吗?	2. 是:减4分;否:加4分。成功的创业者照例都不是学校的好学生
3. 在学校时,你是否喜欢参加群体活动,如俱乐部的活动或集体运动项目?	3. 是:减1分;否:加1分。创业者们在学校时,似乎都不太热衷于集体活动
4. 少年时代,你是否更愿意一个人待着?	4. 是:加1分;否:减1分。研究显示,创业者们在少年时代往往更愿意一个人待着
5. 你是否参加过学校工作人员的竞选或是自己做生意,如卖柠檬水,办家庭报纸或者出售贺卡?	5. 是:加2分;否:减2分。开创生意通常从很小开始
6. 你小时候是否很倔强?	6. 是:加1分;否:减1分。童年时的倔强似乎可以理解为按照自己的方式行事的坚定决心——成功创业者的典型特征
7. 少年时代,你是否很谨慎?	7. 是:减4分;否:加4分。谨慎可能意味着不愿冒险,这对于在新兴领域开创事业可能是个绊脚石

续表

测试题目	计分规则
8. 小时候你是否很勇敢而且富于冒险精神？	8. 是：加4分；否：不减分
9. 你很在乎别人的意见吗？	9. 是：减1分；否：加1分。创业者们往往不在乎别人的意见而坚持开创不同的道路
10. 改变固定的日常生活模式是否是你开创自己的生意的一个动机？	10. 是：加2分；否：减2分。对日常单调生活的厌倦往往可以坚定一个人开创自己事业的决心
11. 也许你很喜欢工作，但是你是否愿意晚上也工作？	11. 是：加2分；否：减6分
12. 你是否愿意随工作要求而延长工作时间，可以为完成一项工作而只睡一会儿，甚至根本不睡？	12. 是：加4分；否：不减分
13. 在你成功完成一项工作之后，你是否会马上开始另一项工作？	13. 是：加2分；否：减2分。创业者一般都是特别喜爱工作的人。他们会毫不拖延地进行一项接一项的计划
14. 你是否愿意用你的积蓄开创自己的生意？	14. 是：加2分；否：减2分。成功的创业者都会愿意用积蓄资助一项计划
15. 你是否愿意向别人借东西？	15. 是：加2分；否：减2分
16. 如果你的生意失败了，你是否会立即开始另一个？	16. 是：加4分；否：减4分
17.（接16题）或者你是否会立即开始找一个有固定工资的工作？	17. 是：减1分
18. 你是否认为做一个创业者很有风险？	18. 是：减2分；否：加2分
19. 你是否写下了自己长期和短期的目标？	19. 是：加1分；否：减1分。许多创业者都把记下自己的目标作为一种习惯
20. 你是否认为自己能够以非常职业的态度对待经手的现金？	20. 是：加2分；否：减2分。以正确的态度处理经手的现金对企业的成功至关重要
21. 你是否很容易烦？	21. 是：加2分；否：减2分
22. 你是否很乐观？	22. 是：加2分；否：减2分。乐观的态度有助于推动你在逆境中取得成功

评测答案：35分到44分——绝对适合自己创业。15分到34分——非常合适。0分到14分——很有可能。你的人生其实可以有许多选择，包括选择自己创业还是就做个高级白领，你的智商和情商发展均衡，这意味着你在很多选择中可进可退，可攻可守。-1分到-15分——也许有可能。如果你非要走创业之途，应该说也有属于自己的机会，但首要克服很多困难，包括环境，也包括你自身的思维方式与性格制约。-16分到-43分——不合适。你应该仔细考虑自己是否适合做生意，因为你的才华可能并不在这方面。也许为别人工作或是掌握某种技术远比做生意更适合你，可以让你更好地享受生活的乐趣并且充分发挥自己的能力，发展自己的兴趣。

二、创业项目竞争力评估

创业项目的竞争力评估是创业成功与否的关键因素，也是创业开始的第一步。如何选择与评估创业项目？首先看市场，项目需求市场是否足够大，是否有高额回报。其次是看团队，要有灵魂人物，这个人要有人文色彩，能够汇聚某一类人。比如MYSPACE的创始人就非常优秀，他们最初汇聚了最优秀的音乐人才。最后是看可持续的竞争力，一个企业，有竞争优势很重要，但更重要的是要有持续的竞争优势，即使别人复制也不怕。

创业项目评估相对复杂，必须在调研的基础上进行充分、详细的研究，全面、准确地选择和考察各种影响创业项目的竞争力要素。一般而言，在对项目进行评估分析时应着重考虑项目市场前景、创业项目的技术先进性及竞争力、创业管理团队等因素，我们从风险投资基金的投资创业项目的视角来分析创业项目竞争力的自我评估。

1. 市场前景

项目的市场前景决定该项目是否能够在市场上存在，是否被消费者需要及需求量的大小，并且在项目投入市场之后，企业根据项目的市场前景来确定该项目的可持续发展能力。一般而言，在对项目进行评估分析时着重考虑以下因素：

（1）创业项目产品、服务的消费对象评估

进行创业项目市场前景评估，首先要评估创业项目产品、服务是否能被市场接受，是否有消费对象及消费对象所在的区域，这样能确定销量的多少。鉴于项目产品、服务的可持续发展，市场前景评估还要考虑消费对象对该项目产品、服务的依赖程度、产品服务需求情况及需求弹性等。这样，在不同的时间生产数量不同的产品和服务，能够有效地评估创业项目的未来现金流量，进行市场分析。

（2）创业项目产品、服务的价格水平与潜在消费者的收入状况

一定的价格水平是决定消费者数量的关键因素，从不同的价格制定来分析不同的市场需求量，从而确定该项目产品、服务市场前景可持续发展的价格方向，并结合该项目产品、服务需求消费者的收入状况来了解消费者对产品的忠实程度。当消费者面临价格高昂的奢侈品时，其竞争力相对较弱。但是只有消费者处在好的经济条件下，才会拥有好的市场前景。

（3）替代产品、服务的发展趋势及创新可能性

创业项目多为技术型产品、服务，在这种情况下，充分考虑市场的接受能力以及分析该技术在市场上的扩散时间。在技术普遍情况不同时，其产品、服务市场前景不同。项目产品、服务处于拓展初期时，产品、服务的新鲜度较高，产品、服务的消费者数量逐渐扩大，市场前景呈向上发展。当产品、服务技术发展到成熟期，替代产品慢慢发展起来，项目产品市场前景也就到达终点。在此时，项目产品能否进行技术创新，则决定了其可持续的市场前景。

2. 技术先进性

创业项目的技术评估主要包括现有产品、服务技术的纵向、横向延伸空间和创新开发能力，着重考察评估产品的技术的独特性、技术含量、边际利润、竞争保护及持续创新的可能性等。具体来说，要分析主要产品的技术特征、技术水平、技术壁垒及知识产

权保护情况、产品的竞争优势、更新周期、技术发展的方向和重点、产品的研究开发能力、生产能力及其各种支撑条件等。

在拥有独创的技术特征的情况下，首要的就是要让市场接受，毕竟越高的技术越难以让人接受。在不降低技术水平的前提下，该项目必须能够按照市场的需求来不断创新。

3. 管理团队

在变幻莫测的市场环境下，创业项目的价值更多体现在拥有一支优秀的管理团队。只有经营者具有强烈愿望和意志力，才能克服市场和经营环境的改变所发生的难题。就创业项目团队人员个人素质评估而言，创业项目的高层管理者是否具有高度的责任感、极强的必胜信念、高超的领导艺术和强烈的创新意识，是否具有足够的威望和号召力，能够运用权力来实现自己的理想；项目的核心管理层对目标市场、行业是否熟悉；对产品、服务的了解、核心技术的掌握、融资与调拨能力、组织管理能力等要素是否具备。

在重视团队成员的个人素质的同时，还要考虑团队的整体实力。团队成员的地域分布、技术状况、知识结构、专业、学历、经验；团队的工作理念及企业文化等，这些都是决定整个团队的能力的重要方面。

案例 5-1

风险投资对创业项目的评估

一、创业项目的评估准则

1. 经验因素

甄别创业项目可行与否最重要的标准就是看创业者的个性与经验。有经验的创业者常常在商机还在形成的过程中就表现出了快速识别能力。

2. 项目的新颖性和可行性

创业项目不仅要在技术、产品、管理或盈利模式方面具有新颖性，而且必须在实施与投放市场方面具有可行性。

3. 收益增长的巨大潜力

潜力高的项目能够确定一种产品或服务的夹缝市场，这项产品或服务能够满足一个重要顾客群的需要，为顾客提供高增长的利益。

产品或服务的生命周期必须长于收回投资并获取适当利润所需的时间。

4. 投资的商务构想

新产品、新服务必须能够在 2~3 年内进入市场，产品具有巨大竞争优势或所要进行的产业竞争性相对较弱，必须提供市场需求的令人信服的理由。

5. 管理团队的构成

创业团队是企业具有高增长潜力的关键因素。团队人员必须具备个人才能，管理工作方面具有良好的业绩表现。团队成员的技能能够项目弥补、相互融合。

6. 潜在的回报及退出的可能性

创业项目要明确短期和中期的收获目标，即项目投资未来退出的渠道及方式，以及项目应具备潜在的高回报率。

二、创业者与创业团队评估

（一）创业者的素质评估

1. 忠诚正直

正直，创业者要真诚，对风险投资者胸怀坦诚；可信，创业者在各种交易行为中是可以信赖的；守法，创业者要信守合同，遵纪守法；公平，创业者奉行公平交易准则。

2. 成就者

创业者须证明，创业的理想是获取商业利益，但不是由于贪心，而是通过不断扩大商业利益的规模来检查创业者个人的成就。

3. 活力充沛

创业者必须有健康的体魄和勇往直前的奋斗精神，要能够为实现既定目标努力不懈，必须具有完成投资计划任务的坚定信心。

4. 天资过人

创业者能否在充分分析的基础上，做出正确的判断，进而进行最优决策，同时敢于承担必要的风险。

5. 学识渊博

风投基金关注创业者的经验，创业者能够从以往的失败中吸取教训和积累行业经验；关注创业者对所要从事的行业是否进行了全面的分析，是否总结了从事项目的关键成功环节，并为创业储备了那些学识。

6. 领导素质

创业者是否具备独立处理问题的能力，以及组织他人共同解决问题的能力。

7. 创新能力

创业者是否机敏，是否是处理问题的专家，是否可以创造性地解决问题。

（二）创业者的心理素质评估

1. 自信

创业者普遍具有很强的自信心，有时甚至具有咄咄逼人的感觉。

2. 紧迫感

创业者通常对事物的结果有预见性，因此会给他人带来压力。他们相信"时间就是效率"。

3. 脚踏实地

做事实在，不会为了自己舒服而马虎从事。

4. 崇高的理想

为了实现个人理想，不会计较虚名。生活简单朴实，必要时身兼数职。

5. 情绪稳定

创业者通常不会喜形于色，也很少抱怨牢骚。遇到困难时，他们总是坚韧不拔地去突破困境。

6. 喜欢挑战

喜欢承担风险，但并不是盲目冒险。他们乐于接受挑战，并从克服困难中获得经验。

成功创业者的特征与表现见表5-5。

表5-5　　　　　　　　　成功创业者的特征与表现

特征	表现
自主性强	期望对任何事拥有自主权
喜欢有事情做	愿意从事具有明确目标的各种活动
较强的自我把握能力	有强烈的成功欲望，能够自我激励
实行目标管理	能够快速把握为实现目标而所需要解决的具体工作
善于分析机会	能够对各种选择做出分析以保证事业获得成功，承担的风险最小
善于安排个人生活	知道个人生活比事业更重要
具有创造性思维	总是在寻求解决问题的最佳路径
善于解决问题	善于以各种途径解决任何问题
客观地看待问题	不怕承认错误

（三）创业团队评估

①对创业团队成员的教育经历与背景、从事商业活动的资历与经验、业内的名气与信誉的了解。

②除了考察生产技术人员对技术的掌握和技术转化为产品的能力，还要注重考察研发与创新能力。

③对创业者及其管理团队的考察重点是内部组织及协调能力、团队结构合理性。管理团队的企业战略、市场营销、人力资源管理、财务运作、研发与生产运作等方面的素质。

④具备经验、技术与管理技能固然重要，但是更为重要的是创业团队对从事的

事业有献身精神。怀有这种献身精神的人可以在企业成长过程中齐心协力，克服一切困难。

⑤成功的创业企业将某些创业理念、创业态度作为实现公司未来远景的关键。他们指导团队如何精诚合作、荣辱与共，从而获得成功，并且报酬、补偿和激励机制都以此为基础。

 ## 三、创业项目的风险识别

人们通常把拥有充分的资源（resources）（人、财、经验）、可行的概念（ideas）、适当的基本技能（skills）、行业的知识（knowledge）、才智（intelligence）和明确的目标（goal）称作创业七大必备条件，而这七个条件的首英文字母连在一起，恰恰是"risking"（冒险）一词，这也巧合地说明了创业的风险性。对创业项目风险认识、衡量及评估，是创业者在整个创业过程需要高度重视的问题。

（一）创业风险概述

1. 风险的含义

风险的基本含义是损失的不确定性。对于风险的理解，一般有两个角度，一个角度强调了风险表现为结果的不确定性，另一个角度则强调为损失的不确定性。前者属于广义上的风险，说明未来利润多寡的不确定性，可能是获利（正利润）、损失（负利润）或者无损失也无获利（零利润）；后者属于狭义上的风险，只能表现为损失，没有获利的可能性。

风险的构成包括：风险因素，即指人的因素和物的因素两个形态；风险事件，即指风险的可能性变成现实，以致引起损失后果的事件；风险损失，即指由于风险事件的出现带来的能够用货币计量的经济损失。

2. 创业风险的概念

创业风险是指企业在创业过程中存在的各种风险。由于创业环境的不确定性，创业机会与创业企业的复杂性，创业者、创业团队与创业投资者的能力和实力的有限性而导致创业活动结果的不确定性。创业风险种类繁多，贯穿并交织于整个创业过程，并具有以下几种共同的特征：

（1）客观性

创业本身就是一个识别风险和应付风险的过程，风险的出现是不以人的意志为转移的，所以创业风险的存在是客观的。

（2）不确定性

由于创业所依赖和影响的因素具有不确定性，这些因素是不断变化、不断发展的，甚至是难以预料的，因此造成了创业风险的不确定性。

(3) 双重性

创业有着成功或失败的两种可能性，创业风险具有盈利或亏损的双重性。

(4) 可变性

随着影响创业因素的变化，创业风险的大小、性质和程度也会发生变化。

(5) 可识别性

根据创业风险的特征和性质，创业风险是可以被识别和划分的。

(6) 相关性

创业风险与创业者的行为紧密相连。同一风险，采取不同的对策，将会出现不同的结果。

（二）创业风险的主要分类

1. 依据创业风险来源划分

按照风险产生的来源进行划分，可分为主观创业风险和客观创业风险。其中，主观创业风险是指在创业阶段，由于创业者的身体与心理素质等主观方面的因素导致创业失败的可能性；客观创业风险是指在创业阶段，由于客观因素导致创业失败的可能性，如市场的变动、政策的变化、竞争对手的出现、创业资金缺乏等。

2. 依据创业风险的表现形式划分

按照创业风险产生的内容划分，可分为政治风险、经济风险、技术风险、市场风险、管理风险和经营风险。其中，政治风险是指由于战争、国际关系变化或有关国家政权更迭、政策改变而导致创业者或企业蒙受损失的可能性；经济风险是指由于宏观经济环境发生大幅度波动或调整而使创业者或创业投资者蒙受损失的风险；技术风险是指由于技术方面的因素及其变化的不确定性而导致创业失败的可能性；市场风险是指由于市场情况的不确定性导致创业者或创业企业损失的可能性；管理风险是指因创业企业管理不善产生的风险；经营风险是指创业企业提供的产品或服务从小批试制到大批生产经营、销售过程中的风险。

政治风险、经济风险属于系统性风险，亦称"不可分散的风险"，通常创业者或创业企业无法规避此类风险。技术风险、市场风险、管理风险和经营风险属于非系统性风险，亦称"可分散风险"，创业者或创业企业可以通过风险评估手段规避此类风险。

3. 依据创业投资的风险影响程度划分

按照创业投资的风险影响程度划分，可分为安全性风险、收益性风险和流动性风险。其中，安全性风险是指从创业投资的安全性角度来看，不仅预期实际收益有损失的可能，而且专业投资者与创业者自身投入的其他财产也可能蒙受损失，即投资方财产的安全存在危险；收益性风险是指创业投资的投资方的资本和其他财产不会蒙受损失，但预期实际收益有损失的可能性；流动性风险是指投资方的资本、其他财产以及预期实际收益不会蒙受损失，但资金有可能不能按期转移或支付，造成资金运营的停滞，使投资方蒙受损失的可能性。

4. 依据创业项目与市场、技术的关系划分

按照创业项目与市场、技术的关系划分，可分为改良型风险、杠杆型风险、跨越型风险和激进型风险。其中，改良型风险是指利用现有的市场、现有的技术进行创业所存在的风险。这种创业风险最低，经济回报有限，即风险虽低，但要想生存和发展，获取较高的经济回报也比较困难，一方面会遭遇已有市场竞争者的排斥或进入壁垒的限制，另一方面即便进入，想要占有一定的市场份额非常困难。杠杆型风险是指利用新的市场、现有的技术进行创业存在的风险。该风险稍高，对一个全球性公司来说，这种风险往往是地理上的，常见于挖掘未开辟的市场。跨越型风险是指利用现有市场、新的技术进行创业存在的风险。该风险稍高，主要体现在创新技术的应用方面，往往反映了技术的替代，是一种较常见的情况，常见于企业的二次创业，领先者可获得一定的竞争优势，但模仿者很快就会效仿。激进型风险是指利用新的市场、新的技术进行创业存在的风险。该风险最大，如果市场很大，可能会带来巨大的机会，对于尝鲜者而言，其优势在于竞争风险较低，但是知识产权保护力度很弱，市场需求不确定，确定产品性能有很大的风险。

（三）创业项目实施过程中的风险表现

1. 人力资源风险

人力资源风险是指在企业初创期和成长期，由于人力资源的原因而导致的经营结果与经营目标相偏离的潜在可能性。主要包括创业团队风险和关键员工离职风险。

创业团队风险，首先体现在创业团队成员没有形成一致的远景和目标，不能有效处理实现个人与团队目标的"双赢"，致使团队成员要么缺乏工作热情，要么成为实现团队目标的障碍，从而形成创业过程中潜在的风险；其次体现在不能有效打造"和谐"团队，团队在处理具体事务时，任人唯亲、各自为政，工作纪律与人际关系混淆不清，不能很好地处理"求同"与"存异"的关系，最终导致团队缺少凝聚力，反而成为创业发展的障碍；最后还体现在团队成员角色搭配不合理，即不能很好地处理个性发展与团队精神的关系，常常导致团队成员的个性创造和个性发挥被扭曲和淹没，团队不仅仅是人的集合，更是能量的结合，要充分利用和发挥团队所有成员的个体优势去做好每一项工作。

关键员工离职风险，是指那些拥有专门技术、掌握核心业务、控制关键资源、具有特殊经营才能、对企业的经营与发展会产生深远影响的员工离职对创业企业产生不利影响。

2. 创业市场风险

创业市场风险是指在创业项目的市场拓展过程中，由于市场的不确定性而由此导致创业失败的可能性。所以，创业者在选择创业项目和进行市场营销时，必须学会从风险的角度来审视和评估自己的创业项目和营销方法。创业市场风险包括：

（1）创业项目选择的风险

这类风险首先体现在项目市场需求量的不确定性。人们往往能够接受传统技术产品、服务，因此传统技术产品和服务的市场需求量相对而言是较为明显的，但创业往往是依托某一创新技术，而接受创新技术产品和服务需要时间、美誉度和知名度，一旦高技术产品的推出投入巨大，而现阶段产品的市场容量较小或短期内不能为市场所接受，那么产品的市场价值就无法体现，投资就无法收回，造成创业夭折；其次体现在项目市场接受时间的不确定性，市场上已有的同类产品或是全新的产品，被市场所接受都需要一定的过程和时间，当创业企业产品被市场接受的时间拉长，而造成产品销售不畅、产品积压，从而给创业企业资金周转带来困难，导致创业夭折。

(2) 市场营销风险

这类风险首先体现在营销模式陈旧所带来的风险，新创企业在短期内快速成长，在新产品服务市场导入过程中，往往会使用原有市场营销模式如法炮制而忽略对新市场受众的分析，沿用以前的思维定式，而使得产品服务的营销模式不接地气。其次体现在盲目依赖广告带来的风险，广告在新产品或服务进入市场初期会发挥巨大的作用，但最终决定企业能否成功，不仅要通过广告去获得知名度和美誉度，还在于企业是否拥有与广告宣传中相匹配的好产品和符合企业自身特点的市场营销模式。最后体现在营销过程中缺乏危机管理带来的风险。市场包含无数未知因素，品牌随着所提供的产品或服务的时间和空间跨度的几何数级增长，其潜在的风险袭击同样也就越来越大，创业企业在成长过程中要树立危机管理意识，完善处理突发事件的能力。

3. 创业管理风险

创业管理风险是指在创业过程中因管理不善而导致创业失败所带来的风险。创建管理风险主要来源于以下几个方面：

(1) 创业者的素质

创业者的素质与能力将对创业活动的顺利进行起到举足轻重的作用。创业者应该具有强烈的创业精神与创新意识和愿望；应该具有献身精神和忍耐力，能吃苦耐劳，勇于承担义务；应该具有强大的凝聚力，能领导整个创业团队共同创业，成为整个创业团队的灵魂，并在关键时刻做出正确决策。因此，创业者不仅仅要具备较强的专业技术素质，还应具备相应的管理素质，否则导致企业风险经营风险加大。

(2) 决策风险

决策风险是在创业过程中决策失误而带来的风险。决策一旦失误，往往会造成不可估量的损失，从而导致创业的失败。在创业初期这一阶段往往更多的是实行集权式决策与管理，而创业者往往就是最终的决策者。因此，对于创业者而言，绝不可根据自己的个性或个人偏好而做出决策，忽视进行科学分析，仅凭个人经验或想象的决策方式都可能导致创业的失败。

(3) 组织风险

组织风险是指由于创业企业的组织结构不合理所带来的风险。创业企业的迅速发展应该伴随着组织结构的调整，两者不匹配将成为创业企业潜在的危机根源。创业者要建立一个具有共同目标的组织，使不同才能和性格的人能够在同一目标下工作，这是管理艺术问题。

4. 创业财务风险

创业财务风险是指因资金供应不足而导致创业失败的可能性。创业企业在生存发展的过程中，一方面所需的创业资金规模较大，融资渠道较少，如果创业者不能及时解决，非常容易造成创业夭折。另一方面创业需要持续的投资能力。随着创业经营活动的进一步扩张，往往需要更大规模的投资，若缺乏这种持续投资能力，资金支持不能按时按需到位，就可能导致创业失败。所以，创业者应随时关注创业期间的筹资风险和现金流风险。

5. 创业技术风险

创业技术风险是指由于技术的不确定性而导致创业失败的可能性。创业的活动往往表现为将某一创新技术应用到实践，将其转化为产品或服务的过程。其中技术是否可行，在预期与实践之间是否出现偏差，存在巨大的风险。

（四）创业风险的识别

创业风险是创业过程中不可避免的现象，识别风险并加以化解，是创业过程中的重要任务。风险识别是应对一切风险的基础，只有识别了风险才可能有化解的机会。创业风险识别是创业者依据企业活动，对创业企业面临的现实以及潜在风险运用各种方法加以判断、归类并鉴定风险性质的过程。创业者都必须具备风险识别的能力，并不断提高这种能力。

1. 树立风险识别理念

一个成功的创业者，应该正确树立识别企业风险的基本理念，并具备以下意识：

（1）防患未然的意识

创业风险的出现是正常的，带来一些财务损失也是正常的，既不能过度放大风险而止步不前，也不能轻视风险、骄兵轻敌，而应密切识别和监视风险，储备化解风险的方略，变不利为有利的机会。

（2）识别风险的能力

发现和识别风险，是为了防范和控制风险。如果创业者在企业未发生损失之前就能够识别风险发生的可能性，那么这个风险是可能被管理的，因此，风险识别是进行风险管理的基点。

（3）未雨绸缪的观念

创业风险需要创业者通过创业活动的迹象、信息归类，认知风险产生的原因和条件，不仅要识别风险所面临的性质及可能的后果，更重要的是要识别创业过程中各种潜在的风险，为采取有效措施提供依据。

（4）锲而不舍的思想

由于创业风险伴随着整个创业过程，同时风险具有可变性和相关性的特点，所以创业者必须要有"持久战"的准备。风险的识别工作应该是连续地、系统地进行，并成为企业一项持续性、制度化的工作。

（5）客观务实的精神

虽然风险识别是一个主观过程，但是必须遵循客观规律。风险识别是一项复杂而细致的工作，要按特定的程序、步骤、选用适当的方法逐次地进行客观分析与评价，并成为企业一项常规工作。

2. 评估创业风险的方法和步骤

在风险识别基础上要对创业风险进行评估，这需要一定的专业知识，需要根据创业风险的不同性质与条件，按照一定的途径，运用一定的方法或工具进行客观地评估。

（1）基本方法

一般而言，风险识别的方法包括：信息源调查法、数据对照法、资产损失分析法、环境扫描法、风险树分析法、情景分析法、风险清单法。有能力的创业者也可以自行设计识别的方法，比如专家调查法、流程图分析法、财务报表分析法、SWOT分析法等。

（2）实施步骤

①信息收集。首先要通过调查、问讯、现场考察等途径获得；其次需要敏锐的观察和科学的分析对各类数据及现象做出处理。

②风险识别。根据对于信息的分析结果，确定风险或潜在风险的范围。

③重点评估。根据量化结果，运用定量分析、定性分析、假设、模拟等方法，进行风险影响评估，预计可能发生的后果，提出方案选择。

④拟订计划。提出处理风险的方法和行动方案。

（3）创业风险评估中需要注意的问题

①信息收集的全面性。收集信息可以通过两个途径：一是负责内部收集；二是借助外部专业机构的力量。后者可获得足够多的信息资料，有助于较全面、较好地识别面临的潜在风险，但这种方式也存在缺点，即有可能需要支付信息费用，而增加企业经营负担。

②因素罗列的全面性。根据企业在运营过程中可能遇到的风险，逐一建立一级风险因素指标，通过细化延伸建立二级风险因素指标，最后建立详细的三级风险因素指标。如管理风险属于一级风险因素、管理者素质属于二级风险因素。

③最终评估的综合性。创业风险评估既要进行定性分析，也要进行定量分析。

第四节　商业模式设计

"商业模式"（business model）虽然在20世纪50年代就已提出，但直至20世纪90年代互联网与电子商务浪潮兴起后才备受关注。互联网与电子商务的出现改变了基本的商业竞争环境和经济规则，使大量新的商业实践成为可能，一批基于它的新型企业应运而生。新涌现的一些企业，如谷歌、脸书、亚马逊、阿里巴巴及腾讯等，这些企业在短暂的时间里，迅速成长为独角兽，并获得巨大发展，产生了强力的示范效应。这些公司的盈利模式，明显有别于传统企业，新型商业模式展现出强大的生命力与竞争力。从此，商业模式便成为创业者和风险投资者嘴边出现频率最高的一个名字。

一、商业模式的内涵与类型

（一）商业模式的内涵

最古老也是最基本的商业模式是"店铺模式"，即在潜在消费者聚集的地方开设店铺以展示其产品或服务。随着时代的发展，20世纪早期商业模式也进一步延伸，形成"饵与钩"（bait and hook）模式——也成为"剃刀与刀片"（razor and blades）模式，或是"搭售"模式。近代随着传媒业的发展，形成了"二次售卖"模式，即媒介将产品售卖给终端消费者，然后再将消费者的时间卖给广告商或广告主的过程。随着互联网技术的发展，出现了大量依托技术的全新商业模式，商业模式的定义也随之发生巨大的变化。

商业模式是一个非常宽泛的概念，可以从不同角度加以理解，如可以把它解释为实现企业价值链条的具体方式和途径，也可以把它理解为盈利的解决方案。虽然这一名词出现的频度极高，关于它的定义仍然没有一个权威的版本。本书给出两种业内比较认同的商业模式的定义解释。

从盈利的解决方案角度，商业模式是指为了实现客户价值最大化，把能够使企业运行的内外各要素整合起来，形成一个完整的高效率的具有独特核心竞争力的运行系统，并通过最优实现形式满足客户需求、实现客户价值，同时使系统达成持续盈利目标的整体解决方案。

从围绕客户价值最大化构建价值链的角度，商业模式是指企业围绕客户价值而开展的各项价值活动的总称，是企业各种战略运用的结合体和组合表现形态，它关注的是如何通过有效的战略组合进行价值创新和系统运营，从而构建企业的核心竞争力和建立竞争优势。

对于商业模式的讨论主要介于方法和概念这两种不同的含义。一类说法是将商业模式定义为公司如何从事商业的具体方法和途径，另一类说法则更强调模型方面的意义。这两者实质上是有所不同的：前者泛指一个公司从事商业的方式，而后者指的是这种方式的概念化。企业经营者比较倾向于将商业模式的讨论定位于方法，而研究者比较倾向于将商业模式描述为一种模型。

总体上看，商业模式是一个非常宽泛的概念，通常所说的跟商业模式有关的说法很多，包括运营模式、盈利模式、B2B模式、B2C模式、"鼠标加水泥"模式、广告收益模式等。

（二）影响商业模式的发展因素

1. 外部经营环境发生激烈变化

依托互联网、人工智能、云计算等新技术的经济时代，企业的外部经营环境发生了激烈的变化，信息化、经济全球化、市场化、高科技的飞速发展，外部环境的瞬息万变，不断冲击企业原有的经营假设和条件，给企业的持续经营和发展带来极大挑战。企业传统的商业模式无论进行怎么样的改良，都必然被更适合市场新环境的先进商业模式所取代。企业只有顺应市场的变化，不断对商业模式进行创新，才能在激烈竞争的市场中生存和发展。

2. 消费者需求的变化

随着消费市场日益全球化，市场竞争的不断加强，以及经济的快速发展带来收入不断增加，当前的消费者的消费行为特性发生了一系列的变化，更强调个性化消费、体验式消费，更注重消费的乐趣而不是商品本身，更侧重精神产品的消费等，这些变化使得消费者变得越来越挑剔。面对消费者的消费需求从低层次向高层次逐渐延伸发展，传统的商业模式必然难以满足消费者的这种需求变化。这样，市场必然会促使企业不断进行商业模式创新，以产生一系列高效的、灵活的、新型的商业模式，来满足消费者不断变化的需求。

3. 商业模式的趋同化

市场环境瞬息万变，竞争日趋激烈，对成功商业模式的模仿带来趋同化，新的商业模式层出不穷，因此，没有商业模式是一成不变的，对商业模式的创新始终会是企业所关注的焦点。企业经营的目的归根到底是为顾客创造更多价值，获取利润，才能生存和持续发展。因此，企业商业模式的创新应以顾客为中心，来调整、优化配置各种资源，以合作共赢的观念来建立各种联系，不断地对自身的商业模式进行系统的思考，采用合适的创新途径来调整商业模式，以便获得持续的竞争优势。

4. 互联网经济时代下商业模式的发展

随着工业经济时代演进到互联网时代，商业模式发生了极大改变。在互联网的不确定性下，以往的商业模式被颠覆，传统意义上可依托的壁垒被打破，任何的经验主义都显得苍白无力。黑莓、诺基亚、东芝、摩托罗拉等多家国外著名传统电子厂商被兼并、倒闭的消息接踵而至，而谷歌、脸书、苹果公司已成为世界上著名的公司。无数例子说明，互联网时代的商业模式，需要让消费者参与生产和价值创造，让厂商与消费者连接，厂商与消费者共创价值、分享价值。这样才能够既享有来自厂商供应面的规模经济与范围经济的好处，又享有来自消费者需求面的规模经济与范围经济的好处。

商业模式的演进见图 5-3。

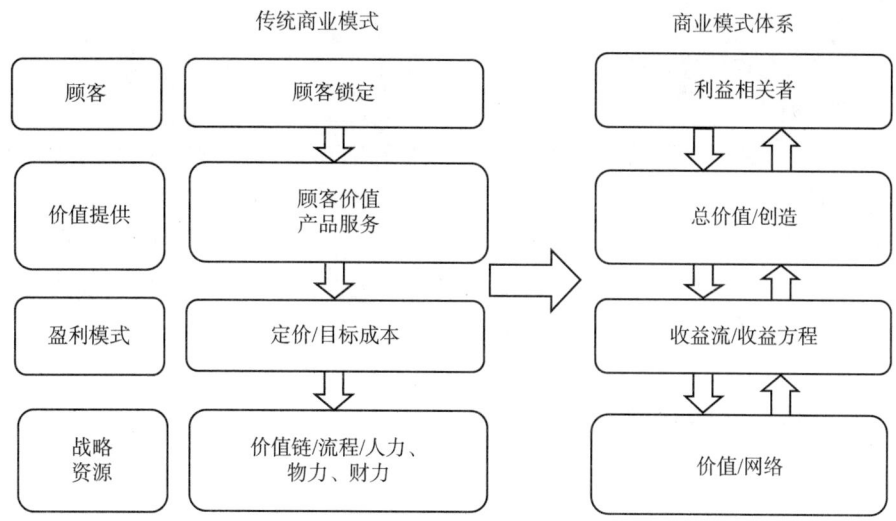

图 5-3 商业模式的演进

(三) 商业模式的类型

商业模式是一个整体的、系统的概念,并不仅仅是一个单一的组成因素。如收入模式(广告收入、会员费、服务费),向客户提供的价值(在价格上竞争、在质量上竞争),组织架构(自成体系的业务单元、整合的网络能力)等,这些都是商业模式的重要组成部分,但并非全部。商业模式的组成部分之间,必须有内在联系,这个内在联系把各组成部分有机地关联起来,使它们互相支持、共同作用,形成一个良性的循环模式。根据上述理解,可以把商业模式分为两种类型:

1. 运营性商业模式

主要解决企业与环境的互动关系,包括与产业价值链环节的互动关系。运营性商业模式创造企业的核心优势、能力、关系和知识,主要包含以下几个方面的主要内容:

(1) 产业价值链定位

企业处于什么样的产业链条中,在这个链条中处于何种地位,企业结合自身的资源条件和发展战略应如何定位。

(2) 赢利模式设计

针对收入来源、收入分配,设计企业如何获得收入,获得收入的形式,这些收入以何种形式和比例在产业链中分配,企业是否对这种分配有话语权。

2. 策略性商业模式

策略性商业模式对运营性商业模式加以扩展和利用。应该说策略性商业模式涉及企业生产经营的全方位。

(1) 业务模式

企业向客户提供什么样的价值和利益,包括品牌、产品等。

（2）渠道模式

企业如何向客户传递业务和价值，包括渠道倍增、渠道集中/压缩等。

（3）组织模式

企业如何建立先进的管理控制模型，比如建立面向客户的组织结构，通过企业信息系统构建数字化组织等。

伴随着环境要素的变化，企业推出的每一种新的商业模式，都意味着一种理念与方式的创新、价值实现组织和形态的创新，谁能率先把握住这种商业机遇，谁就能在商业竞争中取得最后的胜利。

 二、商业模式设计的基本要素

（一）商业模式要素的构成

商业模式是一种包含了一系列要素及其关系的概念性工具，用以阐明某个特定实体的商业逻辑。它描述了公司所能为客户提供的价值以及公司的内部结构、合作伙伴网络和关系资本等借以实现（创造、推销和交付）这一价值并产生可持续盈利收入的要素。商业模式构成包括六种必备要素。

1. 定位

创业企业要想在市场中赢得胜利，首先必须明确自身的定位。定位就是企业应该做什么，它决定了企业应该提供什么特征的产品和服务来实现客户的价值。

定位是企业战略选择的结果，也是商业模式体系中其他有机部分的起点。定位是在战略层面和执行层面建立更直接和具体的联系，即企业的定位直接体现在商业模式所需要实现的顾客价值上，强调的是商业模式构建的目的。企业对于自身的定位直接影响到企业需要构筑何种商业模式。商业模式中的定位更多的是作为整个商业模式的一个支撑点，因为同样的定位可以有不一样的商业模式，同样的商业模式也可以实现不一样的定位。此外，商业模式中的定位还可以用来帮助理解企业的状态，这个状态包括提供什么样的产品和服务、进入什么样的市场、深入行业价值链的哪些环节、选择哪些经营活动、与哪些合作伙伴建立合作关系、怎么分配利益等。

2. 业务系统

业务系统是指企业达成定位所需要的业务环节、各合作伙伴扮演的角色以及利益相关者合作与交易的方式和内容。我们可以从行业价值链和企业内部价值链以及合作伙伴的角色两个层面来理解业务系统的构造。

业务系统是商业模式的核心。高效运营的业务系统不仅是赢得企业竞争优势的必要条件，而且也有可能成为企业竞争优势本身。一个高效的业务系统需要根据企业的定位识别相关的活动并将其整合为一个系统，然后再根据企业的资源能力分配利益相关者的角色，确定与企业相关价值链的关系和结构。而围绕企业定位所建立起来的这样一个内外部各方利益相关者相互合作的业务系统将形成一个价值网络，此价值网络明确了客户、供应商和其他合作伙伴在影响企业通过商业模式获得价值的过程中所扮演的角色。

3. 关键资源能力

业务系统决定了企业所要进行的活动，而要完成这些活动，企业需要掌握和使用一整套复杂的有形和无形资产、技术和能力，我们称之为"关键资源和能力"。关键资源和能力是让业务系统运转所需要的重要资源和能力。任何一种商业模式构建的重点工作之一就是了解企业所需要的重要的资源能力有哪些、它们是如何分布的以及如何才能获取和建立这些资源和能力。不是所有的资源和能力都是同等珍贵，也不是每一种资源和能力都是企业所需要的，只有和定位、业务系统、盈利模式、现金流结构相契合，并能互相强化的资源能力才是企业真正需要的。

4. 盈利模式

盈利模式指企业获得收入、分配成本、赚取利润的方式。盈利模式是在给定业务系统中各价值链所有权和价值链结构的前提下，企业利益相关者之间利益分配格局中企业利益的表现。良好的盈利模式不仅能够为企业带来利益，更能为企业编织一张稳定共赢的价值网。各种客户怎样支付、支付多少、所创造的价值应当在企业、客户、供应商、合作伙伴之间如何分配，是企业收入结构所要回答的问题。

创业企业可以使用多种收益和成本分配机制，而好的盈利模式往往可以产生多种收入来源。传统的盈利模式往往是企业提供什么样的产品和服务，就针对这种产品和服务向客户收费，现代企业的盈利模式则变化极大，经常出现的盈利模式是企业提供的产品和服务不收费（甚至是永远不收费），吸引来的顾客产生的价值则由其他利益相关者支付。例如，客户使用互联网上的搜索引擎不需要支付费用，但被搜索到的产品和服务的提供商却需要支付费用。同样的业务系统的盈利模式也可能不一样，例如网络游戏就有收费、免费和向玩家付费三种方式。

5. 自由现金流结构

自由现金流结构是企业经营过程中产生的现金收入扣除现金投资后的状况，其贴现值反映了采用该商业模式的企业的投资价值。不同的现金流结构反映了企业在定位、业务系统、关键资源能力以及盈利模式等方面的差异，体现了企业商业模式的不同特征，并影响企业成长速度的快慢，决定企业投资价值的高低、投资价值递增速度以及受资本市场青睐程度。

6. 企业价值

企业价值，即企业的投资价值，是企业预期未来可以产生的自由现金流的贴现值。如果说定位是商业模式的起点，那么企业的投资价值就是商业模式的归宿，是评判商业模式优劣的标准。企业的投资价值由其成长空间、成长能力、成长效率和成长速度决定。好的商业模式可以做到事半功倍，即投入产出效率高、效果好，包括投资少、运营成本低、收入的持续成长能力强等。

企业的定位影响企业的成长空间，业务系统、关键资源能力影响企业的成长能力和效率，加上盈利模式，就会影响企业的自由现金流结构，即影响企业的投资规模、运营成本支付和收益持续成长能力和速度，进而影响企业的投资价值以及企业价值实现的效率和速度。投资价值实现的效率可以用企业价值/资产规模、企业价值/净资产规模来评价。

（二）商业模式的设计原则

成功的商业模式不一定是在技术上的突破，而是对某一个环节的改造，或是对原有模式的重组创新。商业模式的核心原则是指商业模式的内涵、特性，是对商业模式义的延伸和丰富，是成功商业模式必须具备的属性。它包括：客户价值最大化原则、持续赢利原则、资源整合原则、融资有效性原则、组织管理高效率原则、创新原则、风险控制原则和合理避税原则这八大原则。

1. 客户价值最大化原则

商业模式能否持续赢利，是与该模式能否使客户价值最大化有必然关系的。不能满足客户价值的商业模式，即使赢利也一定是暂时的、偶然的，是不具有持续性的。反之，一个能使客户价值最大化的商业模式，即使暂时不赢利，但终究也会走向赢利。所以我们把对客户价值的实现再实现、满足再满足当作企业应该始终追求的主观目标。

2. 持续赢利原则

企业能否持续赢利是我们判断其商业模式是否成功的唯一外在标准。因此，在设计商业模式时，赢利和如何赢利也就自然成为重要的原则。当然，这里指的是在阳光下的持续赢利。持续赢利是指既要"赢利"，又要能有发展后劲，具有可持续性，而不是一时的偶然赢利。

3. 资源整合原则

整合就是要优化资源配置，就是要有进有退、有取有舍，就是要获得整体的最优。

在战略思维的层面上，资源整合是系统论的思维方式，是通过组织协调，把企业内部彼此相关但却彼此分离的职能，把企业外部既参与共同的使命又拥有独立经济利益的合作伙伴整合成一个为客户服务的系统，取得"1＋1＞2"的效果。

在战术选择的层面上，资源整合是优化配置的决策，是根据企业的发展战略和市场需求对有关的资源进行重新配置，以凸显企业的核心竞争力，并寻求资源配置与客户需求的最佳结合点，目的是要通过组织制度安排和管理运作协调来增强企业的竞争优势，提高客户服务水平。

4. 创新原则

三星董事长李健熙说："除了老婆和孩子外，其余什么都要改变！"时代华纳前首席执行官迈克尔·恩说："在经营企业的过程中，商业模式比高技术更重要，因为前者是企业能够立足的先决条件。"一个成功的商业模式不一定是在技术上的突破，而是对某一个环节的改造，或是对原有模式的重组、创新，甚至是对整个游戏规则的颠覆。商业模式的创新形式贯穿于企业经营的整个过程之中，贯穿于企业资源开发研发模式、制造方式、营销体系、市场流通等各个环节，也就是说，在企业经营的每一个环节上的创新可能变成一种成功的商业模式。

5. 融资有效性原则

融资模式的打造对企业有着特殊的意义，尤其是对创业企业来说更是如此。企业生存、发展、成长都需要资金。资金已经成为所有企业发展中绕不开的障碍和很难突破的瓶颈。谁能解决资金问题，谁就赢得了企业发展的先机，也就掌握了市场的主动权。商业模式的设计很重要的一环就是要考虑融资模式。甚至可以说，能够得到融资并能用对地方的商业模式就已经是成功一半的商业模式了。

6. 组织管理高效率原则

高效率，是每个企业管理者都梦寐以求的境界，也是企业管理模式追求的最高目标。用经济学的眼光来衡量，决定国家富裕或贫穷的砝码是效率；决定企业是否有赢利能力的也是效率。按现代管理学理论来看，企业要想高效率地运行，首先要解决的是企业的愿景、使命和核心价值观，这是企业生存、成长的动力，也是员工干好的理由；其次是要有一套科学实用的运营和管理系统，解决的是系统协同、计划、组织和约束问题；最后还要有科学的奖励激励方案，解决的是如何让员工分享企业的成长果实的问题，也就是向心力的问题。只有把这三个主要问题解决好了，企业的管理才能实现效率。

7. 风险控制原则

设计再好的商业模式，如果抵御风险的能力很差，就会像在沙丘上建立的大厦一样，经不起任何风浪。这个风险指的是系统外的风险，如政策、法律和行业风险，也指的是系统内的风险，如产品变化、人员变更、资金不继等。

8. 合理避税原则

合理避税，而不是逃税。合理避税是在现行的制度、法律框架内，合理地利用有关政策，设计一套利于利用政策的体系。合理避税做得好也能大大增加企业的赢利能力。

（三）商业模式的设计要素

1. 价值主张

即公司通过其产品和服务能向消费者提供何种价值。表现为：标准化/个性化的产品/服务/解决方案、宽/窄的产品范围。

2. 客户细分

即公司经过市场划分后所瞄准的消费者群体。表现为本地区/国/国际、政府/企业/个体消费者、一般大众/多部门/细分市场。

3. 渠道通路

分销渠道描绘公司用来接触、将价值传递为目标客户的各种途径。表现为直接/间接、单一/多渠道。

4. 客户关系

阐明公司与其客户之间所建立的联系，主要是信息沟通反馈。表现为：交易型/关系型、直接关系/间接关系。

5. 收入来源（或收益方式）

描述公司通过各种收入流来创造财务的途径。表现为：固定/灵活的价格、高/中/低利润率、高/中/低销售量、单/多个灵活渠道。

6. 核心资源及能力

概述公司实施其商业模式所需要的资源和能力。表现为：技术/专利、品牌/成本/质量优势。

7. 关键业务（或企业内部价值链）

描述业务流程的安排和资源的配置。表现为：标准化/柔性生产系统、强/弱的研发部门、高/低效供应链管理。

8. 重要伙伴

即公司同其他公司为有效提供价值而形成的合作关系网络。表现为：上下游伙伴、竞争/互补关系、联盟/非联盟。

9. 成本结构

即运用某一商业模式的货币描述。表现为：固定/流动成本比例、高/低经营杠杆。

三、商业模式设计工具与方法

商业模式的设计主要采用商业模式画布及九要素分析法加以设计。商业模式画布是一种用来描述商业模式、可视化商业模式、评估商业模式以及改变商业模式的通用语言。商业模式画布是会议和头脑风暴的工具，它通常由一面大黑板或一面墙来呈现。这块板子按照一定的顺序被分成九个方格（九要素分析法），方格的内容包括：价值主张、客户细分、渠道通路、客户关系、收入来源、核心资源、关键业务、重要伙伴和成本结构2大部分，4个层面，9个部分的内容。

2大部分是指图5-4中价值主张左边是效率，右边是价值，4个层面指价值主张、顾客界面（包括客户细分，渠道通路，客户关系）、基础管理（关键业务，核心资源）、财务（收入来源，成本结构），9个部分指图5-4所标明的9个部分。

（一）商业模式设计的步骤

通过商业画布工具和九要素分析模型，就可以进行商业模式的设计。首先，要找到一个交易价值比较大的空间，即一组持续交易的利益相关方的总产出足够大。在这样的空间中，能够设计出好模式的机会才会比较多。有了这样一个空间之后，就可以具体地按照以下步骤进行商业模式的设计：

1. 画像描述

所谓的画像描述就是首先描述要进入到某一个行业，进入到某一个商业生态的企业（焦点企业）的现有商业模式或设想的商业模式，描述竞争对手或其他行业中的一些标杆企业的商业模式，对这类企业的商业模式进行扫描，或者说，要把他们的商业模式用商业模式九要素进行描述。

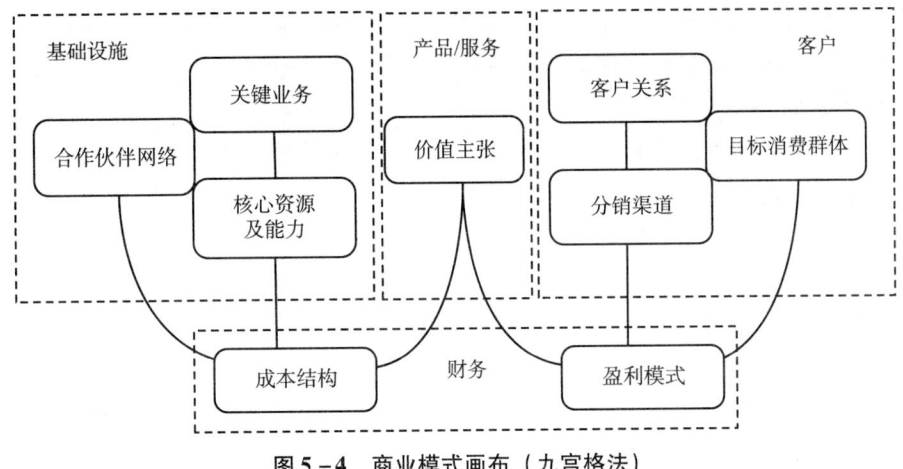

图 5-4 商业模式画布（九宫格法）

2. 模式洞见

通过这一步骤，我们可以发现自身或者竞争对手现有的模式存在哪些痛点和盲点，存在哪些创造、改进的机会点。

具体的办法包括"三镜"：广角镜、多棱镜和聚焦镜。其中，广角镜是指在可能交易的利益主体（个人、企业或其他组织）一定的情况下，能否把这个行业或者其他生态系统中的利益相关方拉进这个交易当中？当然利益相关方是有一定资源和能力禀赋的，包括一些基于新技术所能带来的业务活动（利益主体可以从事的新角色），我们能不能把它们涵盖到现有的交易当中？通过广角镜的视角，可以发现更多潜在的利益相关方和潜在的支持交易的技术。

第二镜是多棱镜。所谓多棱镜，就是企业要从不同的角度去审视我们的利益相关者。它到底拥有哪些资源？哪些已经进入了交易场景，哪些尚未进入？它有哪些能力？这些能力需要通过什么样的交易方式去体现？这些，都需要把它盘点出来。在现实当中，每一个利益主体的资源能力都是多维度的，而它参与的现有交易可能只用到了这些资源能力当中的一部分，而另一部分资源能力并没有进入到当下的交易场景当中。比方说，一个用户以前是某一需求的购买方，但实际上它可能也有这个需求的设计能力，也可能拥有相应的口碑和影响力，那么，我们能否通过构建一个交易结构，把这个设计能力和影响力涵盖进来，使其能够创造出新的价值。

通过广角镜和多棱镜，实际上就拥有了更多的交易场景，或者说拥有了基于交易结构的、创造价值的新机会。

聚焦镜是说，当企业通过前述两镜发现了更多的利益相关方，或者发现了更多利益相关方的资源能力之后，用九要素模型和交易结构的概念去重组利益相关方和它们的交易结构。

3. 模式设计

当我们把前述的利益相关方以及其资源能力挖掘出来之后，就可以套用商业模式的概念框架，套用"九要素"的概念，从不同的要素角度出发，进行重新排列、组合或构造，从而设计出一些非常具体的、创新商业模式的备选方案。

4. 评价决策

当有了很多新的备选方案之后，就可以进入评价决策的环节。它主要可以从两个维度进行，第一个是结果类的评价指标。比方说，新商业模式企业的投资回报率，你的收入增长率或者利润增长率，你的流量、用户数的增长率以及用户的规模等。因为商业模式涉及内部和外部两种不同的利益相关方，所以，在进行商业模式设计的时候，除了要考虑传统的企业边界内的效率之外，还要考虑到和外部利益相关方所构建的生态系统的效率。因此，当我们讲到结果类的评价指标的时候，它实际上涵盖了两个主体：一个是焦点企业自身，一个是焦点企业所在的生态系统。第二个指标是过程类的评价指标。它包括在这个交易结构当中，其利益相关方参与的动力、投入度、它的资源能力以及其资源的利用效率等。

通过这样一些评价，我们可以从诸多备选方案当中选择一个相对较好的商业模式。

5. 执行反馈

设计一个商业模式就如同设计一个建筑群或者是一个舰队，在设计好了之后，还要进行建造。一般来说，构建一个全新的商业模式，要先进行小规模的实验，并将实验验证成功的模式放大，进行大规模的复制。

（二）商业模式设计的具体内容

商业模式设计的主要内容就是运用商业模式画布工具进行九要素分析，来描述企业如何创造价值、传递价值和获取价值的基本原理。商业模式设计全景描述如图 5-5 所示。

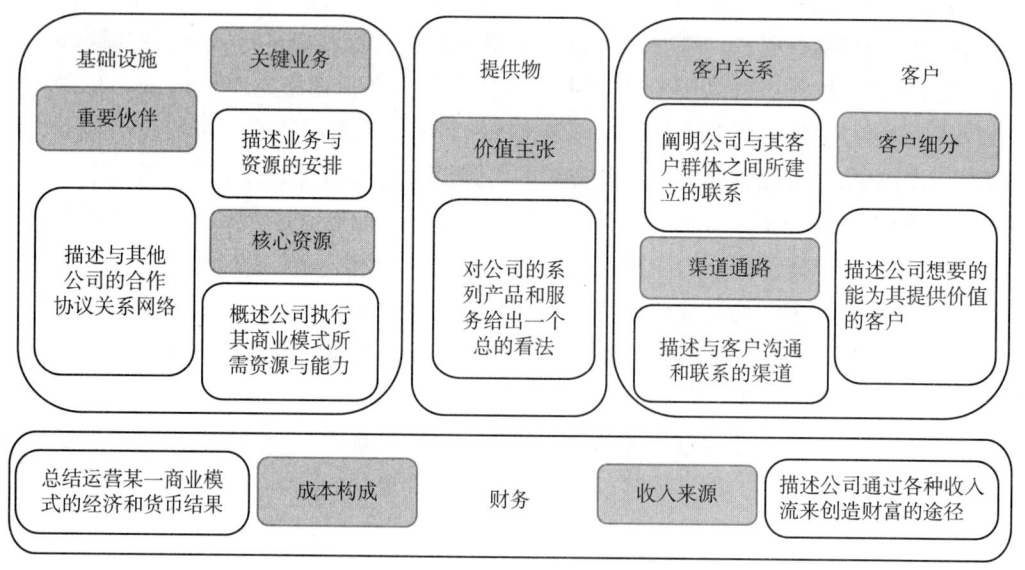

图 5-5　创业企业商业模式全景描述

第五章 创业机会的识别与环境分析

1. 价值主张

即公司通过其产品和服务所能向消费者提供的价值。价值主张确认了公司对消费者的实用意义。

为特定客户细分创造价值的系列产品和服务价值主张主要设计要素如图 5-6 所示。

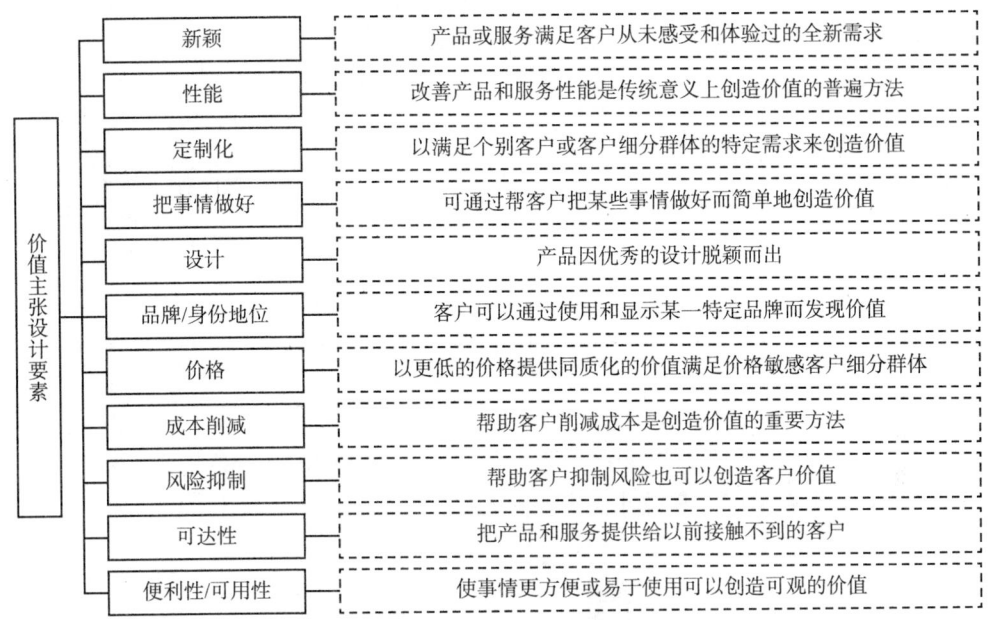

图 5-6 价值主张设计要素

2. 客户细分（消费者目标群体）

公司同其消费者群体之间所建立的联系，即公司所瞄准的消费者群体。这些群体具有某些共性，从而使公司能够（针对这些共性）创造价值。定义消费者群体的过程也被称为市场划分。其设计要素如图 5-7 所示。

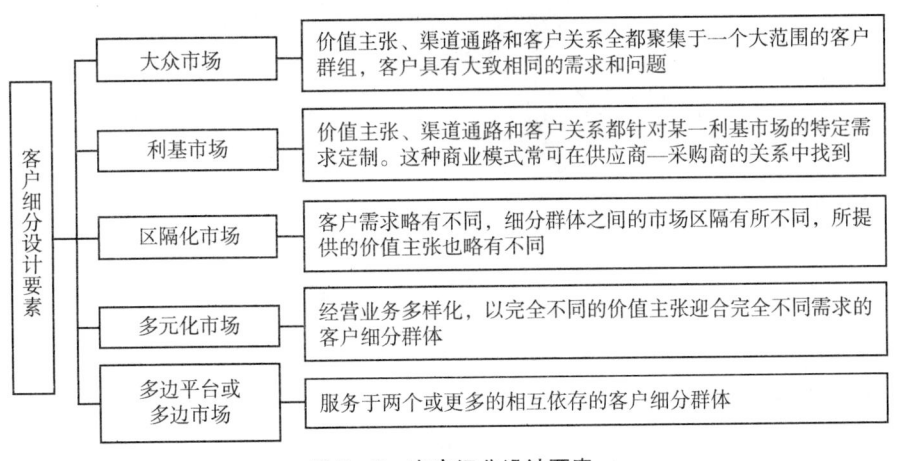

图 5-7 客户细分设计要素

3. 渠道通路

即公司用来接触消费者的各种途径。主要阐述了公司如何开拓市场。它涉及公司的市场和分销策略，描述公司是如何沟通、接触其客户细分而传递其价值主张，这些渠道可以是自有的，也可以是合作伙伴的。其设计要素如表5-6所示。

表5-6　　渠道通路设计要素

渠道类型			渠道阶段				
自有渠道	直接渠道	销售队伍	1. 认知 我们如何在客户中提升公司产品和服务的认知?	2. 评估 我们如何帮助客户评估公司的价值主张?	3. 购买 我们如何协助客户购买特定的产品和服务?	4. 传递 我们如何把价值主张传递给客户?	5. 售后 我们如何提供售后支持?
		在线销售					
合作伙伴渠道	非直接渠道	自有店铺					
		合作伙伴店铺					
		批发商					

4. 客户关系

公司与特定客户细分群体建立的关系类型，创业企业应该弄清楚其希望和每个客户细分群体建立的关系类型。其设计要素如图5-8所示。

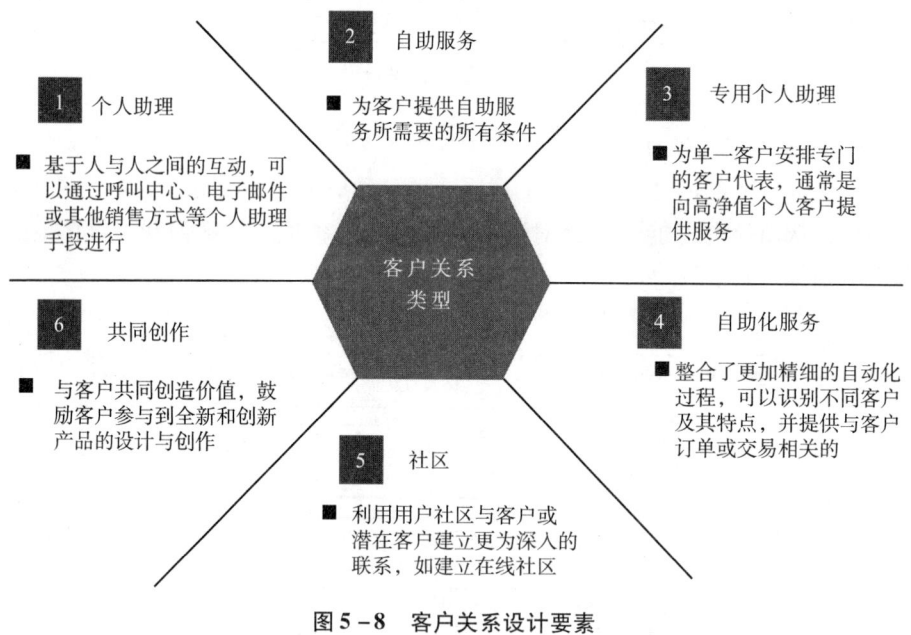

图5-8　客户关系设计要素

5. 收入来源

收入来源用来描绘公司从客户群体中获取的现金收入，是公司创造财富的途径。主要的现金收入类型有产品销售、使用收费、订阅收费、租赁收费、授权收费以及广告收费等。每种收入都有不同的定价机制，一般来说有固定和动态定价两种类型。其设计要素如图5-9所示。

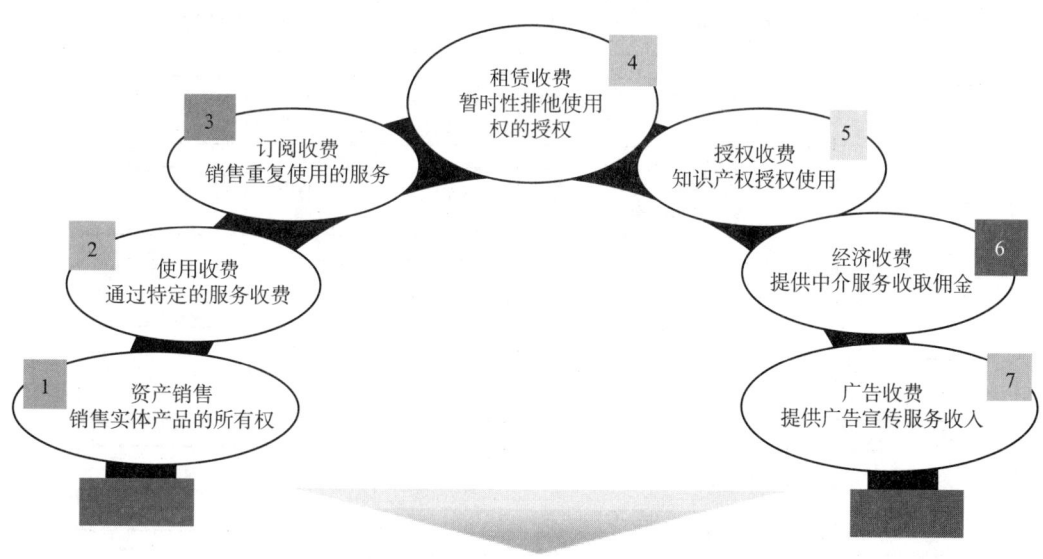

图5-9 收入来源设计要素

6. 核心资源及能力

核心资源就是企业所控制的，能够使企业构思和设计好的战略得到实施，从而来提高企业经营效果和效率的特性，包括全部的财产、能力、竞争力、组织程序、企业特性、数据、信息、知识等，是用来描绘让商业模式有效运转所必需的最重要因素。每个商业模式都需要核心资源，这些资源使得企业、组织能够创造和提供价值主张、接触市场、与客户细分群体建立关系并赚取收入。通常来说，企业的关键资源就是人、财、物，也即人力资源、金融资产、实体资产。除此之外，还需关注知识资产，因为对于某些专业系统或工具，领域专家的作用非常关键，对于数据分析类应用，基础数据库及数据模型等也是关键资源。其设计要素如图5-10所示。

核心能力是企业协作和利用其他资源能力的内部特性，能力也是由一系列活动构成的。能力可出现在特定的业务职能中，它们也可能与特定技术或产品设计相联系，或者它们存在于管理价值链各要素的联系或协调这些活动的能力之中。特殊能力与核心能力这些术语的价值在于它们聚焦于竞争优势这个问题，关注的并不是每个公司的能力，而是它与其他公司相比之下的能力。核心能力设计要素如图5-11所示。

7. 关键业务

关键业务用来描绘为了确保其商业模式可行，企业必须做的"最重要"的事情。任何商业模式都需要多种关键业务活动，这些业务是企业得以成功运营所必须

金融资源	来自各利益相关者的货币资源或可交换为货币的资源。如权益所有者、债券持有者、银行的金融资产等，企业留存收益也是一种重要的金融资源
实物资源	包括实物技术（如企业的计算机软硬件技术）、厂房设备、地理位置等
人力资源	企业中的训练、经验、判断能力、智力、关系以及管理人员和员工的洞察力、专业技能和知识、交流和相互影响的能力、动机等
信息	丰富的相关产品信息、系统和软件、专业知识、深厚的市场渠道，通过此渠道可以获取有价值的需求供应变化的信息等
无形资源	技术、商誉、文化、品牌、知识产权、专利
客户关系	客户中的威信、客户接触面和接触途径、能与客户互动、参与客户需求的产生、忠实的用户群
公司网络	公司拥有的广泛的关系网络
战略不动产	相对于后来者或位置靠后些的竞争者来说，战略不动产能够使公司进入新市场时获得成本优势，以便更快增长。如已有的设备规模、方便进入相关业务的位置等

图 5-10 核心资源（关键资源）设计要素

组织能力	组织能力指公司承担特定业务活动的能力。正式报告结构、正式或非正式的计划、控制以及协调系统、文化和声誉、员工或内部群体之间的非正式关系、企业与环境的非正式关系等都属于此类
物资能力	包括原材料供应、零部件制造、部件组装和测试、产品制造、仓储、分销、配送等能力
交易能力	包括订单处理、发货管理、流程控制、库存管理、预测、投诉处理、采购管理、付款处理、收款管理等
知识能力	如产品设计和开发能力、品牌建设和管理能力、顾客需求引导能力、市场信息的获取和处理能力等
机会发现和识别的能力	对环境和机会的敏感性和感知能力、正确判断该机会的性质的能力等

图 5-11 核心能力设计要素

实施的动作。正如核心资源一样，关键业务也是创造和提供价值主张、接触市场、维系客户关系并获取收入的基础。关键业务也会因商业模式的不同而有所区别，例如对于软件制造商而言，其关键业务是软件开发；对于计算机硬件制造商来说，其关键业务主要是供应链管理；咨询类服务商而言，其关键业务主要是帮助客户进行问题求解。

关键业务类型包括：

（1）制造产品

与设计、制造及发送产品有关，是企业商业模式的核心。

（2）平台/网络

网络服务、交易平台、软件甚至品牌都可以看成平台，与平台管理、服务提供和平台推广相关。

（3）问题解决

为客户提供新的解决方案，需要知识管理和持续培训等业务。

8. 重要伙伴（合作伙伴网络）

即企业同其他企业之间为有效地提供价值并实现其商业化而形成的合作关系网络。企业会基于多种原因打造合作关系，合作关系正日益成为许多商业模式的基石。很多公司采取创建联盟的策略来优化其商业模式、降低风险或获取资源。其设计要素如图 5-12 所示。

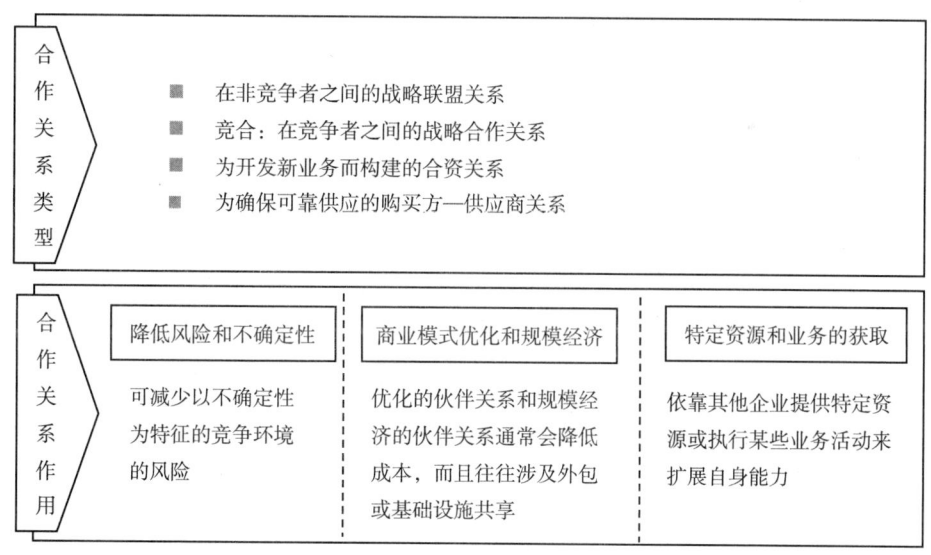

图 5-12 重要伙伴（合作伙伴网络）设计要素

9. 成本结构

成本结构用来描绘运营一个商业模式所引发的所有成本。创建价值和提供价值、维系客户关系以及产生收入都会引发成本投入。这些成本在确定关键资源、关键业务与重要合作后可以相对容易地计算出来。成本结构类型一般有成本驱动和价值驱动两种类型，成本驱动侧重于在每个地方尽可能降低成本，价值驱动则更专注于价值创造。其设计要素如图5-13所示。

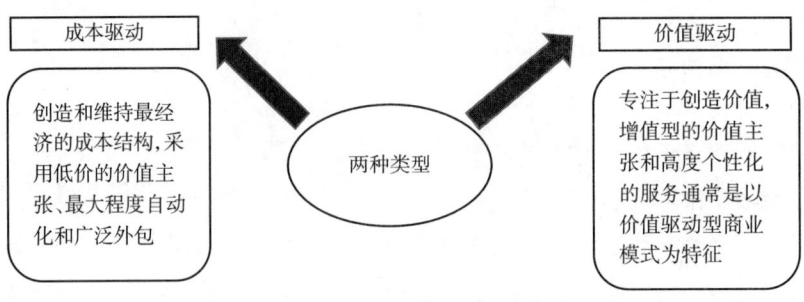

图5-13 成本结构设计要素

第六章 创业企业运营管理实务

第一节 创业团队组建与管理

 一、创业团队对创业的重要性

（一）创业团队

创业团队是指由两个或两个以上具有一定利益关系的，共同承担创建新企业责任的人组成的工作团队。

创业团队按其成员构成的不同，可以分为狭义的创业团队和广义的创业团队。

狭义的创业团队是指有着共同的奋斗目标，共同承担责任与风险，并共同分享创业收益的新创企业的合伙人团队。合伙人团队是由创业初期就投资并参与创业的多个个体组成的，是创业团队的核心部分。合伙人团队的技术、知识、经验、社会关系网络等资源是新创企业最有价值的资源。是否拥有较高的受教育程度、前期的创业经历和相关的产业经验与广泛的社会关系网络等是合伙人团队日后能否取得成功的重要决定因素。比如广义的创业团队不仅包括合伙人，还包括与创业过程相关的各种利益相关者，如风险投资机构、董事会成员和专家顾问等。

有团队的创业也许并不一定会失败，但要创建一个没有团队而具有高成长性的企业却极其困难。创业团队是风险投资的最大风险。团队中成员素质是否优秀、是否诚信对创业机会的识别、开发和利用水平起决定性作用，也是风险投资家进行风险投资要考虑的关键因素。一项针对波士顿市郊沿着128公路的新创企业100强的调查发现，70%的企业有多名创始人，17%的企业创始人在四位以上，9%的企业在五位以上，还有一家公司是由一个八人的团队组建的，团队创业能发挥所有成员的才能、创意、专业、经验、资源等优势，还能提供彼此的心理支持。

许多证据表明，创业者们面临孤独、紧张等多种压力，合伙人将有助于缓解这些压力，但找到合适的合伙人并非易事，往往需要预料到一些关键性问题和障碍，并在非常恰当的时机加以解决，不能太早，也不能太晚。

（二）创业团队的构成

创业团队的基本构成如图 6-1 所示，构成要素会因企业而异。

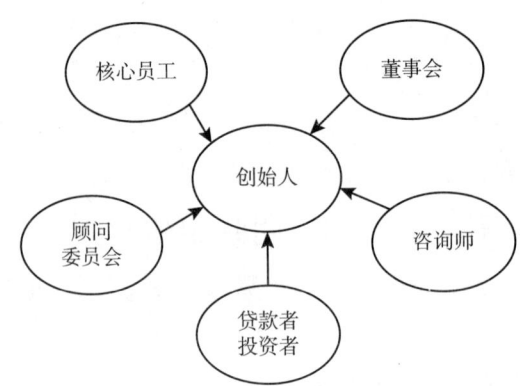

图 6-1　创业团队的基本构成

1. 创始人

大多数创始人面对的首要决策是，自己单独创办企业还是合伙创办企业。研究表明，50%~70%的新企业是合伙创业。合伙创业应注意股权分配：两人合伙相对容易，比如微软、谷歌、雅虎的初始股权比例分别是 60%∶40%、50%∶50% 和 50%∶50%。若三人及以上一起创业，一定要明确牵头人，否则会引起团队冲突，有时矛盾难以调和。

创始人的素质包括知识、技术和经验，往往是新企业最有价值的资源，它会对创业团队风格的形成产生重要影响：

①创始人的受教育水平可以反映其知识掌握的程度。通常情况下，接受过高等教育的创始人就会从工程技术、计算机科技、管理科学、物理、化学、生物等专业教育中获得显著优势。

②具有创业经历的创始人，无论曾经取得成功还是遭遇失败，都可以成为新创企业成功经营的有利因素，甚至成为一种独一无二的优势。因为他要比初次接触创业过程的创业者更熟悉创业过程，并可以在新创企业中复制以前成功的创业模式，或者有效规避导致巨大失败的错误。

③创始人拥有的相关产业经验，有利于更为敏锐地理解相关产业发展趋势，可以更加迅速地开拓市场和开发新产品。

④具有广泛社会网络关系的创始人往往更容易获得额外的技能、资金和消费者认同。

2. 核心员工

创业团队往往不是一开始就彻底组建起来，而是随着企业成长，需要不断地物色和招募优秀的核心员工，并最终吸收到创业团队中来。对不少新创企业来说，其核心员工往往也是创业者的创业伙伴。星巴克创建人霍华德·舒尔茨招募的首批核心成员之一是戴夫·欧森,戴夫·欧森当时是西雅图大学区一家非常有名的咖啡店老板,他的加盟,为星巴克后来的快速成长立下了汗马功劳。

事实上,创业团队中的每一个人都十分重要,每一名团队成员的工作都会直接影响企业价值的创造,创业企业可通过猎头公司、人才市场、媒体广告、熟人推荐招募和选择核心员工。

3. 董事会

创业公司处在不同阶段,董事会的构成应有所不同。公司成立之初,董事会可能只有创始人一人,但这种状态不应该持续太久。否则,创业公司不能从中得到成立董事会的任何好处,如相关的建议咨询、广阔的人际关系、他人的经验以及公司管理的问责机制。在公司成立的早期,组建一个三人的董事会为宜,包括创始人和有掌控权的股东选举的另外两个人。

当投资人介入董事会的时候,应按照一个被所有股东认可的"股东协议",股东选择一名投资人代表参加董事会选举。投资人的介入并不意味着创始人会失去对董事会的控制。事实上,在一个三人董事会中,投资人往往只占到一个席位。在一个五人董事会中,投资人占一到两个席位,公司创始人可以控制剩余的席位。

当投资人对董事会的控制过强时,公司通常会引入独立董事。独立董事不代表创始人和投资人任意一方的利益,其观点越独立开明越好。公司上市之后,先前的股东协议也就无效了。董事会成员的提名和选举就遵从统一的上市公司管理标准。由所有股东组成的提名委员会将在公司年会上提名候选人团队进入选举,大部分的上市公司都会错开董事会成员。也就是说,董事会的部分席位每年都会选举一次。所以一名董事的任期通常是3~4年。

公司的董事会应该不断演变调整,经常引入新成员并设定任期限制。如Twitter公司董事会先后引入了投资人和独立董事,目前董事会包含了两名创始人、一名CEO、三名独立董事和一名投资人。

有效的公司董事会能为新企业在重大决策、增加信贷和吸引人才等方面发挥作用,形成良好的开端和持久的竞争优势,表6-1列出了有效董事会的具体指标及详细说明[1]。

表6-1 有效董事会的指标

指标	说明
挑选优秀董事	挑选具有以下特征的董事: • 曾经成功经营过公司 • 具有新创企业所需的能力 • 在其领域具有较高知名度和地位

---

[1] 布鲁斯·R. 巴林格、R. 杜安, 爱尔兰, 张玉利等译:《创业管理:成功创建新企业》, 机械工业出版社2006年版。

续表

指标	说明
组建	组建具有以下特征的董事会： • 多样性 • 熟悉新企业拟参与的技术和市场 • 由内外部董事构成
建立相关决策程序	建立以下程序： • 重要的人员、经营和财务决策的批准由董事会制定
信息共享	执行以下沟通机制： • 根据企业活动相应地更新董事会 • 不向董事会隐瞒坏消息（董事会成员所厌恶的一件事就是管理者封锁了意外的坏消息，从而使董事会对此一无所知）
利用委员会	运用以下委员会的方式： • 认识到董事会在委员会中尽全力工作 • 建立法定的委员会，如审计、薪酬和任命委员会 • 根据需要追加委员会
激励董事会成员	通过以下方式激励董事会成员发挥模范作用： • 某种形式的经济激励手段，如公司股票或优先认股权 • 成为一项鼓舞人心的新项目的成员
明确责权问题	向董事会成员公布以下内容： • 提醒董事会成员要对新企业股东担负信用责任 • 证实董事会成员意识到他们可能的责任和义务 • 配备法律和财务专家为董事会成员提供有效的顾问和建议

4. 顾问委员会

顾问委员会是企业管理者在经营过程中向其咨询并能得到建议的专家小组，他们对企业不承担法定责任，只提供不具约束性的建议，顾问委员会可以是常设的，也可以是满足特定主题或需要临时组建的。

贷款者和投资者会为企业提供有用的指导和资信，并保证发挥基本的财务监管作用。有时贷款者和投资者还会通过多种途径积极帮助企业增加新价值，如帮助识别和招募核心管理人员、洞察企业计划进入的行业和市场、帮助企业完善商业模式、扩充资本来源渠道、吸引消费者、帮助企业安排商业合作以及在企业的董事会或顾问委员会任职等。

咨询师是提供专业或专门建议的个人，他们通常以企业名义开展可行性分析研究或行业深入分析，这些活动费时费力，董事会或顾问委员会通常无法承担。

（三）创业团队的作用

创业分为个体创业和团队创业两种形式。当今创业，由于外部环境复杂多变、竞争程度加剧，已经不再是单打独斗、个人逞英雄创业的时代，而是群狼作战、团队创业的时代了,越来越多的创业活动是以团队形式开展的。国内的有关研究表明,60%以上的创业活动都是以团队形式开展的。国外研究表明,高成长企业中,高达80%的初创企业是以团队创业的形式开展的。为什么团队创业的比例越来越大?这是因为相比个体创业来说,团队创业具有整合资源能力强、抵抗风险能力强和发展后劲大等优势,能在创业过程中发挥关键作用,具体表现在如下几点:

1. 有助于初创企业打破创业过程中的资源约束

一个企业刚诞生的时候面临着众多的资源约束,处于"无钱、无人、无客户"的"三无"境地,破除这些资源约束是新创企业必须解决的关键问题。由于一个人的能力、资金、关系网络有限,所以解决这一问题的过程往往漫长而艰辛。相比个体创业来说,团队创业由于创业团队成员具有不同的经验、能力和关系网络,其整合资源的能力会成倍增加,这无疑有助于初创企业突破创业过程中的资源限制,实现快速成长。

2. 有助于提升初创企业的决策质量

创业活动面临高度的不确定性,美国小企业局1999年的调查研究显示,创业失败的比率高达89%。据不完全统计,我国大学生创业成功的比率仅为2%~3%。而在导致创业失败的诸多因素中,决策失误高居榜首。创业团队由于其成员具有不同的教育背景、知识经验和个性特征,决策的速度会比个人慢,看问题的角度也会更加多元,这不但会降低决策失误的概率,而且会有助于用创新的方式解决复杂问题,从而提高新创企业的决策质量,降低新创企业的失败概率。

3. 有助于获取风险投资和银行贷款

风险投资商对于新创企业的发展具有重要的推动作用。风险投资商不仅能够带给新创企业其发展所需要的资金,还能够带来具有国际视野的管理经验、渠道和网络。美国的研究表明,风险投资商投资的新创企业的存活率,高于美国全国的平均水平。对风险投资商来说,投资新创企业的最大风险来自创业者和创业团队的管理。由于团队创业在决策质量和工作绩效方面往往优于个人创业,所以风险投资商投资的大多数都是拥有良好创业团队的项目。

二、不同创业团队的优劣势分析

(一) 领袖型创业团队

领袖型创业团队中有一个核心人物充当"主导"角色,其他创业者服从该领袖创业的指挥。

这种创业团队的优势是:①组织结构紧密、向心力强,主导人物在组织中对其他个体影响较大;②决策程序相对简单,组织效率较高。但这种创业团队的劣势是:①容易形成权力过分集中的局面,从而使决策失误的风险加大;②当团队成员和主导人物发生严重冲突时,一般都会选择离开团队,因而对组织的影响较大。

(二) 伙伴型创业团队

伙伴型创业团队的成员主要来自因为经验、友谊和共同兴趣而结缘的伙伴。

这种创业团队的优势是：①团队没有明显的核心，整体结构较为松散；②组织决策效率相对较低。缺点是：①容易在组织中形成多头领导的局面；②发生冲突时，团队成员一般不会轻易离开。但是冲突一旦升级，容易导致整个团队的涣散。

(三) 核心型创业团队

核心型创业团队是由群体伙伴型创业团队演化而来，基本上是前两种模式的中间形态。

核心型创业团队的优势是：①核心成员地位的确立是团队成员协商的结果，具有一定的威信，是团队的主导；②团队的领导是在创业过程中形成的，具有较高的持久性。但核心型创业团队的劣势是核心成员的行为必须充分考虑团队其他成员的意见，内部决策效率较低。

 三、创业团队的管理技巧和策略

不同逻辑组建的团队各有优劣，在日后的团队管理方面的侧重点也不一样。对于理性逻辑组建的创业团队，团队管理的重点在于经常沟通和协调，整合团队成员的技能，强化相互之间的信任感，具体的措施包括明确分工及透明的决策机制，以信任为中心的团队沟通管理等。针对非理性逻辑组建的创业团队，管理重点在于信任感的维持、外部资源的整合、避免决策一致性倾向等，具体可采用招募核心员工，聘请外部专业顾问，以利益分配为中心的团队凝聚力管理等。但是，无论哪种类型的创业团队，都有必要借鉴以下方式加强对创业团队的管理。

(一) 建立以团队理念为核心的公司愿景

真正有效的管理是能够激发人的内在动机，靠人的主观能动性进行自我管理。创业者要带领创业团队取得成功，最有效的办法是建立以团队理念为核心的公司愿景，通过愿景的力量激发创业团队成员发挥自身潜能去实现创业目标。有关研究表明，优秀的创业团队理念一般有以下几个共同点：

(1) 凝聚力

凝聚力是优秀团队的基石，优秀创业团队的成员都会认为，团队的成功离不开每一位成员的共同努力，"一荣俱荣，一损俱损"。

(2) 合作精神

团队合作精神深深根植于优秀团队成员的心中，他们相互合作，"别人的事就是自己的事"，通过互相补位提高团队整体的效率。

(3) 完整性

完整性要求团队成员完成任务的时候，不能够忽略工作质量、员工健康和其他相关利益者的利益，做到不"以邻为壑"。

(4) 长远目标

优秀团队着眼于企业的长远目标，并做好了长期奋战的准备，不会指望通过创业达到一夜暴富。

(5) 收获的观念

在优秀创业团队看来，企业的成功是最终的成功，而不是他们个人的薪水、工作待遇和生活待遇等内容。

(6) 致力于价值创造

创业团队成员都致力于价值创造，通过努力把"蛋糕"做大，不断创新产品和服务，满足客户的需求，让客户、供应商等相关利益者能够获得更大的价值和利润。

(7) 平等中的不平等

在成功的初创企业中，每个团队成员由于能力不同和分工不同，应承担不同的职责和拥有相应的权利，这样才能更好地激励团队成员。因此，不能追求简单的平等。

(8) 公正性

在激励机制上，优秀团队会在设计员工的各种奖励机制的时候，将奖励与个人在一段时期内的贡献和工作成绩挂钩，并随时根据实际情况做出调整。

(9) 共享收获

企业的成功是每一位成员共同努力的结果，当企业发展到一定程度的时候，优秀创业团队会根据关键员工的贡献分配企业收益给关键员工。

(二) 建立合理的企业所有权分配机制

在创业团队组建之后，建立合理的企业所有权分配机制，是创业团队必须解决的关键问题。合理的企业所有权分配机制，能增强创业团队的凝聚力，激励创业团队成员更好地为实现企业目标而奋斗，有利于企业的长远发展。在确定企业所有权分配机制过程中，需要注意以下几个原则：

(1) 树立共享财富的理念

在企业所有权分配问题中，要做到兼顾公平和激励并不容易，但创业者拥有宽广的心胸和"与帮助你创造价值和财富的人一起分享财富"的理念，这将使之能不再纠结于持股的百分比问题，而关注如何把企业做大。毕竟，零的51%还是零。只有把企业做大，创业者才能分得更多。蒙牛的创始人牛根生曾在多个场合提到的"财聚人散，财散人聚"，说的也是这个道理。

(2) 重视契约精神

契约精神是西方文明社会的主流精神，强调自由、平等、守信。在创业之初，应重视契约精神，及早把确定的所有权分配方案以公司章程形式写入法律文件，以契约形式明确创业团队成员之间的利益分配机制,这样有助于创业团队的长期稳定,避免创业后续的争端和纠纷。

(3) 按照贡献分配所有权

所有权应按照团队成员对企业的长期贡献来分配。在现实中,按照出资额的多少来分配是常见的做法,但不应该忽略没有出资但有关键技术的成员对企业的贡献,应该在分配中予以考虑。

(4) 控制权与决策权统一

初创时期,应实现控制权与决策权的统一。股份大的成员在不拥有公司控制权的条件下,其内心可能比其他成员更看重新创企业,更容易去挑战其他成员的决策错误,甚至决策者的权威,从而引起团队冲突和矛盾。

(三) 建立责、权、利统一的团队管理机制

绝大多数新创企业创业团队的核心成员都很少,一般是三四人,多的也不过十几个人。如此少的团队成员从企业管理角度来看,实在是"小儿科",几乎每个从事管理工作的人都觉得能够轻易驾驭。但实际上,创业团队成员虽少,但是都有自己的想法、自己的观点,其管理难度大大超过一般团队。因此,对创业团队的管理,比较有效的策略是靠规则和制度管理,而不是靠人管理。

(四) 制定创业团队的管理规则

要处理好团队成员之间的权利和利益关系,创业团队必须制定相关的管理规则。团队创业管理规则的制定,要有前瞻性和可操作性,要遵循先粗后细、由近及远、逐步细化逐次到位的原则。这样有利于维持管理规则的相对稳定,而规则的稳定有利于团队的稳定。企业的管理规则大致可以分为三个方面:①治理层面的规则,主要解决剩余索取权和剩余控制权问题。治理层面的规则大致可以分为合伙关系与雇佣关系。在合伙关系下,大家都是老板,大家说了算;而在雇佣关系下,只有一个老板,一个人说了算。②文化层面的管理规则,主要解决企业的价值认同问题。它包括很多内容,但也可以用"公理"和"天条"这两个词简要地概括。所谓"公理",就是团队成员共同的终极行为依据。所谓"天条",就是团队内部任何人都碰不得的东西,它对所有团队成员都构成一种约束。③管理层面的规则,主要解决指挥管理权问题。管理层面的规则最基本的有三条:一是平等原则,制度面前人人平等,不能有例外现象;二是服从原则,下级服从上级,行动要听指挥;三是等级原则,不能随意越级指挥,也不能随意越级请示。这三条原则是秩序的源泉,而秩序是效率的源泉。当然,仅有这三条原则是不够的,但它们是最基本的,是建立其他管理制度的基础。

(五) 妥善处理创业团队内部的权力关系

在创业团队运行过程中,团队要确定谁适合从事何种关键任务和谁对关键任务承担什

么责任，以使能力和责任的重复最小化。为了保证团队成员执行创业计划、顺利开展各项工作，必须预先在团队内部进行职权的划分。创业团队的职权划分就是根据执行创业计划的需要，具体确定每个团队成员所要担负的职责以及相应所享有的权限。团队成员间职权的划分必须明确，既要避免职权的重叠和交叉，也要避免无人承担造成工作上的疏漏。此外，由于还处于创业过程中，面临的创业环境又是动态复杂的，会不断出现新的问题，团队成员可能不断更换，因此创业团队成员的职权也应根据需要不断地进行调整。

（六）构建创业团队的制度体系

创业团队制度体系体现了创业团队对成员的激励和控制能力，主要包括团队的各种激励制度、约束制度和沟通制度。首先，创业团队要通过利益分配方案、考核标准和奖励制度等激励制度，使团队成员看到随着创业目标的实现，其自身利益将会得到怎样的改变，从而达到充分调动创业团队成员积极性、最大限度发挥团队成员作用的目的。其次，创业团队要通过组织条例、财务条例、纪律条例、保密条例等各种约束制度，指导其成员避免做出不利于团队发展的行为，对其行为进行有效的约束，保证团队的稳定秩序。最后，创业团队要通过各种积极、高效的沟通制度，来维护创业团队成员间的互信与合作关系。创业团队成员朝夕相处，出现矛盾和摩擦是难免的。但是，如果对这些矛盾和摩擦不及时处理，就很有可能导致创业团队成员之间的冲突，甚至是创业团队的解体。因此，必须建立有利于创业团队成员之间自由沟通的制度，使团队成员间保持相互理解、相互信任的合作关系。

四、创业团队领导者的角色与行为策略

创业团队领导者是创业团队的灵魂，在企业的不同管理情境中具有多重的角色。

1. 项目策划

创业团队领导者是项目策划的召集人和组织者。

2. 组织实施

创业团队领导者在制订行动计划后，要组织团队成员去实施，是执行者。

3. 组织架构

创业团队领导者是一个指挥员，要精明果断，根据具体情况设计出最佳的组织结构形式。

4. 战略实施

创业团队领导者是控制和监督者，是指根据既定的目标不断跟踪和修正所采取的行为，以实现预想的目标或业绩。

五、创业团队的社会责任

企业的社会责任，是指企业在商业运作中对其利害关系人应负的责任。企业的社会

责任包括企业环境保护、社会道德以及公共利益等方面,由经济责任、持续发展责任、法律责任和道德责任等构成。企业的社会责任要求企业必须超越把利润作为唯一目标的传统观念,强调在生产过程中对人的价值的关注,强调对消费者、对环境、对社会的责任和贡献,从而获得在社会、经济、环境等领域的可持续发展能力。这意味着企业不仅要实济利益,还需要兼顾社会和环境的因素,实现可持续发展。

中国社会科学院2011年的《中国企业社会责任报告》,从责任管理、市场责任、社会责任和环境责任四个方面,对中国创业企业的社会责任发展水平进行了评价。这里的责任管理是指企业所制定的企业社会责任发展规划、反商业贿赂制度与措施等;市场责任是指企业的成长性、收益性以及产品合格率等指标;社会责任包括社保覆盖率、安全全健康培训以及评估运营对企业的影响;环境责任则包含了企业的环境管理和节能减排方面的指标。

强调企业的社会责任不仅是社会对企业的要求,也是企业自身发展的需要。阿里巴巴创始人马云指出:"生意人是唯利是图,有钱就赚;商人有所为,有所不为;而企业家必须承担社会责任,创造价值。每一个企业都要承担社会责任,并把这个社会责任贯穿于企业的工作中。这种使命感不仅仅是统一思想、凝聚人心、统一行动、提高效率、减少交流成本、激发员工斗志的力量,更是企业的血液、基因和品格。"而要真正做到这一点,创业团队在一开始创业时就要有这种社会责任意识,即使遇到再大的困难,也不能忘记自己的社会责任。

第二节 企业构建

一、企业组织形式的选择

(一)企业组织形式

企业组织形式是企业进行生产经营活动的结构形态,它表明企业作为一个经济实体与社会发生联系的方式,其核心是财产组织形式。如果不考虑企业所有制,只从企业组织形式来讲,企业可分为三类:独资企业、合伙企业和公司。

1. 独资企业

独资企业,是由一个自然人投资兴办的企业,其业主享有全部的经营所得,同时对债务负有完全责任。这种企业的规模都较小,其优点是经营者和所有者合一,经营方式灵活,建立和停业程序简单。这类企业的缺点是由于自身财力所限,抵御风险的能力较弱。独资企业常见于个人小规模的小作坊、小饭店等,常见于对名称有特殊要求的企业。

2. 合伙企业

合伙企业,是由两个或两个以上的自然人订立合伙协议,共同出资、合伙经营、共享收益、共担风险,并对合伙企业债务承担无限连带责任的企业组织形式。合伙企业分为普通合伙企业和有限合伙企业。

普通合伙企业由两个以上的普通合伙人（没有上限规定）组成。普通合伙企业中，合伙人对合伙企业债务承担无限连带责任。普通合伙企业又包含特殊的普通合伙企业，特殊的普通合伙企业中，一个合伙人或数个合伙人在执业活动中因故意或者重大过失造成合伙企业债务的，应当承担无限责任或者无限连带责任，其他合伙人则仅以其在合伙企业中的财产份额为限承担责任。

有限合伙企业由两人以上五十人以下的普通合伙人和有限合伙人组成，其中普通合伙人和有限合伙人都至少有一人。当有限合伙企业只剩下普通合伙人时，应当转为普通合伙企业，如果只剩下有限合伙人时，应当解散。普通合伙人对合伙企业债务承担无限连带责任，有限合伙人以其认缴的出资额为限对合伙企业债务承担责任。合伙企业适用于风险投资基金、公司股权激励平台（员工持股平台）。

3. 公司

公司是指以营利为目的，由众多投资者共同出资组建，股东以其投资额为限对公司负责，公司以其全部财产对外承担民事责任的企业法人。公司的两种主要形式是有限责任公司和股份有限公司。

有限责任公司由五十个以下的股东出资设立，每个股东以其所认缴的出资额对公司承担有限责任，公司法人以其全部资产对公司债务承担全部责任的经济组织。有限责任公司适合创业的企业类型，大部分的投融资方案、VIE架构等都是基于有限责任公司进行设计的。

股份有限公司由两人以上二百人以下的发起人组成，其全部资本分成等额股份，股东以其所持股份为限对公司承担责任，公司以其全部资产对公司的债务承担责任。股份有限公司适用于成熟、大规模类型公司，设立程序较为严格和复杂，不太适用于初创型和中小微企业。

（二）企业组织形式的选择

1. 影响企业组织形式的主要因素

创业伊始，创业者应当对我国现有企业制度中可以选择的各种投资、创业形式及每一种形式的优劣有充分的了解，进而选择一种恰当的企业组织形式。通常而言，决定企业组织形式时应当考虑以下几个方面的因素：

（1）拟投资的行业

对于一些特殊的行业，法律规定只能采用特殊的组织形式。比如律师事务所只能采用合伙形式而不能采取公司制形式，而对于银行、保险等金融事业，法律则要求必须采用公司制形式。因此，根据拟投资的行业确定可以采取的企业组织形式是应当首先考虑的因素。对于法律有强制性规定的行业，只能按照法律规定的要求办理，对于法律没有强制性要求的，则需要根据实务中通常的做法以及创业者的特殊要求来确定组织形式。例如，近几年来创业投资领域内非常热门的私募股权基金，法律允许采用的组织形式包括公司制和合伙制，但是随着《合伙企业法》的修改，越来越多的私募股权基金采取了发达国家最为流行的做法，即有限合伙制的组织形式。

（2）创业者风险承担能力

对于创业者而言，其风险承担能力是其创业前必须考虑的重要因素之一。商业环境中存在各式各样的风险，而企业组织形式如何直接决定创业者日后所需要承担的责任大小。如前所述，公司制企业的股东仅以其出资额为限对公司承担责任，公司以其全部的资产对公司的债务承担责任，因此公司制的企业的有限责任制度对于风险控制具有重大的意义；而对于普通合伙企业以及个人独资企业，合伙人或者投资人则需要对于企业承担无限责任，如果选择这两种组织形式，则创业者所必须承担的风险不仅限于目前投资数额，还包括全部个人财产，因此，采用后两种组织形式进行创业的风险相对较大。

（3）税务因素

由于不同的企业组织形式所缴纳的税不同，因此选择企业组织形式，必须考虑税负问题。根据我国相关税法的规定，对个人独资企业和合伙企业生产经营所得计征个人所得税，其中合伙企业的投资者将全部生产经营所得按照协议约定的分配比例，确定各自的应纳税所得额，分别缴纳个人所得税。而对于公司制企业，既要就公司经营所得缴纳企业所得税，又要在向股东分配利润时为股东代缴个人所得税，因此从纳税筹划的角度而言，选择合伙企业以及个人独资企业，通常所需要缴纳的税负较公司制企业更低。但是这并不能一概而论，对于一些特殊的行业，例如高新技术企业和小微企业，由于我国政府对其采取税收优惠政策，在享受到税收优惠政策的情况下，公司制企业可能更加节税。

（4）未来融资的需要

企业组织形式对于未来的融资也具有较大的影响。如果创业者自身资金充足，拟投资的事业所需资金要求也不大，则采用合伙制或者有限公司的形式均可；但是如果日后发展企业所需要的资金规模非常大，则建议选择股份有限公司。

（5）企业的持续经营

对于个人独资企业，一旦投资人死亡且无继承人或者继承人决定放弃继承，则企业必须解散；合伙企业由合伙人组成，除非不断吸收新合伙人，否则合伙企业的寿命也是有限的。因此，无论合伙企业还是个人独资企业，通常的经营期限都不会很长，很难持续发展下去。但公司制企业却完全不同，除出现法定解散事由或者股东决议解散外，原则上公司制是可能永远存在的。因此，创业时可以根据拟经营的期限来选择企业组织形式，若希望将该企业不断经营下去，则更建议公司制企业形式。

当然除了上述因素之外，还可以从投资权益的自由流通度、经营管理的需要等多个方面就企业组织形式的优劣分析和比较。总之，企业组织形式没有最好的，只是最合适的，创业者只有对自己的实际需要有充分的了解，才能选择出最合适的企业组织形式。

2. 创业企业者的新选择

我国在2006年修订《合伙企业法》时增加了有限合伙制，该制度规定部分合伙人可以承担有限责任，对于发展我国的风险投资等特殊行业起到了促进作用，因而颇受投资者的重视和青睐。

有限合伙企业是指普通合伙企业和有限合伙企业共同组成,普通合伙人对合伙债务承担无限连带责任,有限合伙人以其出资为限对合伙企业承担有限责任的营利性组织。通常而言,创业者往往是拥有投资管理能力或者技术研发能力之人,但是他们缺乏创业资金,而风险投资者是拥有大量资金、专业从事投资的企业或者个人,他们不愿意或者没有精力参与企业经营,在此种情况下,有限合伙制度契合了市场需求,能调动各方面的投资创业热情,实现了风险投资人与创业者之间的最佳结合。

 二、企业的组织结构设计

没有一种组织结构形式是十全十美的。既不存在最好的组织结构形式,也不存在所谓低级或是高级的组织形式。每一结构都有各自的适用条件,创业者应根据前述的考虑因素进行选择。

(一)一般的组织结构设计原则

1. 指挥系统

指挥系统是指组织中各阶层的每一个人均有上级,且每一个人均须负责向上级报告。任何一个组织,只有明确其指挥系统,整个组织才能运转起来。指挥系统的明确,规定了组织中信息沟通的路径和方式。组织中的任何人,若其意见沟通违反了指挥系统,将给组织带来混乱。越级指挥或越级上报都会引起被越之级人员的不满。明确指挥系统,是组织有效运转起来的先决条件。

2. 命令统一

指挥系统的明确并不等于命令的统一。命令统一原则的含义是指组织中指挥系统的每一个人,只需对唯一的一位上级负责。任何人接到两个或两个以上相互冲突的命令时,都将无所适从。

3. 责、权、利相统一

责、权、利相统一的原则,是适合任何组织阶层的管理原则。责、权、利关系中有两个核心内容,一是职权关系,二是责、权、利三者之间的关系。管理中的权力,是指为了达到组织目标,进行行动或指挥别人行动的权力。不管权力是来源于制度还是来源于下级的接受,作为职权关系,上级总是比下级拥有更大的权力,但下级不会把没有权力的"上级"看作他的领导。谁的实际权力最大,谁也就成为一个组织真正的统帅,现代组织往往强调授权,但不能毫无保留地完全授权;授权仅是表示被授权者代替授权者行使所授权力而已。

责、权、利三者之间必须是协调、平衡、统一的。权力是责任的基础,有了权力才有可能负起责任;责任是权力的约束,权力拥有者在运用权力时就必须考虑可能产生的后果,不至于滥用权力;利益的大小决定了管理者是否愿意担负责任、接受权力的程度,利益大责任小的事情谁都愿意去做;相反,利益小责任大的事情人们很难愿意去做,即使做了,其积极性也会受到影响。组织中的某一层,特别是高层,责权利没有得到统一,则整个组织将是危险的。

4. 精干、高效

精干原则首先要求部门化必须合理,根据组织的需要,尽可能减少部门的设置数量。因为部门的数量越多,协调与控制这些部门的上级部门也越多,整个组织结构就会变得庞大起来。精干原则,还要求各个部门的人员配置必须合理。违反精干原则,一是使管理费用升高,经济性降低,二是使得管理层次不得不多起来,并且由于人员的臃肿,工作的相互推诿,管理效率必然很低。效率,对于公司组织的生存和发展是至关重要的。保证公司组织的高效运转需要有一些条件。精干是前提。其次各部门应该有明确的职责范围和权限,建立良好的信息传递、沟通渠道以及各种协调方式。以上所述的组织结构设计的一般原则对于几乎所有的公司组织都是重要的。然而,对于那些技术、环境变化很大,动态性较强的公司组织,一般的部分原则需要突破。所以,现代组织设计需要转为动态的原则。

(二) 动态的设计准则

1. 知识与职权的结合

现代组织由于分工细致,越来越强调职权与知识的结合,参谋的作用将显得越来越大。参谋人员由过去仅仅是咨询的地位而可能变为拥有赞同性职权甚至职能性职权,这种职能性职权意味着参谋人员与直线主管人员融会在一起,拥有部分的指挥权。这里只解释一下强制磋商和赞同性职权两种加强参谋作用的方法。

(1) 强制磋商

强制磋商加强了参谋人员的作用,某一制造部门经理的建议,须先和技术专家商讨后,才能向制造部副总经理提出,否则,制造部总经理会拒绝讨论部门主管的任何议案。在这种情况下,能确保技术专家有机会去影响制造的过程。

(2) 赞同性职权

赞同性职权是指直线主管的决策要获得多数参谋人员的支持,才能生效。这就是说,参谋人员拥有否决权。实际上,参谋人员拥有三部分的决策权,但不是最终的决策权。赞同性职权使得参谋人员的影响力大大加强。对于总经理的参谋班子说,赞同性职权意味着对总经理权力的限制。如果是一个部门对另一个部门行使赞同性职权,则会使各个部门彼此进一步了解其他部门的工作,也确实能纠正一些错误。赞同性职权增加了决策所要经过的环节。

2. 适应性与创新性

现代公司越来越显示出动态的特质。公司组织结构受环境、公司规模、技术特性等因素的影响。这些因素发生变化就对组织结构提出了变化的要求。因此,对于任何一个公司,其组织结构对外界必须有一定的适应性。

(三) 企业注册流程

公司注册是开始创业的第一步。一般来说,公司注册需要经历如图 6-2 所示的五个流程。

图6-2 公司注册流程图

核准名称：即确定公司类型、公司名称、注册资本、股东及出资比例后，可以去工商局现场或线上提交核名申请。如果核名失败则需重新核名。

提交材料：核名通过后，确认地址信息、高管信息、经营范围，在线提交预申请。在线预审通过之后，按照预约时间去工商局递交申请材料。提交材料成功后会收到准予设立登记通知书，不同类型的企业注册时需要提交的材料不同，具体差异见表6-2。

表6-2　　　　　　　　　　　不同类型的企业注册需要提交的材料

企业类型	个体工商户	有限责任公司	股份有限公司
需要提交的材料	1.《个体工商户开业登记申请书》 2. 经营者的身份证复印件；申请登记为家庭经营的，以主持经营者作为经营者登记，由全体参加经营家庭成员在《个体工商户开业登记申请书》经营者签名栏中签字予以确认 3. 申请登记的经营范围中有法律、行政法规和国务院决定规定必须在登记前报经批准的项目，应当提交有关许可证书或者批准文件复印件 4. 经营场所使用证明： （1）个体工商户以自有场所作为经营场所的，应当提交自有场所的产权证明复印件 （2）租用他人场所的，应当提交租赁协议和场所的产权证明复印件 （3）无法提交经营场所产权证明的，可以提交市场主办方、政府批准设立的各类开发区管委会、村居委会出具的同意在该场所从事经营活动的相关证明 5. 委托代理人办理的，还应当提交经营者签署的《委托代理人证明》及委托代理人身份证复印件	1.《公司登记（备案）申请书》 2.《指定代表或者共同委托代理人的证明》及指定代表或委托代理人的身份证复印件 3. 全体股东签署的公司章程 4. 股东的主体资格证明或者自然人身份证复印件 5. 董事、监事、经理的任职文件及身份证明复印件 6. 法定代表人的任职文件及身份证复印件 7.《企业名称预先核准通知书》 8. 法律、行政法规和国务院决定规定设立有限责任公司必须报经批准的，提交有关的批准文件或者许可证书复印件 9. 公司申请登记的经营范围中有法律、行政法规和国务院决定规定必须在登记前报经批准的项目，提交有关的批准文件或者许可证书复印件或许可证明 10.《承诺书》 11. 住所使用证明 注：住所使用证明材料的准备，分为以下三种情况： （1）若是自己房产，需要房产证复印件，自己的身份证复印件 （2）若是租房，需要房东签字的房产证复印件，房东的身份证复印件，双方签字盖章的租赁合同和租金发票 （3）若是租的某个公司名下的写字楼，需要该公司加盖公章的房产证复印件，该公司营业执照复印件，双方签字盖章的租赁合同，还有租金发票	1.《公司登记（备案）申请书》 2.《指定代表或者共同委托代理人授权委托书》及指定代表或委托代理人的身份证复印件 3. 由会议主持人和出席会议的董事签署的股东大会会议记录 4. 全体发起人签署或者出席股东大会或创立大会的董事签字的公司章程 5. 发起人的主体资格证明或者自然人身份证复印件 6. 募集设立的股份有限公司提交依法设立的验资机构出具的验资证明，涉及发起人首次出资是非货币财产的，提交已办理财产权转移手续的证明文件 7. 董事、监事和经理的任职文件及身份证复印件 8. 法定代表人任职文件（公司董事签字的董事会决议）及身份证件复印件 9.《企业名称预先核准通知书》 10. 募集设立的股份有限公司公开发行股票的应提交国务院证券监督管理机构的核准文件 11. 法律、行政法规和国务院决定规定设立股份有限公司必须报经批准的，提交有关的批准文件或者许可证书的复印件 12. 公司申请登记的经营范围中有法律、行政法规和国务院决定规定必须在登记前报经批准的项目，提交有关批准文件或者许可证件的复印件 13.《承诺书》 14. 住所使用证明

领取执照：携带准予设立登记通知书、办理人身份证原件，到工商局领取营业执照正、副本。

刻公司章：凭营业执照，到公安局指定刻章点办理：公司公章、财务章、合同章、法人代表章、发票章。

以上步骤完成之后，公司就可以开业了。但是，公司想要正式开始经营，还需要办理以下事项：银行开户、税务报到、申请税控和发票、社保开户。

办理银行基本户：公司注册完成后，需要办理银行基本户开户。基本户是公司资金往来的主要账户，经营活动的日常资金收付以及工资、奖金和现金的支取都可以通过这个账户来办理。每个公司只能开一个基本户。

记账报税：完成公司注册后，需先办理税务报到，报到时需提供一名会计的信息（包括姓名、身份证号、联系电话）。公司成立后一个月起，需要会计每月记账并向税务机关申报纳税。企业准备好资料到专管所报到后，税务局将核定企业缴纳税金的种类、税率、申报税金的时间，及企业的税务专管员。企业日后将根据税务部门核定的税金进行申报与缴纳。

申请税控及发票：如果企业要开发票，需要申办税控器，参加税控使用培训，核定申请发票。完成申请后，企业就可以自行开具发票了。

缴纳社保：公司注册完成后，需要在30天内到所在区域管辖的社保局开设公司社保账户，办理《社保登记证》及CA证书，并和社保、银行签订三方协议。之后，社保的相关费用会在缴纳社保时自动从银行基本户里扣除。

专栏知识

新的"五证合一"办证模式

新的"五证合一"办证模式，采取"一表申请、一窗受理、并联审批、一份证照"的流程：首先，办证人持工商网报系统申请审核通过后打印的《新设企业五证合一登记申请表》，携带其他纸质资料，前往大厅多证合一窗口受理；窗口核对信息、资料无误后，将信息导入工商准入系统，生成工商注册号，并在"五证合一"打证平台生成各部门号码，补录相关信息，同时，窗口专人将企业材料扫描，与《工商企业注册登记联办流转申请表》传递至质监、国税、地税、社保、统计五部门，由五部门分别完成后台信息录入；最后打印出载有一个证号的营业执照。办证模式的创新，大幅度缩短了办证时限，企业只需等待2个工作日即可办理以往至少15个工作日才能够办结的所有证件，办事效率得到提高。

第三节 创业资源整合

 一、创业资源的内涵和种类

（一）创业资源的内涵

创业资源是指新创企业在创造价值的过程中需要的特定的资产，从广义上来看，创业资源是能够支持创业者进行创业活动的一切东西，涵盖使创业者创业活动顺利进行的一切支持性资源，包括有形与无形的资源。从狭义上来看，创业资源是促使创业者启动创业活动的关键优势资源。

（二）创业资源的种类

创业资源有很多具体的形式，这些形式可以从不同角度加以分类。

1. 按创业资源的内容角度分类

从创业资源的内容角度来看，创业资源可以分为人才资源、信息资源、社会资源、技术资源、组织资源、财务资源。

（1）人才资源

人才资源是指企业生产及管理过程中素质层次较高的那一部分，如以创造性高过社会平均水平表示。人才资源是指杰出的人力资源，着重强调人力资源的质量。企业的人才资源指的是企业中所有那些体现在企业员工身上的才能，包括企业员工的专业技能、创造力、解决问题的能力、管理者的管理能力。从创业的角度看，创业人才资源包括创业者、创业团队及他们的知识、技能、经验、智慧等体力和脑力的总和。

（2）信息资源

信息资源是企业生产及管理过程中所涉及的一切文件、资料、图表和数据等信息的总称。它涉及企业生产和经营活动过程中所产生、获取、处理、存储、传输和使用的一切信息资源，贯穿于企业管理的全过程。信息同能源、材料并列为当今世界三大资源。信息资源广泛存在于经济、社会各个领域和部门，是各种事物形态、内在规律和其他事物联系等各种条件、关系的反映。随着社会的不断发展，信息资源对于国家和企业的发展，乃至对人们的工作、生活都至关重要，已成为国民经济和社会发展的重要战略资源。创业者在信息时代利用大数据寻找产业发展趋势，获取更多的创业机会。

（3）社会资源

社会资源是相对于经济资本和人力资本的概念，它是指社会主体（包括个人、群体、社会甚至国家）间紧密联系的状态及其特征，其表现形式有社会网络、规范、信任、权威、行动的共识以及社会道德等方面。社会资本存在于社会结构之中，是无形的，它通过人与人之间的合作进而提高社会的效率和社会整合度。对于创业者来说，拥有丰富的社会资源可以使创业者有机会接触团队以外的资源，实现他人难以实现的目标。

（4）技术资源

对于一个组织来说，技术包括两个方面：其一是与解决实际生产问题有关的软件方面的知识；其二是为解决这些实际问题而使用的设备、工具等硬件方面的知识。两者的总和就构成了这个组织的技术资源。对于创业企业来说，技术资源包括生产流程、质量控制、核心技术、专利等，可与物质资源结合，通过法律手段加以保护，形成组织的无形资产。

（5）组织资源

组织资源是组织拥有的，或者可以直接控制和运用的各种要素，这些要素既是组织运行和发展所必需的，又是通过管理活动的配置整合，能够起到增值的作用，为组织及其成员带来利益的，包括组织结构、工作规范、决策系统等，是组织内部规范行为、优化环境的管理系统。创业企业的组织资源是影响创业成功的重要因素。

（6）财务资源

财务资源是指企业所拥有的资本以及企业在筹集和使用资本的过程中所形成的独有的不易被模仿的财务专用性资产，包括企业独特的财务管理体制、财务分析与决策工具、健全的财务关系网络以及拥有企业独特财务技能的财务人员等。财务资源主要由资金、股票、资产等构成。创业初期，启动资金主要来自创业者个人、亲戚、朋友、天使投资等私人资本。

2. 按创业资源的形态角度分类

按照创业资源的表现形态，可以分为有形资源和无形资源。

有形资源是指可见的、能量化的资产，主要包括创业者的固定资产和金融资产。固定资产主要包括房屋、土地、机器设备、原材料、运输工具等资产；金融资产主要指创业者的存款、筹资和借贷。

无形资源指能创造价值，但不具有独立实物形态的资源。无形资源可归为两大类：技术资源和商誉资源，具体包括技巧、知识、信息、关系、文化、品牌、管理、声誉以及能力等。

有形资源与无形资源相比，有形资源越用越少，边际效应递减；无形资源不会越用越少，且边际效应递增。所以，无形资源更具价值创造的潜力，无形资源往往是撬动有形资源的重要杠杆，能够为创业者带来无可比拟的竞争优势。

3. 从对资源的重要性程度分类

按照对创业资源不同的利用方式，可以分必备资源、支撑资源和外围资源。

必备资源是指创业者必须自己拥有或借助外力能够支配的创业资源，主要包括资金、场地、人才资源、产品资源等。

支撑资源指处于创业者直接控制范围之外，但可以通过开发、组织、联合、租赁等方式获取的资源，包括营销渠道和关系网络。

外围资源指创业者身处其中就能感受或享受到的资源，是一种不受创业者主观控制的、外在的公有性资源。包括创业环境、政府创业政策、社会创业文化和市场信息等。

 ## 二、影响创业资源获取的因素

影响创业资源获取的首要因素是创业者自身的素质和能力,尤其是创业者及创业团队的资源禀赋和信息获取能力。此外,创业网络的完善程度也会影响创业者对创业资源的获取。

(一) 创业者资源禀赋

创业者资源禀赋是指创业者所具有的与创业相关的自身素质的外在关系的总和,主要包括创业者的经济资本、社会资本和人力资本,它们能够为创业行为和新创企业的生存与成长提供有价值的资源。

大量的文献强调企业家资源禀赋在创业过程中的重要作用,认为企业家资源禀赋是创业行为过程的关键资源,甚至在一定程度上决定新创企业的资源构成特征(Morris,1998)。蔡莉等(2011)构建了创业导向、资源获取与制度环境之间关系的理论模型。创业导向是指创业者在选择战略行动时倾向于积极承担企业活动相关的风险、乐于接受改变和创新以获得竞争优势,并采用积极主动的措施和竞争者竞争的倾向。根据对344家新创企业的调研数据进行的实证分析表明:创业导向对新企业资源获取具有重要影响,政策环境对创业导向与知识资源获取之间关系具有调节影响,认知环境对创业导向与知识资源获取和运营性资源获取之间关系具有调节影响,但政策环境对创业导向与运营性资源获取之间关系的调节作用不显著。可见,创业导向和创业者资源禀赋密切相关。

创业者资源禀赋中的社会资本对于创业资源获取非常关键。社会资本是指嵌入创业者现有稳定社会关系网络和结构中的资源潜力。创业资源广泛存在于各种资源所有者手中,这些所有者又处于一定的社会网络之中。因此,创业资源的获取客观上必然受到创业者社会网络地位的影响。王庆喜、宝贡敏(2007)的研究表明,小企业主社会关系网络是小企业获取外部资源的重要通道。小企业主社会关系越广,则其获取外部资源的可能性就越大,从而企业成长所需资源就越有保证,成长绩效就越好,并且三者之间存在递进式的正向关系。

(二) 创业者信息获取能力

信息获取能力是指创业者在社会生活或创业过程中捕捉、吸收和利用信息的一种潜在能力,包括信息接收、捕捉、判断、选择、加工、传递、吸收、利用、搜集与检索能力。创业需要资源,信息获取能力有助于对丰富的、高质量的信息资源的获取与利用。

由于新创企业在资源获取过程中存在信息不对称,信息资源作为一种特殊的战略性资源,在新创企业资源获取过程中发挥了重要的杠杆作用。因此,信息获取能力在相当程度上影响着创业者对其他创业关键资源的获取，直接影响并决定新创企业的创业绩效。

实证研究表明，技术信息获取能够为新创企业提供外部参考，帮助企业识别创业失败，进而促进失败学习行为。同时，失败学习行为可以激发更多创新活动，提高组织创新绩效。很多高科技新创企业为降低技术环境不确定性的影响，通过建立各类流程以获取丰富的外部技术信息。

（三）创业团队

新创企业把创意变成产品/服务，把产品/服务市场化、产业化是一个艰苦的过程，必须组建好一个富有凝聚力和创新精神的创业团队，这是获取各项创业资源的重要前提，也是创业成功的一个基本保障。

不管创业者在某个领域多么优秀，他也不可能具备所有的知识和经营管理经验，而借助团队就可能拥有创业团队所需要的各种经验和知识，例如顾客经验、市场经验和创业经验等。同时，通过团队，人脉关系网络可以放大，能够更有效地增进创业者社会资本，提高创业成功概率，因此，创业团队本身就是极为重要的创业资源。

（四）创业网络的完善程度

创业网络是创业者（创业企业）所拥有的各种社会关系，包括创业者的个体网络以及创业企业的组织关系网络。创业网络分为两种，即正式网络与非正式网络。正式网络指的是存在于若干组织之间的一种网络关系，这些组织包括行业协会、银行、竞争对手、供应商等。而非正式网络指的是不依赖任何组织关系的个人网络，例如朋友、亲戚、同事等。许多研究显示，创业网络会更有效地支持企业的发展。创业网络是创业者（创业企业）社会网络在创业活动中的嵌入。在企业创建过程中创业者通过本身拥有的网络关系，以成本优势获取关键资源及各种信息。随着企业的建立，创业者（创业企业）依然需要依赖社会网络获得各种信息、获取关键资源。这极大地促进新企业成长，并为企业带来效益（蔡莉、单标安、刘钊、郭洪庆，2010）。

三、创业资源的获取

创建新企业的核心资源就是创业资金。创建一家新企业所需要的资金的主要来源包括自有资金、家庭和朋友、天使投资人、银行贷款以及政府计划。建立一个新企业的初始资金一般不会是问题，几乎所有的储蓄来自个人储蓄或是家庭和朋友的借贷，初建阶段很少会有专业的资金对新企业进行注资。专业的金融投资机构对于初始资金是不感兴趣的，因为初始资金风险高、资金少，他们不值得花费过多的时间和精力去评估和监管这样的企业。不过，正因为资金的需求量不大，因此，一般个人储蓄、亲朋好友的借款或者抵押贷款就可以解决初始资金了。第三轮的巩固和发展资金比较容易得到专业投资者的青睐，因为这个时候，企业已经具有良好的发展和销售记录，并且投资者也可以看到自己资金的退出策略。

新企业如果想要成长，可能需要每三年进行一次财务重组，每一个阶段对财务都有不同的需求：

①用于创建的初始资金；

②用于企业成长的第二轮资金；

③用于巩固和发展的第三轮资金；

④成熟或者退出。

风险投资者对有良好记录和强大的商业计划的企业感兴趣，但作为回报，一般他们要求取得股份或管理岗位。大多数风险投资者寻求约5年后可盈利的方式，但是大多数科技型企业的创业者为了维持企业的独立掌控，而不愿意上市，于是许多创业者选择卖掉企业再重新创建一家新企业。

科技型企业与一般的新建企业不同，因为在短期内，企业没有能够市场化的产品，因此，企业的初始资金不能像其他企业一样来自个人储蓄或者亲朋好友的借贷。科技型企业的现金流由很多因素决定，这些因素由技术和市场的属性决定，比如，通常来讲，生物技术企业比电子或者软件企业需要更多的启动资金，因为产品的研发周期更长。从这个方面来讲，这些新建企业可以在孵化器组织中进行更多的开发工作，但是也会产生知识产权的问题。对于新建企业来说，最难的资金问题是为了发展和成长的第二轮资金注入。在这个阶段，说服风险投资者注资企业将是一个非常耗时且受挫的过程。这个时候，专业的投资者会从创业者的实力、个性、正式的商业计划及产品的商业和技术价值方面对企业进行评估。如世纪佳缘网站在2007年初步发展时期，就曾获得新东方4000万元天使投资的资金支持。所以创业者要通过培养良好的商业思维与捕捉机会的能力，将已有的优势不断扩大并获得社会认同，以便获得更多资源。

四、创业资源的管理和开发

开发创业资源是有效利用创业资源的重要途径，开发创业资源表现为一些独特的创业行为。由于创业者和创业团队资源管理与开发的能力和经验都相对薄弱，因此资源开发不仅需要量力而行，更需要创造性地获取、整合和利用。

（一）内部创业资源开发

内部资源主要包括企业内部的人、财、物等有形资源和技术、品牌、商标、专利等无形资产。开发最根本的目标是如何更有效地优化配置和使用这些资源。

下面重点讨论人力资源和无形资产的开发。

1. 人力资源开发

人力资源开发的目标：一是通过开发活动提高员工的素质才能；二是通过开发活动

增强员工的活力或积极性。

(1) 转变传统观念

根据美国经济学家舒尔茨人力资本理论,人力资本投资的收益率要远远高于物力资本投资的收益率。应当将人力资源看成是一种动态的、可发展的投资升值的资本,看作第一资源和可持续发展的动力,加强对人力资源开发的认识,通过科学合理地开发人力资源,把人力资源优势变成真正的企业竞争优势。

(2) 采用科学方法招聘、选拔、培养、使用人才

企业人才竞争的关键是人才是"真才","真才"的获得是建立在人才的招聘、选拔科学基础之上。企业还必须根据实际情况建立科学规范的人才培训制度,采用灵活多样的教育培训手段,多层次地开发人力资源,追求有效和高效培训;要敢于吸纳和使用国内外优秀人才资源,广纳各类人才为企业所用。

(3) 建立完善的激励机制吸引并留住人才

由于优秀人才的培养与成长需要投入大量的资金、人力和物力,且需要一定的周期,一旦优秀人才资源流失必然影响企业长远发展。留人要留心。为此,企业必须创造良好条件,建立完善的激励机制,调动人才的积极性,努力做到"人尽其才、才尽其用",切实尊重和爱护优秀人才,千方百计地创造条件努力解决他们的后顾之忧,最大限度地为他们提供施展才华的广阔空间,使优秀人才转化为企业的人力资本,成为企业价值创造和创新的核心,企业的可持续发展才有了坚实可靠的基础。

2. 无形资产开发

无形资产的开发主要包括技术、品牌、管理、企业文化、商标、专利等的开发。

(1) 技术开发

主要是指技术创新,企业应当建立技术研发部门,加大对研发队伍和技术创新的投入,大力推进产品创新、服务创新、知识创新、管理创新、技术工艺创新、生产方式和流程创新,不断提高产品质量,开发出新的产品、提供新的服务,创造出新的市场价值。

(2) 品牌开发

品牌是企业拥有的最大的无形资产,是增加企业收入的核心要素,品牌是市场竞争优势的代表,创业者必须高度重视创建和不断开发自主品牌。品牌要得到消费者的认同,需要长期的建设过程,在这一过程中,要始终把产品/服务的品质和质量在首位,把诚信放在首位,并努力在产品/服务的品质、样式、商标、工艺等方面独树一帜。

(3) 企业制度

创业企业要想长远发展、做大做强,没有制度的保障,而只靠创业者个人魅力是不行的。现代企业制度建设与不断完善是一个长期任务,要从创立之日开始考虑构建适应市场经济和本企业特点的组织机构、经营章程、经营范围、规模、方式、岗位职责和利益分配等一整套企业制度,并随着企业的成长而不断变革发展。

(4) 企业文化

企业文化是企业发展过程中逐步形成和培养起来的具有本企业特色的企业精神、发

展战略、经营思想和管理观念，是企业员工普遍认同的价值观、企业道德观及其行为规范。优秀的企业文化对内有激励、凝聚、规范和引导作用，增强员工对企业的归属感，减少"内耗"，减少人才等无形资产的流失；对外则有辐射功能和品牌功能，会通过各种渠道（宣传、交往等）对社会产生影响，展示公司的文化内涵和提升企业形象。

（二）外部创业资源开发

开发外部资源原则：

（1）比选原则

由于外部资源的多样性，所以有助于某一创业目标的外部资源可能会有多种，使用每一类资源都具有不同的收益、成本和不确定性，创业者要根据创业项目发展的需要、自身的变力以及这些资源的特点，选择最适合的外部资源。

（2）信用原则

与外部创业资源打交道，实质是与人打交道，创业者信用和信誉将是决定能否长期利用某些资源的关键因素。

（3）提前原则

由于外部资源整合的不确定性大、进展相对也较慢，并且外部资源的发现也需要一定的过程，所以不能等到需要的时候再去考虑外部资源的整合，而是需要具有一定的前瞻性，适当提前策划。

（三）外部融资资源开发

创业启动后，资金短缺往往一直伴随着创业企业的生存与发展。创业者应当对企业创办和正常运营期间所需资金有个统筹的、较为长远的考虑，以免出现现金流中断或资金链断裂的危机。为此，需要综合考虑各种融资方案的可得性、与企业的适合度及成本影响因素。不同的融资渠道与方式具有不同的优缺点，在选择融资渠道和方式时，应进行全面深入的考察分析，并根据企业发展目标与资本结构要求，做出合理选择。

1. 外部融资资源渠道

（1）金融信贷融资

金融信贷融资就是企业通过与金融机构密切协作关系，有效地利用各种金融机构的信贷资金，以获得长期稳定的贷款。金融机构的信贷资金主要有政策性银行的信贷资金、商业银行的信贷资金、非银行金融机构的信贷资金和融资租赁公司的资金等。

（2）证券机构融资

证券机构融资就是通过证券机构发行各种有价证券，特别是股票和债券来筹集所需资金。通过发行有价证券筹措资金的来源比较广泛，既有家庭和个人的资金也有金融机构的资金，还有其他企业和各种社会团体的资金。因此，实施证券机构融资可以为企业筹措到大规模并可长期使用的资金。随着证券市场的发展和股份制经济的推广，这种筹资策略的运用范围和作用将越来越大。

(3) 联合融资

联合融资主要是指依靠企业间的联合、信用、吸收、合并、收购、投资等方式筹措资金。主要形式有四种：一是通过企业间的商业信用来筹资，如应付联款、应付票据、担保公司等；二是通过企业间的联合，突破单个企业筹措资金的能力界限，取得金融机构的合同供款或政府的资金援助；三是通过吸收、合并、收购等方式来增强企业实力和筹资能力；四是通过开办合资合营企业和补偿贸易等方式利用外资，以解决资金短缺。

(4) 综合性融资

综合性融资就是上述策略的综合性运用，还包括其他融资渠道的灵活运用，如典当融资、设备租赁融资、孵化器融资、供应链融资等。对大多数企业而言，为了获得足够的资金，保持稳定的资金来源，建立合理的资本结构，常常采用这种综合性融资。

2. 着力构筑信用体系

市场经济是法制经济，更是信用经济、诚信经济。没有诚信的社会将充满极大的道德风险，显著抬高交易成本，造成社会资源的大量浪费。好的信用会给银行好的印象从而能比较顺利地取得贷款，而不良信誉或信用等级偏低则取到很少的贷款甚至得不到银行的贷款支持。例如，中国工商银行专门制定的面向民营中小企业贷款的指导性意见中有这样一条：出现以下情况之一者禁止贷款：①欠息，无偿债能力；②贷款用途不大；③不守信誉；④企业管理混乱；⑤经营无固定场所；⑥企业经营不符合国家产业政策；⑦一般性加工企业的基建项目；⑧信用等级 BB 级以下。

构筑信用体系包括创业企业信用与创业者个人信用两个方面。

创业企业内部控制不健全、财务报告随意性大、透明度不高、信用等级偏低，难以满足外部融资所要求的各项条件。与国有企业、大型企业相比较，大多数创业企业经营范围较广，风险高，权益资金低，对贷款有贷款急、频率高、额度少、风险大、成本高的要求，这样加大了融资的复杂性，增加了融资成本，加之经营业绩不稳定，易受到经营环境的影响，亦加大了经营风险。创业企业要解决融资困境，首先应从自身建设入手，主要应从建立明晰的产权制度、提高管理水平、提高经营水平、提升信用水平、增加企业透明度等方面着手，提升企业形象和信誉，才有可能得到外部机构的认可。诚实守信对于创业者个人更加重要，这是创业者应当具备的基本道德素质。

3. 营造良好的外部融资环境

(1) 发展与银行的关系

银行是创业企业主要的外部资金提供者，为此，发展与银行良好的融资关系十分重要。大多数创业者经常是在需要商业贷款时才去找银行，才开始注重与银行建立并发展关系，这种"临时抱佛脚"的做法不可取。创业者必须明白与银行的合作不是一锤子买卖，而是长久的合作。因此，明智的创业者都会采取积极的态度，即使在获得一笔贷款后，仍然会注重发展与银行间的密切合作关系，包括积极向银行通报企业的业务情况，提供企业的月财务报表和年财务报表，提供产品的新闻发布稿，提供有关企业或产品的所有交易项，邀请银行参观企业设施，让银行了解产品开发计划和企业的发展规划，同银行的主要负责人建立良好的个人关系等。这些努力带来的结果终将使创业企业得到银行更加充分的信任，随后企业会获得更大额度的扩张贷款的机会，在公司出现经营困难时会更容易获得银行及时的帮助。为了进一步加强银行对自己的信任，创业者不能急需贷款时才去找银行，而应在贷款之前就提早与银行沟通；同时，在企业经营好转时要及时偿还贷款，这样可以建立企业良好的借贷和还贷记录。此外，创业者要尽一切可能达到同银行讨论过的财务目标，以不丧失自己在银行的信誉。

(2) 发展与天使投资人、风险投资家的关系

创建初期企业因规模小、资产少、市场不稳定、技术不成熟等原因，难以满足从银行获得贷款的严格要求，甚至与银行的贷款标准相差很远，因此创业者会不约而同地选择风险投资，特别是高新技术创业企业。为此，创业者应当注重发展与天使投资人、风险投资家的良好关系。创业者应主要从两个方面发展与天使投资人、风险投资家的良好融资关系：一是发展在经营管理企业过程中的良好协作关系，天使投资人、风险投资家一般都是极富管理经验的企业家，其管理思想、理念、经验、方法、人脉等若能通过各种形式和渠道渗透到所投资的企业中，将会大大促进企业的成长。创业者应当让他们尽可能多地了解企业生产、营销、财务、技术等各方面的情况，并使其真正参与企业的管理，提高创业者与天使投资人、风险投资家之间的亲和力。二是努力经营好创业企业的经营绩效，使企业具有良好的发展前景，稳定并增强投资者的投资热情，增加或延长其投资的数额和时间。

(3) 发展与其他投资者的关系

创业者还应注重发展与其他资金提供者的融资关系，如政府机构、供应商、大公司、购买企业股票的出资者等。创业者应当尽可能争取政府部门的支持，与政府相关部门建立良好关系；供应商是企业短期债务融资的主要提供者，常常通过应付账款方式向创业者提供短期债务融资，虽然其融资数量小、融资时间短，但却往往可以解决创业者的燃眉之急。因此，与供应商良好的合作关系可以增加创业企业对供应商应付账款的数量，可以适当延长偿还的时间；大公司凭借自己雄厚的资金实力往往会向那些具有发展潜力、高速成长的创业企业进行债权或股权投资，他们往往从长远利益考虑，选择那些好的投资机会。作为一种融资来源，创业者同样应该珍惜，并努力发展与这些大企业的良好合作关系。

五、创业资源的整合策略

优秀的创业者在创业过程中所体现出的卓越创业技能之一，就是创造性地整合和运用资源，尤其是那种能够创造竞争优势，并带来持续竞争优势的战略资源。尽管与已存在的进入成熟发展期的大公司相比，创业型企业资源比较匮乏，但实际上创业者所拥有的创业精神、独特创意以及社会关系等资源，却同样具有战略性。因此，对创业者而

言,一方面要借助自身的创造性,用有限的资源创造尽可能大的价值;另一方面更要设法获取和整合各类资源。

(一) 创业资源的整合总体策略

创业总是和创新、创造联系在一起。一位创业者结合自身创业经历提出了这样的观点:缺少资金、设备、雇员等资源,实际上是一个巨大的优势。因为这会迫使创业者把有限的资源集中于销售,进而为企业带来现金。为了确保公司持续发展,创业者在每个阶段都要问自己,怎样才能用有限的资源获得更多的价值创造。

学会拼凑(bricolage)。很多创业者都是拼凑高手,通过加入一些新元素,与已有的元素重新组合,形成在资源利用方面的创新行为,进而可能带来意想不到的惊喜。创业者通常利用身边能够找到的一切资源进行创业活动,有些资源对他人来说也许是无用的废弃的,但创业者可以通过自己的独有经验和技巧,加以整合创造。例如,很多高新技术企业的创业者并不是专业科班出身,可能是出于兴趣或其他原因,对某个领域的技术略知一二,却凭借这个略知的"一二"敏锐地发现了机会,并迅速实现了相关资源的整合。整合已有的资源,快速应对新情况,是创业的利器之一。拼凑者善于用发现的眼光,洞悉身边各种资源的属性,将它们创造性地整合起来。这种整合很多时候甚至不是事前仔细计划好的,而往往是具体情况具体分析、"摸着石头过河"的产物。而这也正体现了创业的不确定性,并考验创业者的资源整合能力。

步步为营(bootstrapping)。创业者分多个阶段投入资源并在每个阶段投入最有限的资源,这种做法被称为"步步为营"。步步为营的策略首先表现为节俭,设法降低资源的使用量,降低管理成本。但过分强调降低成本,会影响产品和服务质量,甚至会制约企业发展。比如,为了求生存和发展,有的创业者不注重环境保护,或者盗用别人的知识产权,甚至以次充好。这样的创业活动也许短期可能赚取利润,但长期而言,发展潜力有限。所以,需要"有原则地保持节俭"。

步步为营策略表现为自力更生,减少对外部资源的依赖,目的是降低经营风险,加强对所创事业的控制。很多时候,步步为营不仅是一种做事最经济的方法,也是创业者在资源受限的情况下寻找实现企业理想目的和目标的途径,更是在有限资源的约束下获取满意收益的方法。习惯于步步为营的创业者会形成一种审慎控制和管理的价值理念,这对创业型企业的成长与向稳健成熟发展期过渡,尤其重要。

(二) 发挥资源杠杆效应

尽管存在资源约束,但创业者并不会被当前控制或支配的资源所限制,成功的创业者善于利用关键资源的杠杆效应,利用他人或者别的企业的资源来实现自己创业的目的:用一种资源补足另一种资源,产生更高的复合价值;或者利用一种资源撬动和获得其他资源。其实,大公司也不只是一味地积累资源,他们更擅长于资源互换,进行资源结构更新和调整,积累战略性资源,这是创业者需要学习的经验。对创业者来说,容易产生杠杆效应的资源,主要包括人力资本和社会资本等非物质资源。创业者的人力资本由一般人力资本与特殊人力资本构成,一般人力资本包括受教育背景、以往的工作经验及个性品质特征等。特殊人力资本包括产业人力资本(与特定产业相关的知识、技能和经验)与创业人力资本(如先前的创业经验或创业背景)。调查显示,特殊人力资本会直接作用于资源获取,有产业相关经验和先前创业经验的创业者能够更快地整合资源,更快地实施市场交易行为。而一般人力资本使创业者具有知识、技能、资格认证、名誉等资源,也提供了同窗、校友、老师以及其他连带的社会资本。

相比之下,社会资本有别于物质资本、人力资本,是社会成员从各种不同的社会结构中获得的利益,是一种根植于社会关系网络的优势。在个体分析层面,社会资本是嵌入、来自并浮现在个体关系网络之中的真实或潜在资源的总和,它有助于个体开展目的性行动,并为个体带来行为优势。外部联系人之间社会交往频繁的创业者所获取的相关商业信息更加丰裕,从而有助于加强创业者对特定商业活动的深入认识和理解,使创业者更容易识别出常规商业活动中难以被其他人发现的顾客需求,进而更容易获得财务和物质资源,这正是其杠杆作用所在。

(三)设置合理利益机制

资源通常与利益相关,创业者之所以能够从家庭成员那里获得支持,就因为家庭成员之间不仅是利益相关者,更是利益整体。既然资源与利益相关,创业者在整合资源时,就一定要设计好有助于资源整合的利益机制,借助利益机制把包括潜在的和非直接的资源提供者整合起来,借力发展。因此,整合资源需要关注有利益关系的组织或个人,要尽可能多地找到利益相关者。同时,分析清楚这些组织或个体和自己及自己想做的事情的利益关系,利益关系越强、越直接,整合到资源的可能性就越大,这是资源整合的基本前提。

利益关系者之间的利益关系有时是直接的,有时是间接的;有时是显性的,有时是隐性的;有时甚至还需要在没有的情况下创造出来。另外,有利益关系也并不意味着能够实现资源整合,还需要找到或发展共同的利益,或者利益共同点。为此,识别到利益相关者后,逐一认真分析每一个利益相关者所关注的利益非常重要,多数情况下,将相对弱的利益关系变强,更有利于资源整合。

然而,有了共同的利益或利益共同点,并不意味着就可以顺利实现资源整合。资源整合是多方面的合作,切实的合作需要各方面利益真正能够实现的预期加以保证,这就要求寻找和设计出多方共赢的机制。对于在长期合作中获益、彼此建立起信任关系的合作,双赢和共赢的机制已经形成,进一步的合作并不很难。但对于首次合作,建立共赢机制尤其需要智慧,要让对方看到潜在的收益,为了获取收益而愿意投入资源。因此,创业者在设计共赢机制时,既要帮助对方扩大收益,也要帮助对方降低风险,降低风险本身也是扩大收益。在此基础上,还需要考虑如何建立稳定的信任关系,并加以维护、管理。

（四）具体资源整合

1. 人才资源及其整合

创业者和创业团队是创业人力资源总体中最为重要的一部分，创业者是创业活动的开创者和推动者。创业者是一种人力资本积累较高、具有极强的经济活力的稀缺性人力资源。创业团队是创业过程中组建的创业风险共担、未来收益共享的集体，能够带来创业过程中最为宝贵的全力投入的人力资源。不同知识结构、思维方式、能力结构的高素质创业者集中在一起，产生思维碰撞，将会导致更高水平创新的发生。创业团队的这种资源和力量是无可代替的，资源集合优势和团队行为也是应对创业过程中资源短缺和经验匮乏等各种难题的有力武器。创业者和创业团队应该将人才战略作为企业发展的重点，逐步建立起完善的激励制度和培训制度，并充分利用"外脑"，如科研院所、大专院校等。

2. 财务资源及其整合

创业企业的财务资源主要包括资金、资产和股票等。由于创业者在创业之初，没有固定资产或资金作为贷款的抵押和担保，故而创业资本很难从传统的筹资渠道获得。从现行政策来讲，中小企业无法满足股票市场、债券市场融资的规定和要求，无法从股票市场、债券市场等筹资渠道融资。因此，创业者更多依赖的是自由资源或风险投资。风险投资是一种资金与管理相结合的投资，风投公司与企业之间不仅存在一般意义上的委托代理关系，而且还存在"帮助与被帮助"的合作关系，具有"治理＋管理"的双重意义。

3. 技术资源及其整合

在创业的过程中，技术资源占有十分突出的地位。"技术"一词除了指操作技能外，还包括相应的生产工具和其他物资设备，以及生产的工艺过程或作业程序、方法等，往往表现为专利、图纸、设计、公式、数据、程序、技术创新诀窍等。创业技术也是创业企业成功的关键因素之一，技术水平决定着创业产品的市场竞争力和获利能力，也决定着企业所需创业资本的大小，往往对创业企业整体的资源配置方式起根本性的规定作用。由于创业企业很难有实力具有技术优势或保持技术优势，因此就必须整合企业之外的技术资源，更多地汲取和依赖所处经济环境的技术资源，尽可能地与大专院校科研院所合作，因为那里有技术上的前沿人才，而且这些前沿人才也很愿意把自己的技术资源转化为产品，实现技术成果的转化。

4. 信息资源及其整合

信息化时代最为直接的表现就是信息量增大，各种类型的信息充斥在我们周围，创业者如何能够在最短的时间内获取最有效的信息发现商机至关重要。创业企业信息化的最高层次是决策，创业者在进行决策时，需要掌握多方面的信息，包括企业自身的优劣势等内部信息，也包括竞争对手、政府、行业、合作伙伴、客户等外部信息，然后才能在理性分析的基础上做出合理的决策。创业过程中的信息资源包括两个方面：一是与创业紧密相关的信息。在创业的整个过程中，都需要大量的信息来识别机会，撰写商业计划，创建与管理新企业，既要掌握政治、经济、文化等宏观信息，也要掌握产品市场、劳动力市场、客户要求、政府政策导向等微观信息。二是与创业相关的信息服务设施、机构、创业者。需要通过种种渠道获取相关知识，这些渠道所涉及的各类资源也是创业信息资源的重要组成部分，如数据库、电子软件、电话、互联网设施等，缺乏这些资源，信息的获取将会受到严重影响。

5. 社会资源及其整合

社会资源对创业活动非常重要，因为社会资源就是创业者的社交网络，它能使创业者有机会接触到大量的外部资源，从而能够顺畅地获取产品、技术、市场、资金等方面资源。这种关系资源一方面是指企业因为与顾客、政府、社区、金融机构等个人或组织之间在正式交往中而获得的关系资源，这其中特别应该受到重视的是客户关系资源。企业与客户因长期良好的合作而建立起顾客忠诚，这样客户就成为企业经营中获取强大竞争优势的一项重要资源。另一方面是基于共同的社会文化背景，人与人之间在非正式交往中形成的关系资源。非正式关系资源同正式关系资源相比具有特殊的优势，因为关系网络本身就是一种资源而且是很难复制的资源。

6. 管理资源及其整合

经营理念深刻地影响着创业企业的组织文化、组织架构和运营机制以及规章制度的形成，是管理资源的基础部分，组织文化是组织在长期的生存和发展中所形成的为组织所特有的、为组织多数成员共同遵循的最高目标、价值标准、基本信念和行为规范等的总和。规章制度则是企业的经营理念和企业文化的显性化与具体化。组织架构和运行机制是一种比较常见的管理资源，组织架构是一个组织的整体结构，包括组织内部的权利、责任、分工关系以及具体的组织结构，是人为设计的结果。组织运行机制是组织的功能和运行的方式，它与组织架构有关，表现为组织行为的惯例、默契和功能。

7. 政府资源及其整合

政府资源对创业者而言是不可多得的成功创业的助推器。政府资源即各项优惠扶持政策，如财政扶持政策、融资政策、税收政策、科技政策、产业服务政策、创业扶持政策等。创业者应该了解政府扶持政策，整合政府资源。

第四节　初创企业融资管理

创业者最担心的事情就是"巧妇难为无米之炊"，创业的成功依赖于资金的支持，如果没有资金，创业就永远沉浸在梦想的摇篮里。拥有的资金通道越广泛，创业成功的概率就越高，成功的机会就越多。对于创业者而言，创业初期发展的最大瓶颈就是如何获得资金。随着金融创新不断深化，融资的方式和渠道也形式众多，创业者需要进行对比分析，来确定适合于企业的融资管理策略。

一、创业融资概述

融资是指企业从自身生产经营及资金运用情况出发，根据未来经营发展的需要，通过一定的渠道或方式筹集资金，以满足后续经营发展需要的一种经济行为。

我国创业企业融资存在较大困难，突出表现在融资方式单一、渠道狭窄、融资难度大、成本高、融资风险高等方面。融资难的原因错综复杂，既有宏观的金融制度、政策方面的原因，如缺乏多层次的资本市场体系，商业银行未形成专业化分工，信用制度不完善，金融债权维护难，抵押担保制度落实困难，商业银行信贷管理体制不适合创业企业的特点等；也有创业企业自身的原因，如信息不透明、创业企业自身资产信用不足，财务制度不健全，报表不实，竞争力不强，缺乏融资相关经验和知识等。因而寻找创业资金已成为创业者的重要任务之一。

（一）融资渠道

融资渠道是指取得资金的途径，即资金的供给者是谁。确定融资渠道是融资的前提，它直接影响企业的融资成功率和融资成本，并决定企业融资公关的方向。

（二）融资方式

融资方式则是指如何取得资金，即采用什么融资工具来取得资金。融资渠道展示出取得资金的客观可能性，即谁可以提供资金，融资方式则解决用什么方式将客观存在的可能性转化为现实性，即如何将资金融到企业。

总体来看，我国创业企业的资金来源主要有以下六个：

1. 国家财政资金

指国家以财政拨款形式投入企业的资金。为了支持创业活动，国家一些部委和地方政府设立了各种基金，对于符合基金支持条件的创业企业（如技术创新、出口创汇、生态环保等）以无偿拨款、投资、贴现贷款等方式来扶持其发展。

2. 企业自留资金

指企业在生产经营过程中形成的资本积累和增值，主要包括资本公积金、盈余公积金和未分配利润等。由于许多创业企业的财务制度不完善、会计科目不健全，造成企业账面自留资金少，而实际上企业的自留资金并不少。

3. 国内外金融机构资金

指各种银行和非银行金融机构向企业提供的资金。我国商业银行资金雄厚，是企业经营资金的主要来源。

世界银行及外国银行在中国境内的分支机构为我国企业及外商投资企业提供的外汇贷款，也是企业的资金来源渠道。

各级政府和其他组织主办的非银行金融机构如科技投资公司、租赁公司、保险公司等,虽然其融资额有限,但其资金供给方式灵活方便,也可以作为企业补充资本的来源渠道。

4. 其他企业和单位的资金

指各类企事业单位、非营利社团组织等,在经营和业务活动中暂时或长期闲置、可供企业调剂使用的资金。创业企业可以通过接受投资和商业信用等方式吸收这些资金。

5. 职工和社会个人资金

指企业职工和社会个人以其合法财产向企业提供的资金。随着我国国民财富的迅速积累,居民手中持有大量资金而缺乏有效的投资渠道,因此,发展资本市场,以直接投资的形式吸引企业和私人资金,既拓宽了创业企业的融资渠道,又实现了社会资金的良性循环。

6. 境外资金

指国外的企业、政府和其他投资者以及我国港澳台地区的投资者向企业提供的资金。利用外资的方式主要有吸收外资和借用外资两大类。

创业者需要注意的是创业融资与一般性企业融资在渠道上存在着一些差异,如表 6-3 所示。

表 6-3　　　　　　　创业融资与一般融资在融资渠道上的差异

融资渠道	创业融资	一般融资
国家财政资金	符合国家产业政策的新创企业	符合国家产业政策
银行信贷	新创企业难以获得	成熟或成长企业
非银行金融机构	少数新创企业	成熟或成长企业
企业自有资金	新创企业	成熟或成长企业
民间借贷	新创企业	少数成熟或成长企业
商业信用	发展期的新创企业	成熟企业

与融资渠道多元化的特点相适应,融资方式也是多种多样的。同一渠道的资金也可以采用不同的融资方式来筹集。

二、融资方式的类型

(一) 债务融资与权益融资

1. 债务融资

是指通过商业信用、个人或银行贷款、发行债券等手段获得资金。债权融资要求债务人必须按照协议约定的期限归还所借的全部资金,并且要按照事先确定的利率分期支付利息或到期一次支付全部的利息。债务融资方式不会影响到创业者对企业的控制权，但融资成本相对较高。债务性融资主要有银行贷款、发行债券和应付票据、应付账款等。

（1）银行贷款

银行是企业最主要的融资渠道。按资金性质，分为流动资金贷款、固定资产贷款和专项贷款三类。银行对一些经营状况好、信用可靠的企业，授予一定时期内一定金额的信贷额度，企业在有效期与额度范围内可以循环使用。具体来说，银行为企业融资相关的贷款包括如下五种方式：

①资产抵押贷款。企业将资产抵押给证券公司或商业银行，由相应机构发行等价的资产证券化品种，发券募集的资金由中小企业使用，资产证券化品种可通过专门的市场进行交易。

②项目开发贷款。一些高科技企业如果拥有重大价值的科技成果转化项目，初始投入资金数额比较大，企业自有资本难以承受，可以向银行申请项目开发贷款。商业银行对拥有成熟技术及良好市场前景的高新技术产品或专利项目的中小企业以及利用高新技术成果进行技术改造的企业，将会给予积极的信贷支持，以促进企业加快科技成果转化的速度。

③出口创汇贷款。对于生产出口产品的企业，银行可根据出口合同，或进口方提供的信用签证，提供打包贷款。对有现汇账户的企业，可以提供外汇抵押贷款。对有外汇收入来源的企业，可以凭结汇凭证取得人民币贷款。对出口前景看好的企业，还可以商借一定数额的技术改造贷款。

④无形资产质押贷款。依据《中华人民共和国担保法》的有关规定，依法可以转让的商标专用权、专利权、著作权中的财产权等无形资产都可以作为贷款质押物。

⑤票据贴现融资。是指票据持有人将商业票据转让给银行，取得扣除贴现利息后的资金。在我国，商业票据主要是指银行承兑汇票和商业承兑汇票。这种融资方式的好处之一是银行不按照企业的资产规模来放款，而是依据市场情况（销售合同）来贷款。企业如果能充分利用票据贴现融资，远比申请贷款手续简便，而且融资成本很低。

（2）民间借款

民间借贷是指公民之间、公民与法人之间、公民与其他组织之间借贷。只要双方当事人意见表示真实即可认定有效，因借贷产生的抵押相应有效，但利率不得超过人民银行规定的相关利率。民间借贷是一种直接融资渠道，银行借贷则是一种间接融资渠道。民间借贷是民间资本的一种投资渠道，是民间金融的一种形式。根据《合同法》第二百一十一条规定："自然人之间的借款合同约定支付利息的，借款的利率不得违反国家有关限制借款利率的规定。"同时根据最高人民法院《关于人民法院审理借贷案件的若干意见》的有关规定："民间借贷的利率可以适当高于银行的利率，但最高不得超过银行同类贷款利率的四倍。"

（3）发行债券

企业债券，也称公司债券，是企业依照法定程序发行、约定在一定期限内还本付息的有价证券，表示发债企业和投资人之间是一种债权债务关系。债券持有人不参与企业的经营管理，但有权按期收回约定的本息。在企业破产清算时，债权人优先于股东享有对企业剩余财产的索取权。企业债券与股票一样，同属有价证券，可以自由转让。企业债券用途多为新建项目，利息高于同期银行利率、期限为 2~3 年。市场上一般大型企业发债较多。中小型企业如果有盈利较高的项目、资金需求量较大，可以采用这种方式融资。

（4）融资租赁

融资租赁，是通过融资与融物的结合，兼具金融与贸易的双重职能，对提高企业的筹资融资效益，推动与促进企业的技术进步，有着十分明显的作用。融资租赁有直接购买租赁、售出后回租以及杠杆租赁。此外，还有租赁与补偿贸易相结合、租赁与加工装配相结合、租赁与包销相结合等多种租赁形式。融资租赁业务为企业技术改造开辟了一条新的融资渠道，采取融资融物相结合的新形式，提高了生产设备和技术的引进速度，还可以节约资金使用，提高资金利用率。

（5）金融租赁

金融租赁是一种集信贷、贸易、租赁于一体，以租赁物件的所有权与使用权相分离为特征的新型融资方式。设备使用厂家看中某种设备后，即可委托金融租赁公司出资购得，然后再以租赁的形式将设备交付企业使用。当企业在合同期内把租金还清后，最终还将拥有该设备的所有权。对于资金缺乏的企业来说，金融租赁不失为加速投资、扩大生产的好办法；就某些产品积压的企业来说，金融租赁不失为促进销售、拓展市场的好手段。通过金融租赁，企业可用少量资金取得所需的先进技术设备，可以边生产、边还租金。

（6）典当融资

典当是以实物为抵押，以实物所有权转移的形式取得临时性贷款的一种融资方式。典当融资与银行贷款相比，成本高、规模小、信用度要求低、灵活便捷。典当行对客户没有信用要求，只注重典当物品是否货真价实，可动产与不动产均可作为质押。典当物品起点低，千元、百元的物品都可抵押。典当行更注重为个人客户和中小企业服务。典当贷款手续十分简便，大多立等可取，即使是不动产抵押，也比银行要便捷许多。典当行对客户贷款用途没有要求，客户资金使用自由。周而复始，大大提高了资金使用率。

（7）商业信用

商业信用融资是指企业之间在买卖商品时，以商品形式提供的借贷活动，是经济活动中一种最普遍的债权债务关系。商业信用的存在对于扩大生产和促进流通起到了十分积极的作用，但也不可避免地存在着一些消极的影响。商业信用融资方式包括应付账款融资、商业票据融资及预收货款融资。对于融资企业而言，应付账款意味着放弃了现金交易的折扣，同时还需要负担一定的成本，因为往往付款越早，折扣越多；商业票据融资，也就是企业在延期付款交易时开具的债权债务票据。对于一些财力和声誉良好的企业，其发行的商业票据可以直接从货币市场上筹集到短期货币资金；预收货款融资，这是买方向卖方提供的商业信用，是卖方的一种短期资金来源，信用形式应用非常有限，仅限于市场紧缺商品、买方急需或必需商品、生产周期较长且投入较大的建筑业、重型制造等。使用商业信用融资的前提条件需要具备一定商业信用基础；其次必须让合作方也能受益；最后务必谨慎使用"商业信用"。商业信用融资的优点是筹资便利、筹资成本低以及限制条件少。但商业信用融资的缺点也不能小视，期限较短、筹资数额较小、有时成本较高。

2. 权益性融资

权益性融资是指通过赋予资金提供者股东地位的方式获得资金。投资者作为股东，有权依据投资协议和相关法律法规行使股东权利。股权融资方式虽然会分散创业者对企业的控制权，但融资成本相对较低。在创业者走向巨大成功的关键时刻，几乎无一例外地采用股权融资方式，使得企业实现跨越式的发展。如2005年8月5日百度搜索在美国纳斯达克成功上市，筹集到了1.091亿美元的资金，为全球最大中文搜索引擎的后续发展提供了强大的资金支持。权益性融资主要包括以下融资方式：

（1）吸收投资

吸收投资的方式融资是指非股份制企业以协议等形式吸收国家、企业、个人和外商等直接投入的资本，形成企业投入资本的一种筹资方式。投入资本不以股票为媒介，适用于非股份制企业。这是非股份制企业筹集股权资本的一种基本方式。在合伙企业中，两个及以上的人员共同出资可以看作为吸收投资而成立。中外合资企业、中外合作企业的成立，亦可看作是吸收中方或外方的投资，获得相应的股权，或者协商的股权。对于有限责任公司，吸收投资便成为吸收股东，但局限于50人以下。对于股份公司来说，发起设立人只能作为共同的投资方，一旦吸收投资，则吸收的投资性质将改变，直接成为发起人；对于募集设立，发起人只认购发行股份的一部分，其余部分向社会公开募集或者特定对象募集吸收投资，从而成立股份公司。当然，以上的合伙企业、中外合资企业、中外合作企业、有限责任公司、股份有限公司及以上形式吸收的直接投资也可以是非股权参与，具体由协议来确定。

（2）发行股票

股票具有永久性，无到期日，不需归还，没有还本付息的压力等特点，因而筹资风险较小。股票市场可促进企业转换经营机制，真正成为自主经营、自负盈亏、自我发展的法人实体和市场竞争主体。同时，股票市场为资产重组提供了广阔的舞台，优化企业组织结构，提高企业的整合能力。

（3）留存收益

留存收益筹资是指企业将留存收益转化为投资的过程，将企业生产经营所实现的净收益留在企业，而不作为股利分配给股东，其实质为原股东对企业追加投资。留存收益筹资渠道包括盈余公积、未分配利润。留存收益筹资的优点是不发生实际的现金支出，不同于负债筹资，不必支付定期的利息，也不同于股票筹资，不必支付股利，同时还免去了与负债、权益筹资相关的手续费、发行费等开支。缺点是期间限制，首先必须经过一定时期的积累才可能拥有一定数量的留存收益，从而使企业难以在短期内获得扩大再生产所需资金；其次与股利政策的权衡，如果留存收益过高，现金股利过少，则可能影响企业的形象，并给今后进一步的筹资增加困难。利用留存收益筹资需要考虑公司的股利政策，不能随意变动。

（4）职工集资

企业可以根据公司资产实际，将净资产作为股份划分，采取MBO（管理层持股）、ESO（员工持股）及向特定的股东发售股份的方式募集资金，并实现股份的多元化。

（5）产权交易

国内各地都设立了股权、资产交易的中介市场，产权交易比较规范，对出售的资产、股权均有相应的价格评估体系，交易方式基本市场化。中小科技创业企业为了解决资金紧缺，可将部分股权专利（无形资产）及有形资产在产权交易所挂牌，即可以解决企业内部资金紧缺，增加现金流。

（6）风险投资融资

风险投资是指向风险项目的投资；从狭义上讲，是指向高风险、高收益、高增长潜力、高科技项目的投资。风险投资的资金来源一般是各类养老及退休基金、慈善机构、投资银行、保险公司、个人投资者等，而风险投资公司是具体操作的机构，对投资和风险负责，往往高新技术企业会成为投资的热点。风险投资具有高风险、高回报和高科技这"三高"特征，但它往往不需要获得企业的控股权，而是为了高增值和高收益。风险投资的权资资本一般以可转换优先股和普通股两种形式存在，并以前者为主。

3. 权益性融资与债务性融资的特点比较

权益性融资包括创业者自己出资、争取国家财政投资、与其他企业合资、吸引投资基金投资、公开向社会募集发行股票等。自己出资是权益性融资的最初阶段，发行股票是最高阶段。

权益性融资的特点在于，引入资金而不需偿还，但同时企业引入新股东，使企业的股东构成和股份结构产生变化；不需要支付利息且不必按期还本，但需按企业的经营状况支付红利。

债务性融资包括向政府借贷、向银行借贷、向亲朋好友借贷、向民间借贷、向社会公众发行债券等。向亲朋好友借钱是债权融资的最初阶段，发行债券则是最高阶段。

债务性融资的特点在于，融资企业必须根据借款协议按期归还本金并支付利息，一般不影响企业的股东及股权结构。

权益性融资与债务性融资体现了不同的产权关系。股权融资体现的是所有权与控制权的关系，投资者是企业的股东，享有企业的剩余索取权和最终控制权；债权融资体现的是债权债务关系，银行作为信用中介，拥有对企业的相机控制权，即只有企业不能按合同履约时，其控制权才会转移到银行手中。

债务融资与权益融资方式有着本质的区别,对于创业企业而言,要充分理解两种融资方式的差异性,才能很好地根据企业实际情况开展融资活动。两者的比较如表6-4所示。

表6-4　　　　　　　　　　债务融资与权益融资的比较

比较项目	权益性融资	债务性融资
特点	不需偿还、股东构成改变、根据经营状况支付红利	无论经营状况如何,均需还本付息、不改变股东构成
形式	出资、合资、吸引基金投资、发行股票	向银行、亲友、民间借贷,或发行债券
本金	不能从企业抽回,可以向第三方转让	到期从企业收回
报酬	根据企业经营情况而变化	实现约定固定金额的利息
风险承担	高风险	低风险
对企业的控制权	按投资比例享有	无

4. 权益性融资与债务性融资的选择

权益性融资与债务性融资的选择主要涉及企业控制权的分散甚至转移。控制权改变不仅直接影响企业生产经营的自主性、独立性,原有股东的利益分配,而且当失去控股权时,还可能会影响到企业的效益与长远发展。因此,在可能的情况下,应尽量考虑采取债权融资。

当然,在下述几种情形下,企业采取权益性融资也是一种明智的选择:一是企业难以满足债务性融资的要求(包括信用、资产、抵押等条件);二是企业经营风险和预期收益均较高,原有股东希望分散风险、共享收益,而债权人要求的收益率超出企业的承受能力;三是引入股权投资者有利于提高企业的竞争能力。如与一些拥有强大技术或市场营销力量的大企业合作,可使企业迅速做大做强。

(二)内部融资和外部融资

1. 内部融资

内部融资是指通过挖掘企业内部资源解决资金不足的方式。企业使用的资金最初都来自内部。内部资金来源的主要方式包括:创业者投入的资金、经营利润的再投入、出售闲置资产取得的收入、经营团队用红利或股票代替现金薪水等。

2. 外部融资

外部融资是指通过企业外部获得资金的方式。外部资金来源主要包括银行贷款、政府机构贷款、公开发行股票或债券、租赁、供应商的融资等。选择何种外部融资渠道,主要从三个方面结合自身实际情况进行评估:资金可用时间的长短、资金成本、公司控制权的丧失程度。

3. 内部融资和外部融资的特点比较

内部融资对企业资本的形成具有原始性、自主性、低成本性和抗风险性等特点。相对于外部融资，它可以减少信息不对称问题及与此有关的激励问题，节约交易费用，降低融资成本，增强企业剩余控制权。但是，内部融资能力及其增长，要受到企业的盈利能力、净资产规模和未来收益预期等方面的制约。

外部融资是指企业通过一定方式从外部融入资金，它对企业的资本形成具有高效性、灵活性、大量性和集中性等特点。从实际看，外部融资是成长中的企业获取资金的重要渠道，它包括银行借款、发行债券、融资租赁和商业信用等负债融资方式与吸收直接投资、发行股票等权益融资等形式。

4. 内部融资和外部融资的选择

企业融资是一个随自身发展由内部融资到外部融资的交替变换过程。创业之初，主要依靠内部融资来积累；随着企业逐步成长，抗风险能力增强，内部融资难以满足要求，外部融资就成为企业扩张的主要手段。当企业具备相当规模后，自身有了较强积累能力，则又会逐步缩小外部融资总量，转而依靠自身雄厚的积累资金来发展。

考虑到外部融资的成本代价，创业企业在资金筹措过程中，一定要高度重视内部积累。辩证地讲，内部融资是外部融资的保证，外部融资的规模和风险必须以内部融资的能力来衡量。通常是在内部融资不能满足要求的时候，才考虑通过外部融资渠道来解决。

（三）直接融资与间接融资

1. 直接融资

直接融资是指无须通过金融中介机构，直接由资金的供求双方签订协议，或者在金融市场上由资金供给者直接购买资金需求者发行的有价证券（如股票、债券），使资金需求者获得所需的资金。具体的方式包括：引入风险投资；寻找合作伙伴；争取家人或朋友的支持；转让债权；开出商业汇票；赊购商品、延期付款；推迟应付债务的支付；发行股票和债券等。在中国目前金融市场条件的限制下，想通过证券市场发行股票或债券以获得资金，对正处在创业初期的创业者来说是不现实的。所以，在创业实践中，前面几种方式经常被创业者自觉或不自觉地运用。

2. 间接融资

间接融资是指通过商业银行等中介机构获得资金。具体的方式包括：银行贷款、政府机构贷款、票据贴现等。目前很多银行都推出个人短期小额创业贷款业务，对处于创业初期的经营者来说，往往可以起到雪中送炭的作用。由于申请贷款的门槛太高，目前造成创业贷款市场需求大、申请人多、拿到钱的人却很少的局面。但是，不管怎么样，创业贷款（包括银行小额贷款和政府机构贷款）已经成功推出市场，而且在未来很长的一段时间内应该是创业融资的主要方式之一。

3. 直接融资与间接融资的特点比较

直接融资具有直接性、长期性、不可逆性（融资无须还本）和流通性（可在证券市场流通）。利用直接融资的方式，企业处于主动的地位，对融资的时间、数量、成本等均可主动做出选择，在总量上不受资金来源的限制。但也存在局限性，主要表现为易受融资双方资信的限制，受融资的时间、地点、范围的限制，同时其成本要高于间接融资。

间接融资具有与直接融资截然相反的特性，即间接性、集中性、安全性、周转性。即资金的初始供应者和资金的需求者不直接发生借贷关系，由中介机构把众多供应者的资金集中起来贷给需求者。由于银行或非银行金融机构资金实力雄厚，内部管理严格，可有效分散、管理风险，因此融资风险较小、信誉度高、稳定性强。

 三、创业融资管理

（一）融资渠道与方式管理

1. 对潜在资金提供方进行分析

选择融资渠道首先要了解、搜集各类潜在资金提供方的基本情况，这样才能有的放矢，有针对性地做好各项融资准备工作。一般可通过下述问题进行了解：①资金供给方一共有哪些？各类资金供给方之间有哪些区别和联系？包括资本存量和流量的大小，提供资本的使用期长短等。②每一类资金供给方的资金来源有什么特点？投资方向是什么？③每一类资金供给方对项目或融资企业有哪些要求？④每一类资金供给方风险控制的手段有哪些？⑤每一类资金供给方工作程序有哪些？⑥如何与资金供给方打交道？

在此基础上，对各类资金提供者按照融资可能性进行分类排序：即最可能提供资金者，经过努力可能提供资金者，不可能对本企业提供资金者。

2. 分析创业项目对不同融资渠道的吸引力

具体可考虑下述因素：①企业或项目所在的行业，不同资金供给方的投资重点不同。②融资规模大小。③融资的成本要求或对股权的要求。④自身具备的条件与核心优势，如抵押物、无形资产、市场和管理水平等。⑤融资的时间要求，不同机构的工作程序及所需要的时间不同。

3. 选择融资渠道的关注点

（1）融资成本的高低

融资成本关系到融得资金的实际数额和企业经营成本及利润，最终影响到企业的经济效益。影响融资成本的主要因素有：利率、使用期限、企业盈利水平和稳定性、证券发行的价格等。一般来说，各种融资方式资金成本从低到高的依次顺序为：政策性融资、商业信用融资、票据贴现、银行贷款、债券、典当、股权等。

（2）融资风险的大小

企业对外融资都面临风险，特别是借款，当出现收益不足以偿还债务时，企业将陷入危机之中。在其他条件相同的情况下，企业融资负债的比例越高，其面临的风险也将越大。各种融资方式还本付息风险从小到大的顺序依次为：股权出让、商业信用、票据贴现、发行债券、银行贷款等。

（3）融资的机动性

机动性是指创业企业在需要流动资金时能否及时通过融资获得，而不需要资金时能否及时偿还所融资金，并且提前偿还资金是否会对企业带来相应的损失等。显而易见，各种融资方式的机动性从优到差的排列顺序为：内部融资、票据贴现、商业信用、银行贷款、债券、股权出让。

（4）融资方便程度

融资的方便程度一方面是指企业有无自主权通过某种融资方式取得资金，以及这种自主权的大小；另一方面是指借款人是否愿意提供资金，以及提供资金的条件是否苛刻，手续是否烦琐。各种融资方式的方便程度从易到难依次排列为：内部融资、商业信用、票据贴现、股权、银行贷款、债券等。

根据国外企业融资的结构理论，企业融资一般遵循这样一个规律，即：先是内部融资，使用企业内部留利，不足时再向银行贷款，或发行债券，最后发行股票融资。

（二）融资渠道与方式组合管理

在更多情况下，融资渠道与方式需要组合，常见的组合方式有以下几种，创业企业常用融资工具如下：

（1）不同期限的资金组合

期限长的资金用于项目投资，期限短的用于临时周转或短期投资。

（2）不同性质的资金组合

权益性资金用于项目投资，债权性资金用于临时周转或短期投资。

（3）成本组合

高成本的资金用于弥补临时性资金需求，低成本的资金用于置换高成本的资金或企业铺底流动资金。

（4）内外结合

缺少资金时，首先向管理要资金，其次才是外部资金等。

（5）传统和创新结合

随着我国金融体系改革深化，金融工具创新的速度会不断加快。企业需要不断关注、跟踪和应用这些创新的融资工具。

创业企业常用融资工具见表6-5。

表 6–5　创业企业常用融资工具汇总

一级分类	二级分类	一级分类	二级分类
内部融资	扩大企业收入	短期拆借	典当
	降低成本		投资公司
	控制费用		企业
	加快存货周转率		个人
	加快应收账款周转	资本运营融资	资产重组或债务重组
商业融资	经销商融资		股权结构优化
	供应商融资		引入战略投资者
	关联企业融资		组建企业集团
员工融资	集资	政策性融资	政策性贷款
	入股		政策性担保
	股转债或债转股		财政贴息
银行融资	贷款		专项扶持基金
	票据		政策性投资
	保理	租赁	经营性租赁
	担保		融资租赁
	贸易融资	其他方式	信托融资
	销售链融资		短期融资券
	综合授信或透支		上市融资

（三）融资渠道与工具选择管理

1. 不同类型的创业企业融资策略

（1）制造业型创业企业

大多数处于劳动密集型的传统行业，从业人员多，劳动占用大，产品附加值低，资本密集度小，技术含量不高。一般投资收益率较低，但资金需求相对也较小。大多数要依赖信贷资金，直接融资难度较大。

（2）高科技型创业企业

具有高投入、高成长、高回报和高风险的特征。其资金来源主要是"天使投资"和各种"风险投资基金"，性质多数属于权益资金。

（3）服务业型创业企业

其资金需求主要是存货的流动资金占用和促销活动上的经营性开支，资金需求数量小、频率高、周期短、随机性大，但风险相对也较小，其主要融资方向是中小型商业银行贷款。

(4) 社区型创业企业

包括街道手工工业，具有一定的社会公益性，因此，比较容易获得政府的扶持性资金。另外，社区共同集资也是一个重要的资金来源。

2. 不同发展阶段创业企业融资策略

(1) 种子期

创业者可能只有一个创意或一项尚停留在实验室的科研项目，所需资金不多，应主要靠自有资金、亲朋借贷，吸引"天使"投资者，也可向政府寻求一些资助。

(2) 创建期

企业需要一定数量的"门槛资金"，主要用于购买机器、厂房、办公设备、生产资料、后续研究开发和初期销售等，所需资金往往较大。由于没有经营和信用记录，从银行申请贷款的可能性甚小。这一阶段的融资重点是吸引股权性的机构风险投资。

(3) 生存期

产品刚投入市场，市场推广需要大量的资金，现金的流出经常大于流入。此阶段要充分利用负债融资，同时还需要通过融资组合多方筹集资金。

(4) 扩张期

企业拥有较稳定的顾客和供应商及良好的信用记录，利用银行贷款或信用融资已比较容易。但由于发展迅速，需要大量资金以进一步进行开发和市场营销。为此，企业要在债务融资的同时，进行增资扩股，并为上市做好准备。

(5) 成熟期

企业已有较稳定的现金流，对外部资金需求不再特别迫切。此时的工作重点是完成股票的公开发行上市工作。

整理如表6-6所示。

表6-6　　　　　　　　不同发展阶段创业企业融资策略

融资渠道	种子开发期	启动期	早期成长	快速成长	成熟退出
创业者	■	▨			
朋友和家庭	■	▨			
天使投资	■	■	▨	▨	
战略伙伴		■	■	■	
创业投资	▨	■	■	■	
资产抵押贷款			■	■	
设备租赁			■	■	
小企业管理局投资			■	■	
贸易信贷			■	■	
IPO					■
公募债券					■
管理层收购					■

注：黑色部分表示该阶段的主要融资路径，灰色部分表示该阶段的次要融资路径。

3. 不同资金需求特点的企业融资策略

（1）资金需求的规模较小

可以利用员工集资、商业信用融资、典当融资；规模较大时，可以吸引权益投资或银行贷款。

（2）资金需求的期限较短

可以选择短期拆借、商业信用、民间借贷；期限较长时，可以选择银行贷款、融资租赁或股权出让。

（3）资金成本承受能力低

可以选择股权出让或银行贷款；承受能力强时，可以选择短期拆借、典当、商业信用融资等。

四、创业企业融资的决策程序

企业融资是一个复杂的过程，要解决目标投资者选择，向目标投资者证明其投资是有价值的、投资风险是可以控制的等问题。一个科学清晰的融资战略和周密详尽的融资策划是融资成功的前提，这就需要一套合理的程序或步骤来保障。

1. 事前评估

事前评估就是在充分调查研究和对企业进行 SWOT 分析（优势、劣势、机会和威胁）的基础上，系统分析企业融资的必要性和可行性。可从下述几个方面开展：

（1）企业发展战略判断

判断企业的资金需求是否基于企业发展战略。

（2）融资需求的合理性判断

如企业为什么要融资？不融资行不行？融资用途是否合理？资金需要量是否合理？还款来源是否合理等。有很多融资需求被实践证明是不合理甚至是有害的，有许多融资需求是可以推迟、减少，甚至用替代性的办法来解决的。

（3）融资具备的基础条件判断

包括：融资主体，企业资产，报表，融资资料，渠道资源，融资机构和团队，融资知识和经验，与融资服务机构的合作，企业团队品质和行为等基础条件。据此得出企业近期需要做的基础性工作，对企业融资目标达成的可能性。

（4）融资需求评估与量化

包括，外部资金需求量、融资期限、融资成本、可能的安全保障措施、资金用途、可能的还款来源等。该环节是后续融资工作的起点和基础。

（5）融资诊断与评估报告

在进行融资评估后，还要提交融资诊断和评估报告，以作为企业高管层进行融资决策的重要依据。

2. 融资决策与策划

主要是就融资中的一系列关键问题进行决策和策划。主要包括以下几个方面：

(1) 估算融资规模

当确定企业需要融资后，就要估算融资规模。使融资数量与投资数量相互平衡，避免融资不足而影响企业的投资效果或融资过剩而降低资金的效益。

(2) 确定融资方式

企业应当设计多个融资方案，对这些方案进行财务上的优劣排序，以便在具体的融资实践中实施动态优选。

(3) 确定融资对象

选择不同的融资渠道和方式，融资对象就不同。在确认融资对象时，一定要进行有关的信息收集和咨询调查活动，熟悉每一种融资渠道的运作程序，明确谁是资金供给方的决策者、影响者和操作者。

另外，还需注意一些潜在的融资对象，通过有意识的接触，达到减少信息不对称的目的。

(4) 选择融资期限与时机

在短期融资与长期融资两种方式之间进行权衡时，做何种选择，主要取决于融资的用途和融资人的风险性偏好。企业选择融资机会的过程，就是企业寻求与企业内部条件相适应的外部环境的过程，这就有必要对企业融资所涉及的各种可能影响因素做综合具体分析。

3. 融资资料准备与谈判

(1) 融资资料准备

融资资料准备是按照特定的融资方式和渠道要求，从保障资金供给方安全的角度，对融资有关的信息进行收集、挖掘、加工处理，并按一定格式加以表述的过程。其中最为重要的是商业计划书。企业应对此予以充分重视，必要时要利用社会各种中介力量。

企业在融资过程中提供虚假的资料，不仅会造成资金供求双方时间的浪费，而且造成的信誉伤害更加无法弥合。因此，商业计划书应该逻辑缜密、数据翔实、能够体现企业亮点和特色。

(2) 接触潜在的资金供给方

方式有很多种，通过自己熟识的交际网络结识资金供给方是首选，当企业利用上述平台受限制并且自己又无法找到合适的资金供给方时，寻找合适的融资中介机构就成为一种合理的选择。第三种接触形式就是企业直接与不熟识的资金供给方接触。

(3) 谈判

要把企业的理念、整个管理团队和企业的远景目标非常成功地销售出去，中小企业管理者应该注意谈判中的技巧。如多谈几家，让资金供给方知道你这个项目有很多人在关注；同资金供给方打交道的时候，要表现出非常有信心，让其相信你们公司做这个事情能比其他公司做得都好，起码有这样的潜力；谈判期间，把话题集中于计划书；对于资金供给方提出的各类问题，企业在回答问题时应直接、简短、精确。

4. 过程管理

融资过程管理包括融资组织、策划与实施等环节，根据双方谈判的结果和要求，对所有资金到位前工作进行细化、论证、安排。资金数额越大,融资组织、策划和实施越重要。融资决策以后,应及时实施融资计划,对融资活动的全过程进行管理。融资过程管理的核心是制定融资实施方案与签订融资协议两个环节。融资实施方案应从融资所需的工作量、时间、费用三方面把握。

融资协议是资金供求双方为明确各自的权利义务、协调双方(或多方)关系而签署的重要法律文件。在此环节,企业应对协议文件仔细审查,最好聘请法律顾问帮忙。

5. 事后评价

通过分析总结成败之处,为下次融资积累经验和相关资料。包括:融资效果评价及其成败经验教训分析;融资参与人员的表现及其奖惩处理;企业融资档案的建立等。

五、创业融资公司估值的方法

公司估值是投资人对一个公司在特定阶段价值的判断。非上市公司,尤其是初创公司的估值是一个独特的、有挑战性的工作,其过程和方法通常是科学性和灵活性相结合。

公司估值有一些定量的方法,但操作过程中要考虑到一些定性的因素,传统的财务分析只提供估值参考和确定公司估值的可能范围。根据市场及公司情况,被广泛应用的有以下几种估值方法。

(一)可比公司法

首先要挑选与非上市公司同行业可比或可参照的上市公司,以同类公司的股价与财务数据为依据,计算出主要财务比率,然后用这些比率作为市场价格乘数来推断目标公司的价值,比如P/E(市盈率,价格/利润)法、P/S(价格/销售额)法。

目前在国内的风险投资(VC)市场,P/E法是比较常见的估值方法。通常我们所说的上市公司市盈率有两种:

①历史市盈率(Trailing P/E),即当前市值/公司上一个财务年度的利润(或前12个月的利润)。

②预测市盈率(Forward P/E),即当前市值/公司当前财务年度的利润(或未来12个月的利润)。

投资人是投资一个公司的未来,是对公司未来的经营能力给出目前的价格,所以他们用P/E法估值就是:

公司价值 = 预测市盈率 × 公司未来12个月利润

公司未来12个月的利润可以通过公司的财务预测进行估算,那么估值的最大问题在于如何确定预测市盈率了。一般来说,预测市盈率是历史市盈率的一个折扣,比如说证券交易所某个行业的平均历史市盈率是40,那预测市盈率大概是30,对于同行业、同等规模的非上市公司,参考的预测市盈率需要再打个折扣,15~20,对于同行业且规模较小的初创企业,参考的预测市盈率需要再打个折扣,就成了7~10了。比如,如果某公司预测融资后下一年度的利润是 100 万元,公司的估值大致就是 700 万~1000 万元,如果投资人投资 200 万元,公司出让的股份是 20%~35%。

对于有收入但是没有利润的公司,P/E 就没有意义,比如很多初创公司很多年也不能实现正的预测利润,那么可以用 P/S 法来进行估值,大致方法跟 P/E 法一样。

(二) 可比交易法

挑选与初创公司同行业、在估值前一段合适时期被投资、并购的公司,基于融资或并购交易的定价依据作为参考,从中获取有用的财务或非财务数据,求出一些相应的融资价格乘数,据此评估目标公司。

比如 A 公司刚刚获得融资,B 公司在业务领域跟 A 公司相同,经营规模上(比如收入)比 A 公司大一倍,那么投资人对 B 公司的估值应该是 A 公司估值的一倍左右。比如分众传媒在分别并购框架传媒和聚众传媒的时候,一方面,以分众的市场参数作为依据;另一方面,框架的估值也可作为聚众估值的依据。

可比交易法不对市场价值进行分析,而只是统计同类公司融资并购价格的平均溢价水平,再用这个溢价水平计算出目标公司的价值。

(三) 现金流折现法

现金流折现是一种较为成熟的估值方法,通过预测公司未来自由现金流、资本成本,对公司未来自由现金流进行贴现,公司价值即为未来现金流的现值。计算公式如下式所示:

$$NPV = \sum_{t=0}^{n} \frac{CFAT_t}{(1+k)^t}$$

其中,CFAT 为每年的预测自由现金流;k 为贴现率或资本成本。

贴现率是处理预测风险的最有效的方法,因为初创公司的预测现金流有很大的不确定性,其贴现率比成熟公司的贴现率要高得多。寻求种子资金的初创公司的资本成本也许在 50%~100% 之间,早期的创业公司的资本成本为 40%~60%,晚期的创业公司的资本成本为 30%~50%。对比起来,更加成熟的经营记录的公司,资本成本为 10%~25%。

这种方法适用于较为成熟、偏后期的私有公司或上市公司,比如凯雷收购徐工集团就是采用这种估值方法。

(四) 资产法

资产法是假设一个谨慎的投资者不会支付超过与目标公司同样效用的资产的收购成本。比如中海油竞购尤尼科,根据其石油储量对公司进行估值。

这个方法给出了最现实的数据,通常是以公司发展所支出的资金为基础。其不足之处在于假定价值等同于使用的资金,投资者没有考虑与公司运营相关的所有无形价值。

另外，资产法没有考虑到未来预测经济收益的价值。所以，资产法对公司估值，结果是最低的。

（五）风险投资的估值方法

在风险投资领域，看似其对公司估值很深奥，但有时风投估值方法又简单。

1. 风险投资的回报要求

风险投资估值运用投资回报倍数，早期投资项目 VC 回报要求是 10 倍，扩张期/后期投资的回报要求是 3~5 倍。一个风险投资组合（10 个项目）的标准要求是：4 个失败，2 个打平或略有盈亏，3 个 2~5 倍回报，1 个 8~10 倍回报。

2. 期权设计

投资人给被投资公司一个投资前估值，那么通常他要求获得股份即是：投资人股份＝投资额/投资后估值。例如投资后估值 500 万元，投资人投 100 万元，投资人的股份就是 20%，公司投资前的估值理论上应该是 400 万元。但通常投资人要求公司拿出 10% 左右的股份作为期权，相应的价值是 50 万元左右，那么投资前的实际估值变成了 350 万元：350 万实际估值＋50 万期权＋100 万现金投资＝500 万投资后估值，相应地，企业家的剩余股份只有 70%（80%－10%）了。把期权放在投资前估值中，投资人可以获得三个方面的好处：

首先，期权仅稀释原始股东。如果期权池是在投资后估值中，将会等比例稀释普通股和优先股股东。例如 10% 的期权在投资后估值中提供，那么投资人的股份变成 18%，企业家的股份变成 72%：20%（或 80%）×（1－10%）＝18%（72%）。可见，投资人在这里占了企业家 2% 的便宜。

其次，期权池占投资前估值的份额比想象的要大。上例中，期权是投资后估值的 10%，但是占投资前估值的 25%：

50 万期权/400 万投资前估值＝12.5%

最后，如果你在下一轮融资之前出售公司，所有没有发行的和没有授予的期权将会被取消。这种反向稀释让所有股东等比例受益，尽管是原始股东在一开始买的单。比如有 5% 的期权没有授予，这些期权将按股份比例分配给股东，所以投资人应该可以拿到 1%，原始股东拿到 4%。公司的股权结构变成：

100%＝原始股东 84%＋投资人 21%＋团队 5%

亦即企业家的部分投资前价值进入了投资人的口袋。风险投资行业都是要求期权在投资前出，所以企业家唯一能做的是尽量根据公司未来人才引进和激励规划，确定一个小一些的期权池。

3. 对赌条款

很多时候投资人给公司估值用 P/E 倍数的方法，目前在国内的首轮融资中，投资后估值 8~10 倍，这个倍数对不同行业的公司和不同发展阶段的公司不太一样。

投资后估值（P）＝P/E 倍数×下一年度预测利润（E）

如果采用 10 倍 P/E，预测利润 100 万元，投资后估值就是 1000 万元。如果投资 200 万，投资人股份就是 20%。

如果投资人跟企业家能够在 P/E 倍数上达成一致，估值的最大谈判点就在于利润预测了。如果投资人的判断和企业家对财务预测有较大差距（当然是投资人认为企业家做不到预测利润了），可能在投资协议里就会出现对赌条款，对公司估值进行调整，按照实际做到的利润对公司价值和股份比例进行重新计算：

$$投资后估值（P）= P/E 倍数 \times 下一年度实际利润（E）$$

如果实际利润只有 50 万元，投资后估值就只有 500 万元，相应地，投资人应该分配的股份应该是 40%（200 万/500 万），企业家需要拿出 20% 的股份出来补偿投资人。

当然，这种对赌情况是比较彻底的，有些投资人也会相对"友善"一些，给一个保底的公司估值。例如上例中，假如投资人要求按照公式调整估值，但是承诺估值不低于 800 万，那么如果公司的实际利润只有 50 万，公司的估值不是 500 万，而是 800 万，投资人应该获得的股份就是 25%（200 万/800 万）。

公司的估值受到众多因素的影响，特别是对于初创公司，所以估值也要考虑投资人的增值服务能力和投资协议中的其他非价格条款。

第五节　初创企业财税管理

新成立的公司，初始化状态，会计人员首先要做的是考虑财务的"顶层设计"，即建立和完善各项有关于财务的规章制度，确定公司即将使用的会计准则、制度，确定会计核算方法和涉及的税种类型，准备建立账簿。

 一、初创企业财务与会计管理

对于初创企业来说，创始人及其团队的关注重点往往集中在产品和业务发展等企业经营方面，财务与会计问题往往不会引起创业者的重视，认为财务与会计问题不会创造价值，是可有可无的事情。在这样错误的指导思想下，很多新公司在成立之初，随便找个代理记账公司就把财务工作外包了，许多企业老板根本不知道财务工作都包含什么内容，更谈不上如何对公司进行财务管理。

然而，财务管理水平的高低直接影响到企业未来的发展，决定了企业的存亡，初创企业应高度重视财务与会计工作的管理。

（一）创业企业的会计核算

1. 会计要素

会计要素是对会计对象按经济特征所作的基本分类，是构成会计对象具体内容的主要因素。根据我国会计准则,企业会计对象基本要素分为六项:资产、负债、所有者权益、收入、费用和利润。

其中,资产、负债和所有者权益反映企业的财务状况;收入、费用和利润反映一定时期的经营收支及成果。

(1) 资产

资产是指过去的交易、事项形成并由企业拥有或者控制的资源,该资源预期会给企业带来经济利益。

资产项目的分类一般是以它们能否在企业的"正常营业周期"内变成现金作为区分的标准。所谓正常营业周期,就是从货币资金开始,依次转化为其他各种资金形态,最后又回到货币资金轨道的资金循环周转。这个周期,在一年中不止一次的企业,可以一年作为标准。正常营业周期超过一年的企业,则以一个以营业周期为准。

依照这一标准,将资产划分为两大类,即流动资产与非流动资产。非流动资产包括长期股权投资、固定资产、无形资产和其他长期资产等。

资产必须是现实的资产,而不是预期的资产,为企业拥有或控制。资产是预期会给企业带来经济利益的资源。

资产必须能以货币计量,不能确认和计量其价值的不能作为资产。

(2) 负债

负债是指由于过去的交易或事项所引起的企业的现时义务,这种义务需要企业将来以转移资产或提供劳务加以清偿,从而引起未来经济利益的流出。

负债按期限长短可分为流动负债和长期负债。流动负债是指一年内需要偿还的负债,包括短期借款、交易性金融负债、应付及预收款项等。长期负债是指偿还期限在一年以上的负债,包括长期借款、长期债券和长期应付款等。

(3) 所有者权益

所有者权益是企业资产扣除负债后,由所有者享有的剩余权益。所有者权益的金额取决于资产和负债的计量,其金额为资产减去负债后的余额。

负债和所有者权益是企业取得资产的两条渠道,债权人和投资人都有对企业资产的要求权。但他们在企业中的权利和义务是有区别的。债权人无权参与企业生产经营管理和分享红利,其权利仅限于到期收回本金和利息;投资人则拥有相应的经营决策权、企业盈利分配权以及资本增值的拥有权。企业对债权人的负债要在约定日期偿还,而在企业持续经营的条件下,投资人一般不能收回所有者权益,只有在企业破产或解散时,清偿债务并支付清算费用后,如有余额才能在投资人之间进行分配。

所有者权益,包括企业投资人对企业的投入资本以及形成的资本公积金、盈余公积金和未分配利润等。

以上会计要素在资产负债表中体现,如表6-7所示。

表6-7 资产负债表（小企业会计准则）

编制单位：　　　　　　　　　　　年　月　日　地税编码：　　　　　　　　　　　单位：元

资产	行次	期末余额	年初余额	负债和所有者权益（或股东权益）	行次	期末余额	年初余额
流动资产：				流动负债：			
货币资金	1			短期借款	31		
短期投资	2			应付票据	32		
应收票据	3			应付账款	33		
应收账款	4			预收账款	34		
预付账款	5			应付职工薪酬	35		
应收股利	6			应交税费	36		
应收利息	7			应付利息	37		
其他应收款	8			应付利润	38		
存货	9			其他应付款	39		
其中：原材料	10			其他流动负债	40		
在产品	11			流动负债合计	41		
库存材料	12			非流动负债：			
周转材料	13			长期借款	42		
其他流动资产	14			长期应付款	43		
流动资产合计	15			递延收益	44		
非流动资产：				其他非流动负债	45		
长期债券投资	16			非流动负债合计	46		
长期股权投资	17			负债合计	47		
固定资产原价	18			所有者权益（或股东权益）：			
减：累计折旧	19			实收资本（或股本）	48		
固定资产账面价值	20			资本公积	49		
在建工程	21			盈余公积	50		
工程物资	22			未分配利润	51		
固定资产清理	23			所有者权益（或股东权益）合计	52		
生产性生物资产	24			负债和所有者权益（或股东权益）合计	53		
无形资产	25						
开发支出	26						
长期待摊费用	27						
其他非流动资产	28						
非流动资产合计	29						
资产合计	30						

（4）收入

收入是指企业在销售商品、提供劳务及他人使用本企业资产等日常活动中所形成的经济利益的总流入，包括基本业务收入和其他业务收入。

基本业务收入是指企业销售商品和进行工业性劳务取得的收入，是由企业的主要经营活动带来的收入。按不同行业划分，有产品销售收入（工业）、商品销售收入（商业）、营运收入（交通运输业）、工程价款收入（建筑业）等。

其他业务收入是由主要经营活动以外的业务带来的收入，如工业企业的材料销售、无形资产和技术转让、固定资产出租、包装物出租与出售收入。

收入只有在未来经济利益很有可能增加并且经济利益增加金额能够可靠计量时才能确认。未来经济利益的增加可能表现为资产的增加，也可能表现为负债的减少。

不同种类的收入只有符合规定的收入确认条件时才能予以确认。企业既不能提前也不能延后确认收入。

（5）费用

费用是指企业为销售商品、提供劳务等日常活动所发生的经济利益的流出。费用包括直接为生产产品和提供劳务而发生的直接费用，为组织车间生产而发生的间接费用、为组织和管理企业生产经营活动而发生的管理费用、财务费用、销售费用等期间费用。

（6）利润

利润是指企业在一定期间的经营成果，是衡量企业经营业绩的重要指标。从数量上看，它是收入与费用相配比后的差额，收入大于费用的差额为利润，收入小于费用的差额为亏损。企业当期实现的利润按税法规定交纳所得税后的余额，为税后利润或净利润。当期净利润和以前年度利润，构成可供分配的利润，应按国家和企业的有关规定进行分配。

利润应当包括营业利润、投资损益、利得和损失等。

营业利润是企业利润的主要组成部分，是营业收入减去营业成本、营业税费和期间费用后的余额。投资净收益是指企业对外投资收益减去损失后的余额。利得是指除收入和直接计入所有者权益项目外的经济利益的净流入。损失是指除费用和直接计入所有者权益项目外的经济利益的净流出。上述会计要素在利润表（见表6-8）中体现。

表6-8　　　　　　　　　　　　利润表　　　　　　　　　　　会小企02表

编制单位：　　　　　　　　　　　年　月　　　　　　　　　　　单位：元

项目	行次	本年累计金额	本月金额
一、营业收入	1		
减：营业成本	2		
税金及附加	3		
其中：消费税	4		
营业税	5		
城市维护建设税	6		

续表

项目	行次	本年累计金额	本月金额
资源税	7		
土地增值税	8		
城镇土地使用税、房产税、车船税、印花税	9		
教育费附加、矿产资源补偿费、排污费	10		
销售费用	11		
其中：商品维修费	12		
广告费和业务宣传费	13		
管理费用	14		
其中：开办费	15		
业务招待费	16		
研究费用	17		
财务费用	18		
其中：利息费用（收入以"-"号填列）	19		
加：投资收益（损失以"-"号填列）	20		
二、营业利润（亏损以"-"号填列）	21		
加：营业外收入	22		
其中：政府补助	23		
减：营业外支出	24		
其中：坏账损失	25		
无法收回的长期债券投资损失	26		
无法收回的长期股权投资损失	27		
自然灾害等不可抗力因素造成的损失	28		
税收滞纳金	29		
三、利润总额（亏损总额以"-"号填列）	30		
减：所得税费用	31		
四、净利润（净亏损以"-"号填列）	32		

2. 会计等式

会计对象的相互关系，即会计六要素：资产、负债、所有者权益、收入、费用和利润之间的关系，也就是会计等式，又称会计平衡公式。会计等式，是指运用数学方程式的原理描述会计对象的具体内容，即会计六要素之间相互关系的一种表达方式。

（1）会计基本等式（静态会计等式）

企业从事生产经营活动，必须拥有或控制一定的资产，即能以货币计量并具有未来经济效益的经济资源。资产无论以什么具体形态存在，都必须由资产的所有者提供，企业的资产都有特定的来源或形成渠道。

企业的资产提供者会对企业的资产提出种种要求权。会计上将企业资产提供者对企业资产的要求权称为权益。资产与权益各自具有特定的经济含义，它们分别反映企业经济活动中的不同侧面。资产表明企业拥有多少经济资源和拥有什么经济资源，权益则体现由不同渠道取得这些经济资源时所形成的经济关系。资产和权益是同一经济活动的两个不同方面，二者相互依存、互为条件。资产与权益之间这种客观存在的数量上的平衡关系，可以用下列等式表示：

$$资产 = 权益$$

这一等式被称为会计恒等式或会计基本等式，简称会计等式。

各企业单位所拥有或控制的资产，其来源不外乎两个渠道，也就是对企业资产的要求权即权益分为两部分：一是由企业的债权人提供的，如应付账款、应付债券等，这类权益属于债权人权益，又称"负债"，负债在未偿付之前，是企业资产的一种来源。二是企业的投资人提供的，称为所有者权益，是企业资产的主要来源。债权人权益和投资人权益，虽然都是对企业资产的要求权，但两者的性质是不同的，债权人权益对企业资产的要求权优先于投资人的要求权，称为第一要求权，投资人权益则是对企业净资产的要求权。因此，会计等式应进一步表示为：

$$资产 = 债权人权益 + 投资人权益 = 负债 + 所有者权益$$

这一等式反映了资产、负债和所有者权益三个会计要素之间的联系和基本数量关系。这种数量关系表明了企业一定时点上的财务状况，因此上述等式也称为静态会计等式，它是编制资产负债表的理论基础。

(2) 会计基本等式的扩展（动态会计等式）

企业在生产经营过程中，除了发生引起资产、负债和所有者权益要素增减变化的经济业务外，还会取得收入，并为取得收入而发生相应的费用。

收入和费用相配比，其差额即为企业的经营成果。收入大于费用的差额为企业的利润，反之为亏损。收入、费用和利润三者之间的关系，用公式表示如下：

$$收入 - 费用 = 利润$$

它表明，从动态考察，某一期间的利润，是已实现的收入减去费用的差额，因此，我们称之为动态会计等式。

在会计期间观察企业六大会计要素之间的关系时，上述会计基本等式可进一步扩展为以下的会计等式：

$$资产 = 负债 + 所有者权益 + 利润 = 负债 + 所有者权益 + (收入 - 费用)$$

移项得：
$$资产 + 费用 = 负债 + 所有者权益 + 收入$$

由于收入、费用和利润是构成利润表的三个会计要素，将会计基本等式与其扩展形式联系起来，有利于揭示资产负债表要素和利润表要素内部及其相互之间的内在联系和数量上的依存关系。

（3）经济业务的类型及其对会计等式的影响

随着经济活动的不断进行，经济业务的不断发生，必然引起资产与负债及所有者权益的变化，但是任何时候，不论从哪个时点来观察，资产总额与负债及所有者权益总额都永远保持平衡关系。任何一项经济业务的发生，无论引起怎样的变化，都不会破坏这种平衡关系。

一个企业在经营过程中发生的经济业务是多种多样、纷繁复杂的，但从它们对资产、负债、所有者权益引起的变化来讲，可以概括为以下九种类型：

①一项资产增加，一项负债增加，增加金额相等；
②一项资产增加，一项所有者权益增加，增加金额相等；
③一项资产增加，另一项资产减少，增减金额相等；
④一项负债减少，一项资产减少，减少金额相等；
⑤一项负债减少，另一项负债增加，增减金额相等；
⑥一项负债减少，一项所有者权益增加，增减金额相等；
⑦一项所有者权益减少，一项资产减少，减少金额相等；
⑧一项所有者权益减少，一项负债增加，增减金额相等；
⑨一项所有者权益减少，另一项所有者权益增加，增减金额相等。

3. 会计核算的质量要求

会计信息是会计核算的成果，它通过编制财务会计报告提供给信息使用者。我国《企业会计准则——基本准则》规定了会计信息质量要求，共八条，即客观性原则、相关性原则、明晰性原则、可比性原则、实质重于形式原则、重要性原则、谨慎性原则和及时性原则。

（1）可靠性

它是指企业应当以实际发生的交易或者事项为依据进行会计确认、计量和报告，如实反映符合确认和计量要求的各项会计要素及其他相关信息，保证会计信息真实可靠、内容完整。

（2）相关性

相关性原则是指企业提供的会计信息应当与财务会计报告使用者的经济决策需要相关，有助于财务会计报告使用者对企业过去、现在或者未来的情况作出评价或者预测。作为投资者要关心了解：企业盈利状况，据以了解投资者权益的报酬水平；企业资金的使用情况，据以了解企业近期偿债能力和债权人资本受到的保障程度等情况。

（3）可理解性

可理解性原则是指企业提供的会计信息应当清晰明了，便于财务会计报告使用者理解和使用。

（4）可比性

可比性原则是指同一企业不同时期发生的相同或者相似的交易或者事项，应当采用一致的会计政策，不得随意变更。确需变更的，应当在附注中说明。

(5) 实质重于形式

实质重于形式原则是指企业应当按照交易或者事项的经济实质进行会计确认、计量和报告，不应仅以交易或者事项的法律形式为依据。

(6) 重要性

重要性原则是指企业提供的会计信息应当反映与企业财务状况、经营成果和现金流量等有关的所有重要交易或者事项。

(7) 谨慎性

谨慎性原则，也称稳健性原则，是指企业对交易或者事项进行会计确认、计量和报告应当保持应有的谨慎，不应高估资产或者收益、低估负债或者费用。

(8) 及时性

及时性原则是指企业对于已经发生的交易或者事项，应当及时进行会计确认、计量和报告，不得提前或者延后。

(二) 创业企业会计建账与记账

新企业必须遵照《中华人民共和国会计法》以及统一的国家会计制度规定依法设置会计账簿。通常来说，设立的账簿类型主要有总账、明细账、日记账、备查账等。

1. 创业企业的会计建账

不管是新公司还是老公司，在年度开始时，会计人员均应根据核算工作的需要设置应用账簿。建账基准日应以公司成立日即营业执照签发日或营业执照变更日为准，由于会计核算以年度、季度、月进行分期核算，实际工作中，一般以公司成立当月月末或下月初为基准日。如果公司设立之日是在月度中的某一天，一般以下一个月份的月初作为建账基准日。

建账就是建立公司财务的明细，能够明确公司的财产变化，任何一个新公司的成立，都必须建账。初创企业的建账可以采取如下步骤。

(1) 确定适用的会计准则

目前，我国根据企业规模的不同，制定了《企业会计准则》和《小企业会计准则》，初创企业可以根据企业实际情况选择相应的核算准则。由于创业型企业大多规模较小，从节约会计核算成本和难度角度，可以选择《小企业会计准则》作为会计核算的准则。

(2) 购买账簿

工业企业由于会计核算涉及内容多，又有成本归集与计算问题，所以工业企业建账是最复杂的，一般而言，工业企业应设置的账簿有：

①现金日记账：一般企业只设 1 本现金日记账。但如有外币，则应就不同的币种分设现金日记账。

②银行存款日记账：一般应根据每个银行账号单独设立 1 本账。如果企业只有 1 个基本账户，则就设 1 本银行存款日记账。现金日记账和银行存款日记账均应使用订本

账。根据单位业务量大小可以选择购买 100 页的或 200 页的。

③总分类账：一般企业只设 1 本总分类账。外形使用订本账，根据单位业务量大小可以选择购买 100 页的或 200 页的。这 1 本总分类账包含企业所设置的全部账户的总括信息。

④明细分类账：明细分类账要使用活页的，所以不能直接买到现成的。存货类的明细账要用数量金额式的账页；收入、费用、成本类的明细账要用多栏式的账页；应交增值税的明细账单有账页；其他的基本全用三栏式账页。分别购买这 4 种账页，根据所需每种格式账页大概页数分别取一部分出来，外加明细账封皮及经管人员一览表。

业务简单且很少的企业可以把所有的明细账户设在 1 本明细账上；业务多的企业可根据需要分别就资产、权益、损益类分 3 本明细账；也可单独就存货、往来各设 1 本，视企业管理需要来设。另外，有些大公司固定资产明细账用卡片账。一般小公司都是和其他资产类合在一起。

(3) 选择会计科目

可以参照会计准则应用指南中的会计科目，结合自己单位所属行业及企业管理需要，依次从资产类、负债类、所有者权益类、成本类、损益类中选择出应设置的会计科目。

(4) 填制账簿内容

主要有：

①单位或使用者名称，即会计主体名称，与公章内容一致；

②印鉴，即单位公章；

③使用账簿页数，在本年度结束（12 月 31 日）据实填写；

④经管人员，盖相关人员个人名章，另外记账人员更换时，应在交接记录中填写交接人员姓名、经管及交出时间和监交人员职务、姓名；

⑤粘贴印花税票并画双横线，除实收资本、资本公积按万分之五贴花，其他账簿均按 5 元每本贴花。

另外，如果明细账分若干本的话，还需在经管人员一览表中填列账簿名称。

总分类账外形采用订本式，印刷时已事先在每页的左上角或右上角印好页码。但由于所有账户均须在一本总账上体现，故应给每个账户预先留好页码。如"库存现金"用第 1、2 页，"银行存款"用第 3、4、5、6 页，根据单位具体情况设置。并要把科目名称及其页次填在账户目录中。

明细分类账由于采用活页式账页，在年底归档前可以增减账页，故不用非常严格地预留账页。

现金或银行存款日记账各自登记在一本上，故不存在预留账页的情况。

需要注意的是，以上内容介绍的是企业手工记账模式的建账，如果企业采取财务软件记账，步骤基本一致。

2. 创业企业的会计记账

初创企业的会计记账有两种选择，一种是企业自己记账，另外一种是代理记账。

（1）企业自己记账

企业如选择自己记账，需要设置专门的会计岗位，并雇佣专职的会计人员。这种方式的优点是会计工作比较规范，管理者可以随时了解企业的财务状况，发挥会计的管理职能。但是，对于初创企业来说，如果企业的业务量较少的情况下，会使企业的管理成本增加。

（2）代理记账

创业企业一般规模较小，企业的业务活动不多，获利能力较差，经营中面临资金短缺的问题，因此，从节约成本和提高会计核算效率角度，可以选择代理记账。

《会计法》第三十六条明确规定："不具备设置条件的应当委托经批准设立从事会计代理记账业务的中介机构代理记账。"《代理记账管理暂行规定》规定："没有聘请具有从业资格的专职会计的必须要委托代理记账机构进行办理会计业务。"

代理记账是指将本企业的会计核算、记账、报税等一系列的会计工作全部委托给专业记账公司完成，本企业只设立出纳人员，负责日常货币收支业务和财产保管等工作。

代理记账的工作流程是：

电话联系→进一步沟通洽谈→签订协议→相关资料交接→前期账务审核（新企业建立新账）→按月上门收取票据→账务处理→相关问题沟通→纳税申报→整理档案→完成当月账务核算。

对于初创企业来说，代理记账公司将在较长的时期内伴随企业的发展壮大，选择一家靠谱的代理记账公司就显得尤为重要了。选择代理记账公司可以从以下方面审核：

①实地考察代理记账公司环境如何。做正规代理记账公司的都有自己租的固定办公地点，可以去该公司实地察看一下，咨询该办公地物业公司，确定该代理记账公司是否长期在此营业。

②查看公司营业执照。正规的代理记账公司都有当地工商局颁发的营业执照，如果没有则为假的。

③查看代理记账公司的代理记账许可证。正规的代理记账公司都有财政部门颁发的"代理记账许可证"，如果没有则不可信。

④查看办公设备。现在都是财务软件记账，如果该公司连电脑都没有几台，则要考虑该公司的正规性。

二、初创企业的财务管理

（一）初创企业的筹资管理

为什么超过90%的初创公司都没能坚持下来？许多研究显示，创业失败率高企的原因往往是这些初创公司缺乏经济资源来维持运作，因此，初创公司必须时刻衡量他们公司的收支情况，进行筹资的管理。

1. 用销售百分比法确定资本需要量

基本原理：企业的资产、负债中有一部分是与收入同比例增减的，因此可以在基期或上期期末的基础上去预测下一年度由于收入的增长导致资产的增长，资产的增长也就是资金占用的增加，就会有资金来源的增加。在此基础上，去预测由于销售增长之后，从企业内部来看，增加的负债来源和增加的留存收益来源，这两部分增加的数额合在一起之后，与增加的资金来源的差额，这就是下一年度需要从外部筹集的资金量，计算公式为：

$$外部资金需要量 = 增加的资产 - 增加的负债 - 增加的留存收益$$

其中：

①增加的资产 = 增量收入 × 基期敏感资产占基期销售额的百分比 = 基期敏感资产的合计数 × 销售增长率

②增加的负债 = 增量收入 × 基期敏感负债占基期销售额的百分比

③增加的留存收益 = 预计销售收入 × 销售净利润率 × 收益留存率

即：

$$对外筹资的需要量 = \frac{A}{S_0} \times \Delta S - \frac{B}{S_0} \times \Delta S - P \times E \times S_1$$

其中：A 为随销售变化的资产（敏感资产）；B 为随销售变化的负债（敏感负债）；S_0 为基期销售额；S_1 为预测期销售额；ΔS 为销售的变动额；P 为销售净利润率；E 为收益留存比率；A/S_0 为单位销售额所需的资产数量，即敏感资产占基期销售额的百分比；B/S_0 为单位销售额所产生的自然负债数量，即敏感负债占基期销售额的百分比。

2. 企业增长与筹资之间的关系

资本是一把双刃剑，对于初创企业来说，融资不是越多越好，因为任何资本都是有成本的，企业的融资需求必须根据企业的发展战略来确定。美国财务学家罗伯特·希金斯（Robert Higgins）于1977年提出了可持续增长模型，提出在稳定条件下，企业的融资需求与企业增长之间存在密切联系。

当企业实际增长率大于可持续增长率时，意味着企业发生了资金短缺，处于初创期的企业最容易发生资金短缺，因为，初创企业一般会有比较高的实际增长率。这时，如果初创企业没有能力获取外部的新增资金，初创企业会出现资金链断裂的状况，进而导致初创企业迅速破产。

初创企业如何协调增长与资金需求之间的关系？

第一种办法是筹资。首要的是不断进行权益性资本的筹集，通过争取风险投资、天使投资、股东注资、新三板等方式获得权益性筹资，权益性资本不仅是初创企业稳定和长久的资金来源，而且会提升初创企业的信誉，为下一步融资打好基础。其次，适当进行债务性融资，如银行借款，但负债的增加会导致初创企业的财务风险加大，初创企业不宜进行高负债的筹资。

第二种办法是提高企业的运营效率。提高初创企业的收入，控制和降低成本，进而提高企业的盈利能力。优化信用政策，多采用现金结算，加速应收账款的回收；优化产品生产流程，通过经济订货批量，减少库存量；在不破坏信用的前提下，尽可能延期支付款项。以上这些办法，核心是降低企业经营资产的存量水平。

第三种办法是主动降低增长的速度。如果初创企业没有办法获得支持高速增长的现金流，为了避免资金链断裂，创业者必须主动降低企业增长的速度。

（二）初创企业的投资管理

投资按照投资的标的物来分，可分为固定资产投资与金融资产投资。固定资产投资主要与项目相关，资金投向机器设备、厂房等，形成企业的生产能力，金融资产投资主要投向股票、债券等金融工具，初创企业的投资主要应以固定资产投资为主，较少或不进行金融资产的投资。

固定资产投资一般金额大、价值回收慢，对企业的影响是长期的，与企业的战略具有密切的相关性，因此，初创企业对固定投资要进行可行性分析。对项目投资的财务可行性评价主要采用净现值法和内涵报酬率法。

1. 现金流量（cash flow）

现金流量是投资项目在其整个寿命期内所发生的现金流出和现金流入的全部资金收付数量，而现金流入量减去现金流出量为现金净流量（net cash flow，NCF）。项目投资可以分为建设期、经营期和终结点三个阶段，在每个阶段，现金流量包括的内容主要有：

（1）建设期的现金流量

在项目的建设期，一般没有现金流入量，现金流量以流出量为主，主要包括：①固定资产投资。购入或建造固定资产的各项资金支出。②垫支的流动资产投资。投资项目所需的存货、货币资金和应收账款等项目所占用的资金。

（2）经营期现金流量

项目的经营期现金流量包括现金流入量和现金流出量两部分。经营期的现金流入量主要是营业收入，由产品的预计价格和预计销售数量确定。经营期的现金流出量主要是经营成本，由投资项目在经营过程中所发生的生产成本、管理费用和销售费用等构成，以全部成本费用减去折旧后的余额表示。则NCF的计算公式为：NCF = 税后净利 + 折旧。

（3）终结点

指项目资产寿命到期、项目到期的时间点。在项目的终结点的现金流量主要包括三部分：一是最后一期的营业现金净流量；二是固定资产的净残值或变价收入，指固定资产使用期满时的残值，或因故未到使用期满时，出售固定资产所形成的现金收入；三是收回的流动资产，指投资项目寿命期满时所收回的原流动资产投资额。

2. 净现值法（net present value，NPV）

NPV法是判断投资项目是否具有财务可行性最重要的指标，其计算公式为：

$$NPV = 未来现金流量的总现值 - 原始投资额的现值$$

如NPV > 0，则意味着项目能够增加企业的价值，则该项目可行，否则不可行。

例6-1 A初创企业拟投资一台机器设备用于生产某产品，该设备投资后，预计每年可以为企业增加销售收入100万元,购买该设备投资50万元,可使用5年,净残值为0,每年的使用该设备发生经营成本80万元,企业的资本成本为8%,所得税率为20%,该初创企业对该资产的投资是否可行?(P/A,8%,5)=3.99

解:年折旧=(50-0)/5=10(万元)

NCF0 = -50万元

NCF1-5 =(100-85)×(1-20%)+10=19(万元)

NPV=19×(P/A,8%,5)-50=19×3.99-50=25.81>0

所以,该项目具有财务可行性。

3. 内涵报酬率法(internal return rate,IRR)

IRR是指当净现值为0时的折现率,如IRR>0,则项目可行,因为这时项目的回报率超过了投资者要求的报酬率,可以增加股东的财富。

例6-2 如例6-1,假如投资人期望的回报率为8%,采用IRR法确定项目的可行性?

解:

NPV = NPV = 19×(P/A,i,5)-50=0

则(P/A,i,5)=2.63 查表i=26%>8%

所以,该项目具有财务可行性。

(三)初创企业的财务分析与诊断

财务分析能够帮助企业寻找到竞争力上的短处,如单位成本过高、管理效率较低、应收账款期限太长、存货周转速度过慢。通过财务分析,管理者能够从定性及定量的角度准确发现企业存在的问题。

1. 财务分析的基本方法

(1)比较分析法

比较分析法就是通过数据比较进行财务分析的方法,运用比较分析法可以轻易看出财务信息之间的数量关系与数值差异,为进一步分析指明方向。

比较分析法可以分为静态比较与动态比较,静态比较是实际收入与计划收入比较,动态比较是本期收入与上期收入比较。

比较分析法运用很广,既可以企业与其历史数据对比,也可以与其竞争对手或行业均值进行比较。应用比较分析要求比较的内容要有可比性,并且综合考虑各自因素来看待比较的结果。比如你拿卖火腿的企业和卖火腿肠的企业比较存货周转率,"火腿"和"火腿肠"虽仅一字之差,但两个品类经营模式截然不同(一个是奢侈品、耐用品,一个是快消品,产品市场定位不同),这根本就没有可比性;还有同是卖服装的,用年营业额10亿的品牌服饰企业和年营业额不足1亿的商贸企业比较收益能力(成本、毛利、存货周转等),得到的结果是没有意义的。

(2)趋势分析法

趋势分析法通过对比前后两期或连续数期财务报告中的相同指标,确定指标的增减变动方向、数额和幅度，以此来说明企业财务状况和经营成果的变动趋势，这种方法也被称为"水平分析法"，可以用来分析企业经营变化的主要原因、变动的性质，并预测企业未来的发展前景。

趋势分析法用到的数据可以是绝对值，也可以是比率或百分比数据；趋势分析法可以纵比，也可以横比，可以是同一企业不同时期财务数据的纵向比较，也可以是不同企业同一时期的财务数据横向比较。

在运用趋势分析的时候注意企业在不同时期之间业务规模差异对比较结果的影响，比如一个初创期企业因为业务规模小，销售额增长很快（绝对值、增长率都很高），当业务规模变大了以后，销售额增长的绝对值依然很大，但增长率变小了，不能根据这个比较结果武断地认为这个企业销售能力下降了。

需要注意的是，无论是应用比较分析法还是趋势分析法，分析结果都要以柱状图、折线图等可视化的方式呈现，以提高分析结果的实用性和可理解性。

(3) 财务比率分析法

财务比率分析法指的是把资产负债表、利润表和现金流量表某些彼此存在关联的项目加以对比，以比率的形式呈现出来，据此可以确定企业经营活动变动程度大小的方法。

财务比率是相对数，所以能够将某些条件下不可比或者由于数据庞大不容易分析的指标拿来比较（一目了然），提高数据的可比性。

2. 初创公司的重要财务比率

(1) 反映初创企业偿债能力的比率

偿债能力是指初创企业偿还长短期债务的能力。短期偿债能力指企业偿还短期债务的能力。短期偿债能力影响着企业的经营秩序和竞争力，比如陷入债务危机的企业无一例外都是短期偿债能力不足的企业，短期偿债能力不足造成企业现金流紧张，资金链条断裂，最终破产。一般来说，企业的流动资产应该能够偿还流动负债，这样才能保证流动平衡，维持企业正常经营。反映企业短期偿债能力的比率主要有：流动比率＝流动资产/流动负债×100%。流动比率的正常值应在1.25~2之间，初创企业应保持较高的流动比率。

长期偿债能力指企业偿还长期债务（包括本金和利息）的能力。一般而言，企业长期负债主要是用于企业长期发展的固定资产投资，负债不能太高，每年投资产生的效益至少要能够偿还利息，偿还本金的年份最好也不要太长。通常用资产负债率来衡量。

$$资产负债率 = 负债总额/资产总额 \times 100\%$$

资产负债率正常值不同行业、不同企业有不同的标准，一般创造现金流能力强的企业负债率可以高一点，但是过高会影响企业借款融资的能力，也增加企业经营风险。对于初创企业来说，由于市场占有率较低，没有稳定的现金流入，资产负债率不宜过高，以降低财务费用。

(2) 反映初创企业盈利能力的比率

盈利能力是企业股东和管理者共同关注的焦点，同时也是企业成败的关键，只有长期盈利的企业，才能吸引资金和人才资源，在市场竞争中胜出。常见的反映企业营利能力的比率有以下几种：

毛利率 =（销售收入 - 成本）/销售收入 × 100%

营业利润率 = 营业利润/销售收入 × 100%
　　　　　 =（净利润 + 所得税 + 利息费用）/销售收入 × 100%

净利润率 = 净利润/销售收入 × 100%

总资产报酬率（ROA）= 净利润/总资产平均值 × 100%

权益报酬率（ROE）= 净利润/权益平均值 × 100%

初创企业一般盈利能力的指标表现不佳，主要原因是初创企业由于销售收入不佳，而约束性的成本费用较多。初创企业应重点关注毛利率，毛利润率是一项非常重要的数字，因为它直接反映出一家初创企业花在发展上面的钱有多少，它是初创企业财务报表中最为重要的指标之一。

（3）反映初创企业营运能力的比率

营运能力是以企业资产的周转速度来确定运营效率的指标。周转速度越快，表明企业各项资产通过各条线路的流通速度越快，那么其形成收入和利润的周期就越短，一定时期内收益才能越高。一般来说，反映企业营运能力的比率主要有：

应收账款周转率 = 赊销收入净额/应收账款平均余额

存货周转率 = 销售成本/存货平均余额

流动资产周转率 = 销售收入净额/流动资产平均余额

固定资产周转率 = 销售收入净额/固定资产平均净值

初创企业应通过应用先进的管理方式，提高企业资产的周转速度，以提高资金的利用效率，减少资金占用。目前，很多初创企业采取轻资产的方式，有效地提高了资产的营运能力。

 三、初创企业纳税实务

（一）初创企业要交哪些税

税收贯穿于企业生产经营的全过程。创业者在拿到营业执照后，不管企业有没有赚钱，每个月都必须向税务局做税务的申报。我国的税制比较复杂，虽然不可能要求每个创业者都精通税法，但是了解最基本的财税知识是非常有必要的。

在 2016 年 5 月的全面营改增实施后，我国的税共有 17 种，费则达到上百种之多，不同的行业有所不同。但对于一般的创业公司而言，需要缴纳的税费一般只有 6~10 种，除去不经常发生且税率较低的小税种后，普通创业者需要重点关注的税只有两种，分别是增值税和企业所得税。

1. 增值税

增值税是我国财政收入的第一大税收来源，受到税务部门的严格征缴。增值税顾名思义就是要对增值额征税，也就是对买卖价格之间的差价进行收税，这样可以除去重复收税的问题，在一定程度上减少了企业的税负。

增值税的纳税人分为小规模纳税人和一般纳税人，适用的税率不同，初创企业应根据《中华人民共和国增值税暂行条例》和企业的实际情况合理认定应为何种纳税人。

一般纳税人的门槛相对较高，较多创业公司是从小规模纳税人开始的，小规模纳税人的税率是3%，其中的进项税是不能抵扣的。根据《国家税务总局关于小微企业免征增值税和营业税有关问题的公告》相关规定，小规模纳税人的季度销售额不超过9万元的话，可以申请零申报，免缴增值税。也正因为如此，当季度销售额接近9万元的时候，小规模纳税人就有了税收筹划（合理避税）的空间。需要注意的是，小规模纳税人一定要进行零申报，如果不办理，就会面临税务机关2000元的罚款。

如果公司的年销售额达到一般纳税人认定的标准，或者未达到标准，但公司的会计核算健全，可申请认定为增值税的一般纳税人。成为一般纳税人之后会有诸多好处，例如，出于进项税抵扣的需要，很多与初创企业合作的企业需要初创企业开普通增值税发票，如初创企业可以满足客户的需求，有利于拓展公司业务和扩大销售，有利于减轻企业税收负担，提高企业形象等。

例6-3　生产某产品的进货成本是100元，经过加工后，再以110元卖出去，那么，一般纳税人需要为该产品缴纳的增值税为（110-100）×16%=1.6（元）（提供加工生产的税率为16%），而小规模纳税人需要缴纳的增值税为110×3%=3.3（元），因此，初创企业应努力完善会计核算，提高销售额，争取认定为一般纳税人。

2. 初创企业的所得税

企业所得税是指纳税人在一定期间所获得的所有应税收入减除在该纳税期间依法允许减除的各种支出后的余额，计算公式为：

$$企业应纳所得税额 = 当期应纳税所得额 \times 适用税率$$

我国现在有两种企业所得税率：一是一般企业25%的所得税率，即利润总额中的25%要作为税收上交国家财政；二是优惠税率，包括非居民企业适用税率20%，符合条件的小型微利企业适用税率20%，国家需要重点扶持的高新技术企业适用税率15%。

2018年4月，国务院常务会议决定，再推出7项减税措施，支持创业创新和小微企业发展，主要包括将享受减半征收企业所得税优惠政策的小微企业年应纳税所得额上限从50万元提高到100万元；将高新技术企业和科技型中小企业亏损结转年限由5年延长至10年；将目前在8个全面创新改革试验地区和苏州工业园区试点的创业投资企业和天使投资个人投向种子期、初创期科技型企业按投资额70%抵扣应纳税所得额的优惠政策推广到全国。

（二）初创企业合理避税

合理避税并不是偷税漏税，它是在合法的范围内减轻税收压力，避免因为税务知识的盲点，而导致企业多缴税或被税务局罚款。所以，企业有必要了解合理避税的基本知识。

1. 纳税身份选择

由于小规模纳税人和一般纳税人面临的增值税缴纳情况不同，因此，初创企业应合理选择纳税身份。

大公司客户都要求供应商必须有一般纳税人资质，以便他们公司抵扣进项税，因此，初创企业的重要客户要求提供增值税专用发票，初创企业须努力满足一般纳税人的认定标准并向税务机关申请认定为一般纳税人。一般纳税人对于企业的形象有正面和积极的作用，对企业开发客户有一定的好处。

初创企业要明确上游供应商能否提供进项发票即增值税专用发票，如无法提供，初创企业应申请认定为小规模纳税人，享受低税率。

小规模纳税人月销售额不超过 3 万元，季度销售额不超过 9 万元免征增值税、城建税、教育费附加、地方教育附加。但只要超出 1 元，就必须全部计税。而一般纳税人不减免增值税、教育费附加和地方教育附加，只有水利基金的减免。

2. 初创企业避税的技巧

（1）技术入股

很多创业者都是技术方面的专家，创业者拥有专利，可将专利技术评估作价投入公司，这样，一方面有利于创业者在公司中持股比例的增加，另一方面，专利权作为无形资产确认，财务人员可以合理摊销，然后削减利润，少缴所得税。

（2）提升员工福利

创业企业在生产经营中，在不超越计税薪酬的范畴内，合理地提升员工的福利待遇，例如，为职工购买意外保险，建立职工基金（如：养老基金、奖励基金、互助基金等），不仅能够增强员工凝聚力和积极性，而且这些支出都能够列入公司运营成本，减少公司利润，减少税额负担。

（3）发票遗失的处理

发票丢失，一般无法重开，因为涉及相关税费，可有两种办法进行弥补：

第一种方法，从外单位取得的原始凭据如有丢失，应当取得原开出单位盖有公章的证明，并注明原来凭据的号码、金额和内容等，由经办单位会计机构负责人、会计主管人员和单位领导人同意后，可以代作原始凭据。

第二种方法，如果确实无法获得相关证明文件，如火车、轮船、飞机票等凭据，由当事人写出详细情况，由经办单位会计机构负责人、会计主管人员和单位领导人同意后，代作原始凭据。

（4）及时纳税申报

企业纳税申报是一项义务，不论企业是否有税要交。企业可能因为各种原因没有税款要缴纳，例如企业处于筹建期间；企业处于免税期间；企业处于清算期间；清算还没有结束；企业由于经营不理想，没有纳税收入或者收益。这些情况下，企业可能没有税款要缴纳，但都要按时纳税申报，没有应纳税税款的申报就是所谓的零申报。零申报只是一个简单的程序。一项简单的手续，如果不办理，税务机关可以每次处以罚款 2000 元。

案例 6-1

行家里手：财务管理的五种境界

企业成长不同阶段需要关注不同问题，财务管理在企业的不同成长时期也具有不同重点。我们既不需要一口气就吃个胖子，也不能在重点问题上存在重大缺失。伴随着企业的成长，财务管理也有其自身的成长过程。这个过程，我们可以把它分为递进的 5 种境界：

(1) 第一境界：记账

这个阶段的企业处于初创期，人员规模多不超过 30 人，业务比较简单，从产品、业务单元、地域方面来说，管理点少而单一；营运及资金规模也较小。因而对财务功能的要求较低，限于出纳、记录、简单核算、报税，财务完全是后台孤立的服务职能。这个阶段容易产生的问题是由于会计人员水平有限，往往缺乏严格的审核环节，核算归属、记账准确性和规范性差，有潜在资金安全隐患。另外，业务上的灵活性导致财务上存在许多账外项目，账目不能真实反映整体经营状况。比较好的解决办法是聘请实务经验丰富的会计人员或机构定期审账调账，规范科目设置、核算归属、对账、单据凭证账簿，并且建立简单的财务控制措施，如费用标准、借款限额等。

(2) 第二境界：控制

企业进一步成长，进入较大范围的市场、产品线和组织的扩张。这个阶段，由于资金、货物的运作量不断增大，企业面临的风险增大，产生资财损失的可能性和危害程度都扩大。组织单元、人员、地域管理点快速增多，也加大了资金调配、费用失控的风险。同时，快速扩张对资金周转提出较高的要求，如果对整体财务、资金状况缺乏准确及时的了解，就会丧失市场机会或造成现金流危机。这个阶段的企业，就像快速奔驰的列车，如果没有一套良好的制动装置，遇到弯道、突发情况等就容易出轨。所以，企业到达这个阶段，迫切需要一个有效的控制体系，使持续的奔驰建立在一个可控的平台之上。

配合这个阶段的管理要求，财务管理强调资金、货物、资产等财务安全，要求准确的记账和核算。财务广泛参与到业务流程的事中控制之中，紧贴业务，建立起一套财务控制制度，从资金、存货、信息、账务四个方面保障企业内部安全。这个阶段容易出现的问题是：对可能有的风险缺乏系统分析和了解；采用控制手段，但对控制效果没有把握，并缺乏科学的评估办法；控制点和控制手段不恰当，没有起到控制效果；侧重对会计系统的控制，忽视业务系统的财务控制，使财务控制仍然停留在事后，从而起不到对业务的控制作用。解决这个阶段的问题要求既懂管理又懂财务，并且具有良好的大局观念和系统思维的专业人士。在实际中，企业或通过聘请这样的财务总监，或通过聘请专业咨询机构来系统搭建这个控制平台。

(3) 第三境界：分析

企业进一步成长，或在已有的市场中处于领先地位，或进入多元化发展，在较大范围的市场进行竞争。企业面临的市场、竞争及内部管理环境比较复杂，信息比较庞杂，需要进行选择和分析以支持各种决策。如果缺乏这种信息的支持，决策将无法进行或决策错误的风险很大，如：基于财务分析的战略选择、业务组合、业绩管理，投融资决策，运营效率的改善，全面预算的实行等。这些都将阻碍企业市场份额的扩大和利润的增长。因此，这个阶段要求财务为业绩管理、全面预算、决策支持服务，帮助企业盈利。财务参与到事前规划和控制中。

常规的指标分析是财务分析的重要组成部分，但它主要为投资者所用。对企业经营管理者而言，财务分析的内容远不只如此。企业在这个阶段，需要建立适合自己的财务分析体系和模型。财务分析的结果，可广泛使用于业绩规划、盈利分析、效率改善和薪酬制定中。

(4) 第四境界：资本运作

这个阶段，企业运用资本手段进行较大规模的快速扩张，进入多元化扩张和发展，企业通过上市募集资金或进行其他战略性、财务性融资。同时，采取并购等手段进行扩张。这一阶段的财务重在资金运作，对投融资进行直接运作和管理，以及所涉及的资本结构优化、利润分配事宜。

(5) 第五境界：财务效益

这时的企业具有较复杂的资本结构、法人结构，营运资本量大，有税务谈判的筹码。这个阶段的财务主要是通过税务优化、营运资本的管理，直接为企业产生效益，以避免不必要的多纳税和资金闲置，造成损失。

以上财务管理的五种境界有着内在逻辑发展顺序，但并非是完全割裂开来的。境界间可能交叉，互相重合。但在企业发展的不同阶段，需要不同的财务管理体系与之配套。如果这样的体系有重大的缺失或功能不到位，则会严重阻碍企业的发展。

(资料来源：金羊网-民营经济报，2006年2月17日访问，http://finance.sina.com.cn)

要求：根据以上资料，请编制一份创业计划的财务方案。

第六节　初创企业的市场拓展

不管什么公司，研发了多好的产品、设计了多好的服务，最终把想法变成现实，实现商业化运作，其重中之重就是要开拓市场。但是开发市场并非易事。很多公司是前赴后继，成也萧何败也萧何。尤其是在互联网时代，很多传统的营销方式失灵，甚至很多原来奉为经典的市场策划方案都已束之高阁，当下不再具备价值，这让很多企业主尤其是初创企业颇为头疼。

 一、产品市场细分和定位

市场细分（market segmentation）的概念是美国营销学家温德尔·史密斯（Wendell Smith）在1956年最早提出的，此后，美国营销学家菲利浦·科特勒进一步发展和完善了温德尔·史密斯的理论并最终形成了成熟的STP理论，其中STP分别为市场细分（segmentation）、目标市场选择（targeting）和市场定位（positioning）的首字母。

STP理论的根本要义在于选择确定目标消费者或客户，或称市场定位理论。根据STP理论，市场是一个综合体，是多层次、多元化的消费需求集合体，任何企业都无法满足所有的需求，企业应该根据不同需求、购买力等因素把市场分为由相似需求构成的消费群，即若干子市场，这就是市场细分。企业可以根据自身战略和产品情况从子市场中选取有一定规模和发展前景，并且符合公司的目标和能力的细分市场作为公司的目标市场。随后，企业需要将产品定位在目标消费者所偏好的位置上，并通过一系列营销活动向目标消费者传达这一定位信息，让他们注意到品牌，并感知到这就是他们所需要的。

1. 市场细分含义

市场细分是指营销者通过市场调研，依据消费者的需要和欲望、购买行为和购买习惯等方面的差异，把某一产品的市场整体划分为若干消费者群的市场分类过程。每一个消费者群就是一个细分市场，每一个细分市场都是具有类似需求倾向的消费者构成的群体。

2. 细分消费者市场的基础

地理细分：国家、地区、城市、农村、气候、地形。

人口细分：年龄、性别、职业、收入、教育、家庭人口、家庭类型、家庭生命周期、国籍、民族、宗教、社会阶层。

心理细分：社会阶层、生活方式、个性。

行为细分：时机、追求利益、使用者地位、产品使用率、忠诚程度、购买准备阶段、态度。

3. 市场细分的作用

细分市场不是根据产品品种、产品系列来进行的，而是从消费者（指最终消费者和工业生产者）的角度进行划分的，是根据市场细分的理论基础，即消费者的需求、动机、购买行为的多元性和差异性来划分的。通过市场细分对企业的生产、营销起着极其重要的作用。

（1）有利于选择目标市场和制定市场营销策略

市场细分后的子市场比较具体，比较容易了解消费者的需求，企业可以根据自己经营思想、方针及生产技术和营销力量，确定自己的服务对象，即目标市场。针对着较小的目标市场，便于制定特殊的营销策略。同时，在细分的市场上，信息容易了解和反馈，一旦消费者的需求发生变化，企业可迅速改变营销策略，制定相应的对策，以适应市场需求的变化，提高企业的应变能力和竞争力。

（2）有利于发掘市场机会，开拓新市场

通过市场细分，企业可以对每一个细分市场的购买潜力、满足程度、竞争情况等进行分析对比，探索出有利于本企业的市场机会，使企业及时做出投产、异地销售决策或根据本企业的生产技术条件编制新产品开拓计划，进行必要的产品技术储备，掌握产品更新换代的主动权，开拓新市场，以更好地适应市场的需要。

（3）有利于集中人力、物力投入目标市场

任何一个企业的资源、人力、物力、资金都是有限的。通过细分市场，选择了适合自己的目标市场，企业可以集中人、财、物及资源，去争取局部市场上的优势，然后再占领自己的目标市场。

（4）有利于企业提高经济效益

前面三个方面的作用都能使企业提高经济效益。除此之外，企业通过市场细分后，可以面对自己的目标市场，生产出适销对路的产品，既能满足市场需要，又可增加企业的收入；产品适销对路可以加速商品流转，加大生产批量，降低企业的生产销售成本，提高生产工人的劳动熟练程度，提高产品质量，全面提高企业的经济效益。

4. 市场细分的步骤

市场细分包括以下步骤：

（1）选定产品市场范围

公司应明确自己在某行业中的产品市场范围，并以此作为制定市场开拓战略的依据。

（2）列举潜在顾客的需求

可从地理、人口、心理等方面列出影响产品市场需求和顾客购买行为的各项变数。

（3）分析潜在顾客的不同需求

公司应对不同的潜在顾客进行抽样调查，并对所列出的需求变数进行评价，了解顾客的共同需求。

（4）制定相应的营销策略

调查、分析、评估各细分市场，最终确定可进入的细分市场，并制定相应的营销策略。

5. 市场细分的条件

企业进行市场细分的目的是通过对顾客需求差异予以定位，来取得较大的经济效益。众所周知，产品的差异化必然导致生产成本和推销费用的相应增长，所以，企业必须在市场细分所得收益与市场细分所增成本之间做一权衡。由此，我们得出有效的细分市场必须具备以下特征：

（1）可衡量性

可衡量性指各个细分市场的购买力和规模能被衡量的程度。如果细分变数很难衡量的话，就无法界定市场。

（2）可营利性

可营利性指企业新选定的细分市场容量足以使企业获利。

（3）可进入性

可进入性指所选定的细分市场必须与企业自身状况相匹配，企业有优势占领这一市场。可进入性具体表现在信息进入、产品进入和竞争进入。考虑市场的可进入性，实际上是研究其营销活动的可行性。

（4）差异性

差异性指细分市场在观念上能被区别并对不同的营销组合因素和方案有不同的反应。

二、目标市场

（一）目标市场含义

著名的市场营销学者麦卡锡提出了应当把消费者看作一个特定的群体，称为目标市场。通过市场细分，有利于明确目标市场，通过市场营销策略的应用，有利于满足目标市场的需要。即：目标市场就是通过市场细分后，企业准备以相应的产品和服务满足其需要的一个或几个子市场。

（二）选择目标市场的策略

选择目标市场，明确企业应为哪一类用户服务，满足他们的哪一种需求，是企业在营销活动中的一项重要策略。

1. 无差别性市场策略

无差别性市场策略，就是企业把整个市场作为自己的目标市场，只考虑市场需求的共性，而不考虑其差异，运用一种产品、一种价格、一种推销方法，吸引尽可能多的消费者。采用无差别性市场策略，产品在内在质量和外在形体上必须有独特风格，才能得到多数消费者的认可，从而保持相对的稳定性。

这种策略的优点是产品单一，容易保证质量，能大批量生产，降低生产和销售成本。但如果同类企业也采用这种策略时，必然要形成激烈竞争。面对竞争强手时，无差别策略也有其局限性。

2. 差别性市场策略

差别性市场策略就是把整个市场细分为若干子市场，针对不同的子市场，设计不同的产品，制定不同的营销策略，满足不同的消费需求。针对每个子市场的特点，制定不同的市场营销组合策略。这种策略的优点是能满足不同消费者的不同要求，有利于扩大销售、占领市场、提高企业声誉。其缺点是由于产品差异化、促销方式差异化，增加了管理难度，提高了生产和销售费用。目前只有力量雄厚的大公司采用这种策略。

3. 集中性市场策略

集中性市场策略就是在细分后的市场上，选择两个或少数几个细分市场作为目标市场，实行专业化生产和销售。在个别少数市场上发挥优势，提高市场占有率。采用这种策略的企业对目标市场有较深的了解，这是大部分中小型企业应当采用的策略。

采用集中性市场策略，能集中优势力量，有利于产品适销对路，降低成本，提高企业和产品的知名度。但有较大的经营风险，因为它的目标市场范围小，品种单一。如果目标市场的消费者需求和爱好发生变化，企业就可能因应变不及时而陷入困境。同时，当强有力的竞争者打入目标市场时，企业就要受到严重影响。因此，许多中小企业为了分散风险，仍应选择一定数量的细分市场为自己的目标市场。

三种目标市场策略各有利弊。选择目标市场时，必须考虑企业面临的各种因素和条件，如企业规模和原料的供应、产品类似性、市场类似性、产品寿命周期、竞争的目标市场等。选择适合本企业的目标市场策略是一个复杂多变的工作。企业内部条件和外部环境在不断发展变化，经营者要不断通过市场调查和预测，掌握和分析市场变化趋势与竞争对手的条件，扬长避短，发挥优势，把握时机，采取灵活的适应市场态势的策略，去争取较大的利益。

 三、市场定位

市场定位是 20 世纪 70 年代由美国学者艾·里斯和杰克·特劳特提出的一个重要营销学概念。所谓市场定位就是企业根据目标市场上同类产品竞争状况，针对顾客对该类产品某些特征或属性的重视程度，为本企业产品塑造强有力的、与众不同的鲜明个性，并将其形象生动地传递给顾客，求得顾客认同。市场定位的实质是使本企业与其他企业严格区分开来，使顾客明显感觉和认识到这种差别，从而在顾客心目中占有特殊的位置。

传统的观念认为，市场定位就是在每一个细分市场上生产不同的产品，实行产品差异化。事实上，市场定位与产品差异化尽管关系密切，但有着本质的区别。市场定位是通过为自己的产品创立鲜明的个性，从而塑造出独特的市场形象来实现的。一项产品是多个因素的综合反映，包括性能、构造、成分、包装、形状、质量等，市场定位就是要强化或放大某些产品因素，从而形成与众不同的独特形象。产品差异化乃是实现市场定位的手段，但并不是市场定位的全部内容。市场定位不仅强调产品差异，而且要通过产品差异建立独特的市场形象，赢得顾客的认同。

需要指出的是，市场定位中所指的产品差异化与传统的产品差异化概念有本质区别，它不是从生产者角度出发单纯追求产品变异，而是在对市场分析和细分化的基础上，寻求建立某种产品特色，因而它是现代市场营销观念的体现。

四、营销管理

营销管理是一个商业分支，针对的是营销手段的实际应用和管理一家公司的营销资源和活动。

（一）定义和范畴

这个术语没有通用的定义。一定程度上这是由于这样一个事实引起的：营销经理的职责会根据业务规模、企业文化和行业情况而有着明显不同。例如，在一个大型的消费者产品公司，营销经理可能扮演的是他所负责的产品或品牌的总经理角色，对利润或损失负全部责任。相比之下，一个小型的法律事务所可能根本没有营销人员，很大程度上它需要事务所的合作伙伴临时性制定营销管理决策。

科特勒（Philip Kotler）和凯勒（Kevin Lane Keller）把营销管理定义为"选择目标市场和通过创造、传递和沟通出众的价值来获得、保持和增长消费者的艺术和科学"。从这个角度来讲，营销管理的范畴相当广。这样一个定义的暗示是，公司用来获得客户和管理公司与客户的关系的任何活动或资源都属于营销管理的范畴。另外，科特勒和凯勒的定义既包括新产品和服务的开发，也包括把它们传递给客户。

著名的营销专家麦肯纳（Regis McKenna）在他1991年发表在《哈佛商业评论》的一篇有影响力的文章《营销就是一切》中表达了类似的观点。麦肯纳谈到，因为营销管理包括影响一家公司为用户传递价值的能力的所有因素，它必须是"无所不在的，每一个人的工作职责的一部分，从接待员直到董事会"。

这个观点也与管理大师德鲁克（Peter Drucker）的观点一致。德鲁克曾写道："因为商业的目的是创造客户，商业组织有两个——而且只有两个——基本的职能：营销和创新。营销和创新带来收益；剩下的都消耗成本。营销是与众不同的、独一无二的商业职能。"

但是因为很多企业按照一个很局限的营销定义来运作，这样的表述就显得很有争议，对于一些商业管理人员而言甚至很滑稽。这在那些营销部门除了制作销售手册和执行广告活动以外就只负责很少的事情的企业中尤为明显。

正因为如此，来自德鲁克、科特勒和其他学者们的更广更复杂的营销管理定义，被与狭义的很多企业的操作级别的定义相提并论。这里混淆的来源经常是在既定的公司内，营销管理这一术语可能被解释为所有营销部门正好做的事情，而不是一个包括所有营销活动的术语——事实上这些营销活动甚至正在被其他部门所执行，如销售、财务或运营部门。例如，如果某一既定公司的财务部门制定了价格决策（为交易、提案、合同等），这一财务部门其实就是负责了营销管理中的一个重要组成部分——定价（pricing）。

（二）营销活动

营销管理涵盖了非常广泛的职责和活动，尽管营销部门本身可能只负责其中的一部分。无论负责的是公司的哪个部门，营销管理的职责和活动包括以下内容。

1. 营销战略

一旦公司对客户基础和本身在行业中的竞争定位有了足够的了解，营销经理就能够制定关键的战略决策，并制定营销战略来使得公司的收入利润最大化。所选战略可能瞄准的是各种明确目标，包括优化短期单位利润，收入增长，市场份额，长期收益，或者其他目标。

为了达到预期目标，营销人员典型做法是确定一个或多个他们想要追踪的目标客户细分群体。客户细分群体的选择是根据两个方面得分高低来决定的：①细分群体很吸引人去服务，因为它的数量庞大并且正在成长，且经常性地作出购买行为，而且对价格并不敏感（如愿意高价购买）；②公司有资源和能力完成细分群体的业务，可以比竞争对手更好地满足他们的需求，并且能够有利润。事实上，一个普遍的营销定义就是"在获得利润的前提下满足需求"。

选择目标客户细分群体的含义就是，相对于其他非目标化的客户而言，公司随后会分配更多的资源来获得和保持目标群体中的客户。在一些例子中，公司可能会去转变不在目标客户细分群体中的客户的方向。例如，一家时尚的夜总会看门人，可能会拒绝进入非时尚穿着的个体中，因为公司制定了战略性决策来瞄准"高度时尚"的夜总会顾客群体。

与目标决策相关联，营销经理会确定公司、产品或品牌在目标客户心目中想要的定位。这一定位通常是一种公司的产品或服务所提供的主要益处的包装，其中，这些益处不同于且优于竞争产品所提供的益处。例如，沃尔沃（Volvo）的传统做法是将其产品定位于北美汽车市场，以获得在"安全"领域的领先地位，而宝马（BMW）则着力于将其品牌打造成为"性能"领域的领头羊。

理想情况下，公司的定位可以维持很长一段时间，因为公司处理或开发某种形式的可持续竞争性优势。定位也应该与目标客户群体有足够的关联性，以驱动目标消费者的购买行为。

2. 实施规划

在确定了公司的战略目标，选择了目标市场和公司的定位，决定了产品或品牌之后，营销经理就该着眼于如何最好地实施所选择的策略了。一般来说，这包括涵盖营销4P的所有实施规划：产品管理（product management）、定价（pricing）、地点（place）（如销售和分销渠道）以及推广（promotion）。

综合起来，公司对4P的实施通常被称作营销组合，意思是公司会采用来"进入市场"和执行营销战略的元素的组合。营销组合的总体目标是，持续提供强制性的价值主张，来加强公司所选择的定位，建立客户忠诚度和在目标客户中的品牌价值，并达到公司的营销和财务目标。

很多情况下，营销管理会开发一个营销计划来详细说明公司如何去执行选择的战略，并达到商业目标。不同公司的营销计划的内容有所不同，但是普遍都包括：

①摘要；
②现状分析，总结从市场调研和分析中获得的事实和见解；
③公司的使命陈述或长期战略愿景；
④公司主要目标的陈述，通常细分为营销目标和财务目标；
⑤企业选择的营销战略，详细说明要追踪的目标客户群体和要达到的竞争定位；
⑥营销组合（4P）中每个元素的实施方案；
⑦对所需投资的总结（人员，项目，IT系统等）；
⑧财务分析和预测结果；
⑨时间表或高级项目计划；
⑩度量参数，测量和控制流程；
⑪主要风险列表，以及管理这些风险的策略。

3. 项目管理，流程管理，供应商管理

一旦关键的实施行动确定之后，营销经理就要管理营销计划的执行了。营销管理人员可能需要管理特定的项目，如销售人员管理、产品研发、渠道营销项目以及公共关系和广告活动的执行。营销人员使用各种项目管理方法来确保项目能在既定时间和预算内达到目标。

更广泛地，营销经理会设计、改善和更新营销流程的有效程度，如新产品开发、品牌管理、营销传播和价格制定。营销人员可能采用业务流程再设计工具来确保这些流程设计合理，并且使用各种流程管理方法来保持它们运作平稳。

有效的执行可能需要管理内部资源和各种外部供应商和服务提供商，如公司的广告代理商。因此，营销人员可能需要在这些服务的过程中与公司的采购部门合作。

4. 组织管理和领导

营销管理通常需要领导一个进行各种营销活动的专业人员所组成的部门或团体。这经常会延伸到超过公司的营销部门本身，需要营销经理为各种营销活动提供跨职能的领导力。这可能需要与人力资源部门在诸如招聘、培训、领导力发展、绩效考核、赔偿以及其他方面进行广泛的合作。

营销管理可能会在为企业建立和维持营销导向上花费大量时间。达到营销导向（也被称作"以客户为中心"或"营销概念"），需要在管理高层中达成共识，然后再把"以客户为中心"这一理念推向整个组织。文化障碍可能会存在于特定企业单位或职能领域，而营销经理必须从事其中来达到目标。另外，营销管理人员经常扮演"品牌拥护者"的角色，并加强整个企业中的企业形象标准。

在更大的组织中，尤其是那些拥有多个业务单元，顶级营销经理可能需要协调不同的营销部门和资源，从财务、研发、工程、运营、生产或者其他职能区域来实施营销计划。为了有效地管理这些资源，营销管理人员可能需要花费大量时间在政治问题和部门间的谈判上。

因此，营销经理的效能可能也依赖于其内部"销售"各种营销项目的能力，这与外部客户对这些项目的反应相当（从对绩效评估的影响而言）。

5. 报告、测量、反馈和控制系统

营销管理采用各种度量参数来测量达到目标的进度。营销经理有责任在营销部门中或其他地方确保营销项目的执行以高性价比的方式达到预期目标。

因此，营销管理经常利用各种组织控制系统，如销售预测，销售人员和中间商鼓励项目，销售人员管理系统，以及客户关系管理工具（CRM）。近来，一些软件供应商开始使用一个术语"营销运营管理"或"营销资源管理"，来描述这些让控制营销资源的整合方法变得更容易的工具。在某些情况下，这些努力可能会被联系到各种供应链管理系统上，如企业资源计划（ERP）、材料需求计划（MRP）、高效客户回应（ECR），以及库存管理系统。

测量各种营销活动的投资回报率（ROI）和营销效果是营销管理中的一个重要问题。各种营销调研、会计和财务工具都被用于帮助评估营销投资的ROI。例如，品牌评估被用来确定由公司的品牌产生的市场价值的比重，从而评估在品牌价值上的特定投资的财务价值。此外，整合营销传播（IMC），是一个基于CRM数据库的方法，它被用于评估营销组合执行的价值（根据这些执行产生的客户行为变化）。

 五、媒体营销策略

（一）目标市场分析

1. 企业及产品情况分析

通过简单介绍企业和产品，为营销策略设计阐明目标。

2. 市场结构

产品的市场结构是指产品市场关系（交易关系、竞争关系、合作关系）的特征和形式。作为市场构成主体的买卖双方相互间发生市场关系的情形包括 4 种情况：卖方（企业）之间的关系；买方（企业或消费者）之间的关系；买卖双方相互间的关系；市场内已有的买方和卖方与正在进入或可能进入市场的买方、卖方之间的关系。上述关系在现实市场中的综合反映就是市场的竞争和垄断关系。市场结构还表现在消费者构成上。

3. 目标市场现状

结合现有媒体，尤其是网络媒体的分析，对目标市场现有情况进行细致分析。

（二）市场定位

结合当前媒体特征，通过目标消费者调查、产品核心优势提炼等分析，对产品进行科学的市场定位。

（三）营销设计

结合媒体特征，以前面营销策略为基础，按照年度制定营销目标；并制定网络营销推广策略，包括电子邮件推广、搜索引擎加注、网络联盟策略、数据库策略、雁过留声法、加入友情链接联盟、软文推广、口碑推广论坛推广等。

第七章 创新创业实训

第一节 商业机会挖掘与创意产生实训

◇ 导入案例情境

商业机会挖掘与创意激发

主题：以小组为单位，每个小组经过讨论输出 3~5 个创意。
时间：2 课时。
地点：第一次分组后，小组围坐的位置。
主持人：老师。
背景：不知道该从哪个方向去寻找商业机会，暂时也没有好的创意。
进行方式：
（1）老师明确本次商业机会挖掘与创意产生实训的任务；
（2）确定实训的步骤为：感知—激发—呈现—分析—筛选；
（3）发放引导画布；
（4）确定输出规则：每人输出 1 个以上的创意，经小组讨论，确认小组项目 3~5 个。
实训任务描述如表 7-1 所示。

表 7-1　　商业机会挖掘与创意产生实训任务描述

实训任务阶段	实训任务描述
第一阶段（感知）	小组的每位成员可通过寻找身边的烦恼，或表达对未来生活的期望，或调查收集相关的创业信息，为创意的产生提供足够的信息
第二阶段（激发）	采用小组讨论式，综合小组成员自身的条件，对收集到的信息进行归纳、提炼、补充和评价，对信息进行取舍
第三阶段（呈现）	每个小组推选一人到台上分享小组最终决定输出的 3~5 个创意
第四阶段（分析）	通过师生或生生之间的问答式、头脑风暴法对每个小组的初步创意进行评估和补充
第五阶段（筛选）	小组成员通过获得的帮助和自身条件，选择容易入手且有市场高潜力的商业机会

实训目标如表7-2所示。

表7-2　　　　　商业机会挖掘与创意产生实训目标

序号	实训目标	目标层次
1	能对收集到的信息进行归纳、提炼、补充和评价，并对信息进行取舍	必须达到
2	掌握商业机会挖掘的角度	应该达到
3	初步评估所选的创意项目	应该达到
4	了解如何让创意变成现实	可以达到

实训准备：相关画布如图7-1所示。

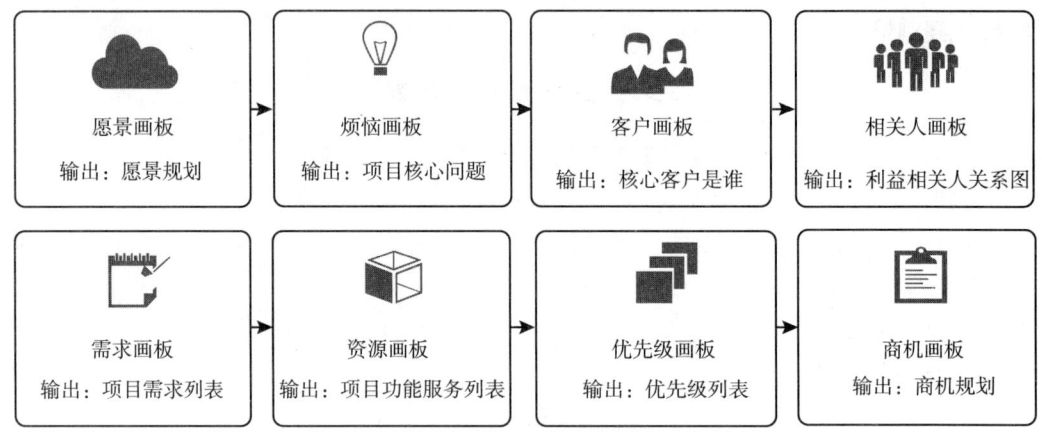

图7-1　相关画布

实训步骤如表7-3所示。

表7-3　　　　商业机会挖掘与创意产生实训步骤流程和说明

实训步骤	流程和说明
第一步：感知	1. 老师讲解创业项目初选方法，如兴趣爱好、校园经济、困扰和抱怨、旅行、流行趋势、互联网等，在此可不限制学生的想象； 2. 教师发放愿景画板和烦恼画板，并做适当的解释，引导学生收集相关的想法，为创意的产生提供足够的信息
第二步：激发	1. 教师讲解项目初选的五最法：最擅长、最喜欢、最熟悉、最有资源、最具市场发展前景； 2. 组内成员采用头脑风暴法，对收集到的信息进行归纳、提炼、补充和评价，对信息进行取舍，最终小组选出3~5个创意项目
第三步：呈现	教师组织，让每个小组推选一人到台上分享小组最终决定输出的3~5个创意项目，要求用简短的话语阐述出项目的行业所属，怎样做推广、怎样蹭热点

续表

实训步骤	流程和说明
第四步：分析	在每个小组阐述完成之后，通过师生或生生之间的问答式、头脑风暴法对每个小组的创意想法进行初步的分析和评价
第五步：筛选	1. 教师再次启发结合项目初选的五最法，提醒小组做判断，凡是只满足 2~3 项"最"的，应该是属高风险的选择，可以考虑去掉该创意项目；凡是满足 4~5 项"最"的，应该是属低风险的选择，可以考虑该创意项目； 2. 每个小组通过获得的帮助和自身条件，经过讨论，留下自认为最合适的创意项目

重点问题和答案及重要观点

1. 商业机会挖掘的角度

商业机会通常体现为市场上尚未满足和尚未完全满足的有购买力的消费需求，也称为市场机会。从宏观的商业模式和行业发展的角度到微观的个人和产品的视角，商业机会挖掘的方式可以分为：市场机会、政策机会、技术机会、模仿创新、重度垂直、从兴趣出发、发现痛点、定义场景等。

2. 市场机会

市场经济的快速发展带来新的需求，而现有的市场无法满足这些需求，这就要求有创业者去创造新的企业去满足。根据国际经验，人均 GDP 超过 5000 美元时，文化消费会在总消费支出中的比重会急剧增加，2017 年中国人均 GDP 已经达到 8836 美元，因此未来中国的文化娱乐产业将迎来快速增长的阶段。

3. 政策机会

随着经济的快速发展，需求的不断改变，政府必须时刻跟随时代来调整政策，市场政策的变动使得市场结构发展变化，新政策的出台和现有政策的变化都会为创业者们带来大量的创业机会。例如二孩政策的全面放开，每年将会新增 100 万~200 万新生儿，其所蕴含的消费红利为每年 1200 亿~1600 亿元，为母婴、医疗健康、在线教育等行业带来了巨大的创业机会。

4. 技术机会

就是技术的变化带来的创业机会。主要是科学技术的不断突破和前进，或产生新的技术，或对现有的技术整合进行重组，都会给创业者带来创业机会。

5. 模仿创新

模仿创新即通过模仿而进行的创新活动，一般包括完全模仿创新和模仿后再创新两种模式。如美国有了亚马逊，中国有了当当；美国有了 Twitter，中国有了微博；美国有了 Groupon，中国有了百团大战；这些都是完全模仿创新，因为核心的应用模式没有发生变化。

6. 重度垂直

垂直领域，指的是房产、家居、汽车、旅游、教育和医疗等大宗非标准化的消费品领域。由于百度、腾讯、阿里、京东、360 等巨头垄断了平台，未来很多的创业机会都将出现在垂直的细分市场。

7. 从兴趣出发

兴趣是最好的老师，创业者通过发现自己的兴趣、渴望、理想，专注地发挥自己最擅长的那个部分，便将会为整个创业过程提供持续的行动力，创造和贡献出自己的价值。马蹄铁的研制者是来自北京邮电大学的骑行爱好者聂梦松和小伙伴们，马蹄铁是一套科技含量十足的骑行装备，骑行过程中对于自行车的"可穿戴"设备的想法是他们挖掘到商机的起点。

8. 发现痛点

痛点，往往是因为现有的资源或者条件无法满足自己的需要，换言之，就是这方面暂时没有人去做或者做得不够好，这就是一个新的商业机会。痛点要从身边的人对现有生活的不满意的陈述中找。

9. 定义场景

这个词被用在互联网领域时，场景常常表现为与游戏、社交、购物等互联网相关的、通过支付完成闭环的应用形态，有些应用形态是超级入口，有些应用形态是支付场景，不同群体中的不同个体被场景联结在一起，这种联结所创造的独特价值，会形成体验，促成消费甚至创造个体生存意义。

10. 创意变现

当灵感闪现时，可以借助一些工具和经验，有步骤地精准掌控这些创意，以确保它带来好的结果。不要让手头的好主意悄悄溜走，因为只有那些善于将抽象的理念转化为具体解决方案的人，才能够被称为真正的创业者，创意由梦想变为现实之前，它不具备价值，只有我们将其他力量，如组织、圈子及领导力等赋予创意本身时，它才具备真正实现的可能性。

案例 7-1

陈黎明和他的京东学生特权

2003年，当陈黎明还是一名大学生的时候，他就进入了华硕硕市生（ASUS Campus Master，ACM）福州团队，这是一个针对大学生开发潜能、构建领导力的企业合作社团。陈黎明在负责华硕硕市生项目期间，因培育员工的方式独特，在不设预算限制和考核指标的情况下，依然能够培育出优秀的领袖级人才而荣登中欧商学院案例。从大学的一个校园团队负责人，成为华硕硕市生掌门人，十二年磨一剑，他积累了丰富的校国垂直社群管理与运营经验。

2015年，陈黎明加入京东金融集团，担任校园金融部总监，部门业务属于京东白条的一部分，负责有关大学生校园信贷产品开发设计及业务落地推广实施。陈黎明来京东之前自我感觉还有一些互联网意识，可是真正进入这样的领域，面对如此大的平台，还负责一支被高层视为战略线的团队，这种压力前所未有，他终于体验到了传说中的大神体验过的每天只睡四小时的"快感"。面对一个百亿级的盘子，陈黎明一直思考如何通过产品突围，如何将自己的社群运管经验与京东金融集团强大的资源优势整合起来，打造一款为大学生量身定做的互联网金融产品。

陈黎明想到自己在大学的时候：总是有很多想法，渴求体验新奇好玩的事物，但是，总有一个"但是"！缺！缺少银子盘缠，还好自己有很多时间，能找到同款最便宜的，可是如果你身边没有这样的大神级的朋友怎么办？那基本上要么买贵了，要么就是……各种惨痛的经历都有，那么京东能不能做一个这样属于我们大学生的平台呢？针对大学生的特价产品，不用再苦找，不用担心被骗，不用担心买到假货，不用担心售后问题，不用比价，不用现实压制渴望。

陈黎明还发现尽管大学生金融消费市场被企业看好，但是缺乏优秀的产品，甚至有不法分子利用大学生的信任诱导学生在不知情的情况下做信用担保，信用诈骗也是常有的事情，目前还没有一款产品是针对"大学生"这个专属的身份进行思考并设计出来的，学生的权益远没有得到满足。传统的学生证优惠方式，例如电影票半价、火车票打折等，已经慢慢被互联网行业的很多商家优惠力度所代替，无法凸显学生证的特权，而利用京东集团丰富的资源优势，开发学生专属的互联网产品，让学生的特权最大限度地使用，才能更好地服务学生群体，找到学生群体需求的突破口，陈黎明带领校园金融部设计出了学生专属的互联网金融产品：学生特权。

学生特权能干什么？

简单粗暴地说：原价4899元，你得到特权，立减1100元；原价7388元，你得到特权，立减1590元。一本四六级复习材料，原价30元，京东价20.5元，特权价9.9元；特权新用户白条体验+京东派校园自提的体验价1元。

陈黎明带领校园金融部线上业务团队在2016年与京东商城50多个品牌达成合作意向，2016年3月11日，京东校园专区上线，并独立出自己的域名（edu.jd.com）在这里，大学生能享受普通用户没有的"学生特权"，其中包含更优惠的价格、更全面的服务、更多的权益。目前，学生特权已经支持所有的全日制在校大学生认证。陈黎明将"为学生争取更多特权"作为部门的核心目标，领跑大学生校园产品，2016年，京东金融相关服务已经覆盖全国大概3000所高校，惠及约2800万大学生，成为互联网金融领域全面布局校园场景的先锋代表。2016年4月1日，校园专区线上认证用户量突破10万人。京东校园专区3.0版已于2016年5月17日上线，针对2.0版本进行了更新，对大学生有更优惠的价格与服务。

思考题：

1. 京东"学生特权"产品的商业机会挖掘与创意产生来源于哪里，成功因素有哪些？

2. 经历和经验是一笔财富，一个优秀的产品经理应该具备哪些素质和能力？

（笔者根据相关资料整理）

第二节　商业环境调研与市场分析实训

◇ 导入案例情境

商业环境调研与市场分析实训

主题：以项目为单位，每个小组围绕一个特定的项目做商业环境调研与市场分析实训。

时间：4课时。

地点：第二次分组后，小组围坐的计算机位置及为小组开辟的讨论空间。

主持人：项目小组长。

背景：小组不确定初选创业项目的市场空间、利润、效益面以及竞争优势，需要深入分析商业机会。

进行方式：

（1）老师明确本次商业环境调研与市场分析实训的任务；

（2）确定实训的步骤为：小组计划—宏观市场调查—竞争者调查—目标客户调查—产品调查—分析结果—得出结论；

（3）发放引导画布；

（4）确定输出规则：每个小组必须有针对本项目的商业环境调研和市场分析，可以输出SWOT分析，可以输出自行设计的项目可行性研究表格，二者选择其一，必须输出问卷调查的统计结果，并将得出的结论条理化。

实训任务描述（问答式、分组讨论式、情景式、角色扮演式等完成第一阶段、第二阶段、第三阶段）如表7-4所示。

表7-4　　　　商业环境调研与市场分析实训任务

实训任务阶段	实训任务描述
第一阶段（制订计划）	项目创意的提出者为组长，带领小组成员制订计划，并提交导师
第二阶段（宏观市场调查）	在规定时间内，各项目小组要完成关于项目市场容量与潜力、行业营销特点、行业竞争状况、市场的产品优势及产品的发展趋势等的调研
第三阶段（竞争者调查）	在规定时间内，各项目小组要完成关于线上线下同质同类企业的信息调研
第四阶段（目标客户调查）	针对目标客户，每个小组要有一定的问卷调查统计，可以使用问卷星等工具，借助微信等平台或进行实地调研统计
第五阶段（产品调查）	完成关于本项目产品的调查
第六阶段（得出结论）	可以输出SWOT分析，可以输出自行设计的项目可行性研究表格，二者选择其一，必须输出问卷调查的统计结果，并对问卷的每一项结果统计数据有解释说明结合分析的结果，得出结论

实训目标如表7-5所示。

表7-5　　　　　　　　　商业环境调研与市场分析实训目标

序号	实训目标	目标类型
1	针对某一项目,完成目标领域内横向和纵向的比较	必须达到
2	能利用工具,如SWOT分析、问卷星或绘制企业地图等方法完成针对目标客户的调研	必须达到
3	能对调研的结果做分析说明	必须达到

实训步骤如表7-6所示。

表7-6　　　　　　　　　商业环境调研与市场分析实训步骤

实训步骤	流程和说明
第一步:制订计划	1. 项目创意的提出者细化描述关于项目的初步设想,如创意来源、商业模式设计、技术品牌、市场空间等; 2. 组长带领小组成员首先团队分工,然后制订计划并提交导师
第二步:宏观市场调查	各小组成员根据自身的角色分工,完成市场容量与潜力、行业营销特点、行业竞争状况、市场的产品优势及产品的发展趋势等的调研
第三步:竞争者调查	各小组成员根据自身的角色分工,完成主要竞争者的产品与品牌优劣势、营销方式与营销策略、管理模式等方面的调研
第四步:目标客户调查	1. 精准对接目标客户,小组讨论,编写10~12道题的调查问卷; 2. 组长布置任务,要求组员借助微信等平台或进行实地问卷调研; 3. 如果是小、微实体的店面经营,教师启发学生绘制企业地图
第五步:产品调查	在规定时间内,各项目小组要完成: 1. 关于项目产品本身优势及劣势的分析,如核心竞争力、新技术等; 2. 收集对项目有利的资讯和信息; 3. 初步规划产品的功能、特点、价格等
第六步:分析并得出结论	1. 可以输出SWOT分析,可以输出自行设计的项目可行性研究表格,二者选择其一,用以完成项目本身及与同质同类项目的分析、比较; 2. 对问卷调查的统计结果做归类解释说明,用以考量项目目标客户对项目的支持程度; 3. 通过师生或生生之间的问答式、头脑风暴法对小组的结论进行提问、修正和补充

重点问题和答案

1. 商业环境调研与市场分析的目的

在于帮助企业精准地做出经营战略和营销决策,在市场调研之前,要针对企业所面临的市场现状和亟待解决的问题,如市场定位、产品策略、促销手段等,确定市场调研的目标和范围。

2. 分析资料、整理呈现的方法

对收集的信息加以编辑、计算、加工和整理后,去伪存真、删繁就简、主次有序排列后,最好用图形、表格等直观化的工具将潜在的各种关系及变化趋势表达出来。

3. 总结

一般情况下,初创项目肯定是从一种产品或少数几种相关产品做起,通过市场细分确定市场定位是件难事,但要注意市场细分不是根据产品品种、产品系列进行的划分,而是从消费者角度出发,根据消费者的需求、动机、购买行为等差异性来划分的。

案例 7-2

名创优品没有秘密

联网时代的创业,要么彻底拥抱互联网,要么从事互联网影响不到的行业。

——叶国富

这是一条价值 1 亿元的忠告,现在,这句话成了名创优品联合创始人叶国富先生的名言之一,很多听过他演讲的企业家和创业者都把这句话记在了笔记本上,奉为金科玉律。作为名创优品联合创始人、大中华区总裁,叶国富的心得来自亲身实践。

多年的零售行业经验磨炼了叶国富的市场敏感性。几年前,当"双 11"刚成为电商狂欢节的时候,叶国富就预见到传统零售行业的不利处境——传统制造业生产导向思维,不直接接触市场,不知道消费者在哪里,更不了解消费者偏好,产品生产出来,只能通过代理商、批发商、零售商一层层销售出去。物资匮乏的时代,商品供不应求,渠道为王,流通体系变得尾大不掉,进入供大于求的消费时代后,则弊端尽显。由于叠床架屋的经销制度,一件商品从出厂,经过中间流通环节经销商的层层加价,到零售终端时,已经毫无价格优势可言。

臃肿低效的生产关系严重制约了传统零售业的发展。由于产业链上大量中间环节的存在,分食价值链,导致商品售价被大幅推高,以致严重背离产品价值。虚高的价格最终被转嫁到消费者头上。消费者花了高价钱,并不一定能够买到称心如意的商品,结果可想而知。

如果不能改变这一事实,传统零售迟早会被淘汰出局!

然而行业积弊多年,改变谈何容易?

带着困惑,叶国富走出国门,去欧美日韩寻找答案。在美国,奉行"low price and high quality"(优质低价)理念的超市多门庭若市,沃尔玛依然是头号零售商,"low price every day"(天天低价)成为它抵御电商冲击的防火墙。在德国,阿尔迪

（ALDI）超市生意红火，并将沃尔玛拒之门外，也是因为掌握了优质低价的精髓。在日本，创立于经济低迷时期、提供"低价良品、品质保障"的优衣库成了大众品牌，街头林立的百元店人气旺盛，似乎并没有受到电子商务的负面影响。

看到欧美实体店销售的东西"又好又便宜"，而且绝大部分是"made in China"（中国制造），叶国富心生疑惑："中国制造这么厉害，为什么中国的工厂不把这么实惠的产品卖给本国的消费者？"

叶国富很快意识到：不是中国工厂不卖给中国人，而是没有一个好的平台供给中国人。

既然传统零售不可能不受互联网影响，旧的路子走不通，那么不如就用互联网手段来改造传统零售业——结合中国低成本的制造能力、日本高水平的设计能力，在全世界范围内寻找最好的资源，进行规模化配置，打造一个全新的零售网络，为消费者提供优质低价商品。回头看看，互联网是怎么打垮线下的，不就是靠低价？互联网省去很多中间环节，客户用脚投票，你价格高，自然离你而去。"叶国富说，"如果线下能做到和线上同价，相信消费者就会重新回归线下。在保证一定品质的基础上，谁能把价格降下来，谁就能重新获得市场。"

一个偶然的机会，经过朋友介绍，叶国富结识了日本青年设计师三宅顺也。在多次交流后，两人决定联合创立快时尚百货品牌"名创优品"，由三宅顺也负责产品设计，叶国富负责商业拓展。

（资料来源：杜博奇：《名创优品没有秘密》，中信出版社2017年版）

第三节　商业模式及创新产品服务设计实训

◇ 导入案例情境

商业模式及创新产品服务设计实训

主题：以项目小组为单位，头脑风暴，思考和讨论可能的商业模式，并进行以用户为中心的产品设计。

时间：3课时。

地点：为小组开辟的讨论空间，小组成员岛形环坐。

主持人：项目小组长。

背景：不清楚商业模式的关键要素和包括的环节，想了解在产品设计的过程中，如何找准"用户体验"。

进行方式：

（1）老师明确本次商业机会挖掘与创意产生实训的任务；

(2) 确定实训的步骤为：引导—定义—设计商业模式—设计产品—分享修正；

(3) 发放引导画布，推送学习资料；

(4) 确定输出规则：针对本小组的创业项目能设计出清晰、完整的商业模式，并能设计出关注用户核心需求的产品。

实训任务描述如表7-7所示。

表7-7　　　　　　　　商业模式及创新产品服务设计实训任务

实训任务阶段	实训任务描述
第一阶段（学习）	老师讲解关于商业模式的理论知识，介绍产品开发设计的流程和核心要义
第二阶段（定义）	定义用户体验和用户的核心需求
第三阶段（设计商业模式）	引导学生可以利用商业模式画布工具，快速、较全面地分析一个适合的商业模式
第四阶段（设计产品）	提醒学生要以用户为中心进行产品设计
第五阶段（分享修正）	通过师生或生生之间的问答式、头脑风暴法对每个小组的商业模式和设计的产品进行修正和补充

实训目标如表7-8所示。

表7-8　　　　　　　　商业模式及创新产品服务设计实训目标

序号	实训目标	目标类型
1	熟悉商业模式的概念	应该达到
2	掌握商业模式的关键要素	必须达到
3	掌握典型的商业模式	必须达到
4	能针对创业项目设计清晰、完整的商业模式	必须达到
5	了解产品设计的四大趋势	应该达到
6	掌握产品开发设计的流程和核心要素	必须达到
7	能针对创业项目设计以用户为中心的产品	必须达到

实训步骤如表7-9所示。

表7-9　　　　　　　　商业模式及创新产品服务设计实训步骤

实训步骤	描述和说明
第一步：学习	1. 熟悉商业模式的概念； 2. 掌握商业模式的关键要素； 3. 掌握商业模式设计的五层金字塔； 4. 掌握典型的商业模式； 5. 了解产品设计的四大趋势； 6. 掌握产品开发设计的流程和核心要素

续表

实训步骤	描述和说明
第二步：定义	1. 定义用户体验； 2. 定义用户的核心需求
第三步：设计商业模式	1. 了解商业模式画布工具的使用方法； 2. 快速、较全面地制定出一个适合的商业模式
第四步：设计产品	1. 了解关于本项目产品的特点； 2. 基于用户体验的产品设计创意； 3. 分析评估产品，挑选出有市场潜力、可行的创意； 4. 产品规划； 5. 产品设计； 6. 产品实现； 7. 发布跟踪
第五步：分享修正	通过师生或生生之间的问答式、头脑风暴法对每个小组的商业模式和设计的产品进行修正和补充

重点问题和答案

1. 商业模式就是企业为了最大化企业价值而构建的企业与其利益相关者的交易机构

（1）商业模式设计的目的是为了最大化企业的价值；

（2）商业模式是连接顾客价值与企业价值的桥梁；

（3）商业模式为企业的各种利益相关者，如供应商、顾客、其他合作伙伴、企业内的部门和员工等提供了一个将各方交易活动相互联结的纽带；

（4）一个好的商业模式最终总是能够体现为获得资本和产品市场认同的独特企业价值；

（5）商业模式是企业战略的战略。

2. 商业模式画布由九个模块构成

（1）重要合作伙伴：绘制一个企业想要接触和服务的不同人群和组织；

（2）关键业务：关键业务应该紧贴你的价值主张，进一步应该转换到关键增长引擎上；

（3）核心资源：例如现有的人脉资源、物质资源或市场资源等，要挑选对本项目最具有优势的资源；

（4）价值主张：描绘为特定客户细分创造价值的系列产品和服务；

（5）客户关系：描述企业与客户之间及时、有效沟通并持续维护的方式和关系；

（6）渠道通路：描绘企业是如何接触其客户并与客户沟通而传递价值主张；

（7）客户细分：即本项目的目标客户，是本项目想要服务的特定群体；

（8）成本结构：描绘运营一个商业模式所产生的所有成本；

（9）收入来源：描绘企业从每个客户群体中获取的现金收入。

3. 用户体验内容及其目标

包括产品、用户和使用环境三个因素，用户体验的目标就是不断达到有用、易用、好用、爱用四个阶段。

案例 7-3

告诉你：实体经济不老，也从未凋零

2016 年，拥有 36450 万名员工的阿里巴巴创造利润 427 亿元人民币，人均创造利润 117 万元人民币；而拥有 8054 名员工的 7-Eleven 人均创造利润为 116 万元人民币，堪与阿里巴巴比肩。到目前为止，7-Eleven 在全世界开了 2 万多家门店，成为世界上门店最多的零售实体，与人力成本上升形成鲜明对比的是：7-Eleven 的净利润率为 20.5%，远远超过全球零售企业的平均水平 3%，其中人力效率高是亮点。而且，7-Eleven 基本没有自己的直营商店，没有自己的工厂，甚至没有自己的配送中心！

作为 7&I 集团的掌门人，日本 7-Eleven 的创始人，铃木敏文切入零售业的角度很独特：心理学。用他自己的话说："消费是场心理战。"因为对数据的天然敏感，铃木敏文还创造出著名的 7-Eleven 数据驱动的单品管理模式和基于数据分析的"假设—执行—验证"的工作模式。他认为商业的本质：不管社会怎么万千变化，唯一不变的就是对客户需求持续的洞察。

从 1973 年到现在，7-Eleven 已经发展 44 年了，在这期间，不管在任何经济动荡之下，这家公司都牢牢秉承一个经营原理：就是持续的客户需求洞察，与时俱进的客户需求洞察，进而去不断地完善商品和完善业态。这就是 7-Eleven 永不衰老的秘诀：永远在贴着客户的需求完善商业模式及创新产品服务设计，这可以从他的经营轨迹上大致了解（见表 7-10）。

表 7-10　　　　　　　7-Eleven 商业模式及创新产品服务设计

与时俱进—持续极致的用户需求满足			
年份	用户需求特征	经营理念	商业模式及创新产品服务设计
1970~1979	人少真好	• 24 小时 • 即食	• 24 小时 • 销售便当等 • 导入微波炉
1980~1989	7-11 好气氛 把便利做到极致	• 便利性 • 购买分析	• 公共事业收费（7-11 代办） • POS 系统

续表

与时俱进——持续极致的用户需求满足			
年份	用户需求特征	经营理念	商业模式及创新产品服务设计
1990~1999	更加美味	• 对品质的追求 • 网络	• 自有商品的开发 • 提供网络服务
2000~2009	近，真方便 （日本老龄化结构明显）	• 安全安心 • 品质与价格 • 便利、配送	• 消减防腐剂、染色剂 • Seven 精品 • ATM • 电子货币、配送
2010	全渠道	• 网络普及 • 深耕便利性	• 7Cafe • 实时与网络的融合

如表 7-10 所示：

1970~1979 年，7-11 洞察到了国民生活结构的变化：人口老龄化，单人，两人家庭，人口很少，伴随着女性的解放，越来越多的女性开始上班，没有时间做饭了，做饭的需求降低。为了满足这样家庭结构的需求，7-11 开始导入大量的即食食品，通过微波炉加热，顾客能在店里吃，也能在家里吃，并进行 24 小时营业。

1980~1989 年，24 小时经营已经不能够满足客户对便利的更多要求，国民对公共基础事务服务要求的便利性增加，比如你的店就在我边上，而我有好多的公共事务需要去办：我要交税费，要考个驾驶证，要报名等。这些公共服务，7-11 你们能给代办了吗？7-11 说，能，我们就是要把便利做到极致，于是所有的公共服务都可以在 7-11 完成。

1990~1999 年，铃木认为：相比价格，产品是否具有新的价值才是决定购买的关键，对产品品质的追求，让公司开始创新口味，同时，配合精致的包装，拿在手里让人爱不释手，吃在口里让人爱不释口。1989 年 7-11 开始提升"电子化"订货能力，1990 年捷盟设立物流中心，同年又导入了商店管理计算机、订货用的笔记本型个人计算机图像式订货终端、点货终端，这套先进的信息管理系统，是 7-11 公司特许连锁经营成功的重要条件。

2000 年，宏观经济环境又发生变化了，整个日本老龄化结构越来越显著，老龄化人口占据了大量的财富，7-11 怎样做才能更好地截留老龄化结构当中的群体呢？首先，因为年纪大，行走不是很方便，位置是带来流量的重要因素；其次，老年人更关心健康，好不好吃已经不重要了，口味不是那么重要了，牙口也不是那么好了，怎么健康怎么来，所以，7-11 洞察到了商品安全、安心、品质、价格等是带来流量的另外一个重要因素。基于以上两点判断，7-11 开始大量密集地开店，在人流密集的地段，7-11 的店几乎一家挨着一家，同时又注意安全安心、品质与价格、便利、配送等经营理念，今天在日本，7-11已经不仅仅是年轻人的7-11了，40%的购买者来自50岁以上的中老年人。

到了2010年，日本的电视购物和电子商务都做得很好，我们可以称之为线上部分，作为线下的7-11在应对这样的外部环境时，并没有把他们当成竞争对手，而是当成合作伙伴。在线购物和电视购物里出现的好商品，7-11作为终端经营渠道同步帮网络和电视经营，也就是顾客线下不仅可以在线直接购买，也可以在7-11顺便溜达的时候看到，这不是电视购物那个产品吗？挺好的，我顺便买一买，所以我变成你的合作伙伴。就这样，7-11就变成了特别好的物流场所，商家把货物可以配送在7-11，例如你在优衣库网上订了货，没关系，可以在你家附近，或者是在公司附近的7-11随时随地取货，它变成了物流的最后一公里。

用这种方式，当营销通路和营销渠道，甚至营销竞争等各种各样的方式越来越琳琅满目的时候，7-11不仅没有对抗，反而变成了新营销形式的一部分。

在日本，每年都会关闭2万个以上的行政、金融和个人商店，而7-11成为日常生活当中的一部分，成为一站式服务网点的基础设施，它已经变成公共基础设施的一部分。

7-11的想法就是，我竭尽所能地去满足所有客户的便利，这就是我需要去做的事情。

（资料来源：《他把一家小店开到7万家，利润比肩阿里，告诉你：实体经济不老，也从未凋零》，电商报，2019-03-01，https：//www.jianshu.com/p/b9f0bd50944d）

第四节　商业计划书设计实训

◇ 导入案例情境

商业计划书设计实训

主题：以项目小组为单位，完成关于本创业项目的商业计划书的撰写。
时间：3课时或更多。
地点：第二次分组后，小组岛形环坐的计算机位置。
主持人：老师和项目小组长。
背景：不了解为什么商业计划书很重要，需要掌握商业计划书撰写及展示技巧。
进行方式：
（1）老师组织全体学生学习商业计划书的类型作用、类型及构成，掌握"迷你版"商业计划书构成的七句话；
（2）确定实训的步骤为：了解—引导—写作—修改；

(3) 推送学习材料;
(4) 确定输出规则:每个项目小组输出一份商业计划书。

实训任务描述(问答式、分组讨论式、情景式、角色扮演式等完成第一阶段、第二阶段、第三阶段)如表7-11所示。

表7-11　　　　　　　　　　商业计划书设计实训任务

实训任务阶段	实训任务描述
第一阶段(了解)	老师组织全体学生学习商业计划书的类型、作用、构成、重要性及常犯的错误
第二阶段(学习)	老师推送学习材料,结合上个环节填写的商业模式画布,进行自我评价和定位,小组进行充分的讨论,以期对项目的情况有更好的了解和把控,勾勒出企业的BP
第三阶段(写作)	项目小组长按照岗位,分块布置商业计划书的写作任务
第四阶段(修改)	项目团队在这个过程中,要与导师开展"一对一"的实践活动收获与问题交流,此环节可多位导师配合实践,及时指导与改进建议比较重要

实训目标如表7-12所示。

表7-12　　　　　　　　　　商业计划书设计实训目标

序号	实训目标	目标类型
1	了解商业计划书的构成	应该达到
2	掌握商业计划书的重点	必须达到
3	掌握商业计划书的撰写及展示技巧	必须达到

实训步骤如表7-13所示。

表7-13　　　　　　　　　　商业计划书设计实训步骤

实训步骤	流程和说明
第一步:了解	1. 老师讲解商业计划书的类型; 2. 老师讲解商业计划书的作用; 3. 老师讲解商业计划书的模板构成; 4. 老师讲解商业计划书的重要性; 5. 老师讲解商业计划书撰写中常犯的错误
第二步:学习	1. 老师推送学习材料; 2. 各项目小组结合上个环节填写的商业模式画布,组织讨论,进行自我评价和定位; 3. 小组成员按岗位对前期的调研结果和设计成果进行汇报,组内充分地讨论,以勾勒出企业的BP

续表

实训步骤	流程和说明
第三步：写作	1. 项目小组长分别与各个岗位的同学进行交流，整理内容、挑出重点、主次排序，梳理好要表达的内容； 2. 项目小组成员分块完成商业计划书的写作任务
第四步：修改	1. 项目团队在这个过程中，要与导师开展"一对一"的实践活动收获与问题交流； 2. 小组成员也要互相帮助，不断提出完善和修改建议

重点问题和答案

1. 为什么要撰写商业计划书（简称 BP）

一份缜密、可行的商业计划书可以将一个不错的创意转变为一个成功的企业；商业计划书还是获得风险投资的敲门砖，也是一份全方位的公司计划，是对公司、拟建公司进行宣传、分析和融资的文件。在创业之初，一份完善的商业计划书不仅可以帮助创业者分析创业过程中的主要影响因素，还可以成为创业者在创业过程中的行动指南和风险监控的手段。

2. 商业计划书都包含什么

商业计划书以书面的形式全面描述企业的业务，包括经营范围、项目团队、产品服务、生产工艺、市场和客户、营销策略、人力资源、组织架构、对基本设施和供给的需求、融资需求，以及资源和资金的利用等诸多方面。

3. 商业计划书撰写的重点

（1）突出核心价值，不要过度包装；

（2）写明目标市场规模，最好能预期销售收入；

（3）分析竞争对手，阐明自己居于竞争态势中的位置；

（4）企业运营模式，如何对产品进行营销推广；

（5）明确描述企业的盈利模式；

（6）团队的最佳组合；

（7）融资金额与计划；

（8）企业经营中的风险预测，最好同时呈现问题与解决方式。

4. 商业计划书的常见问题

（1）商业模式不清晰；

（2）不写企业存在的风险，前途一片大好，让人感觉不靠谱，没有风险规避意识；

（3）没有明确标出企业的盈亏平衡点、投资回报率等关键数据；

（4）信息、数据过时或不准确；

（5）没有展现团队及团队成员分工权责。

案例 7-4

计划书——创业融资的敲门砖

在美国，商业计划书是获得风险投资的第一步。风险投资机构一般都会收集到如雪花般蜂拥而至的商业计划书，并据此对项目进行初次审查，挑选出少数感兴趣的计划书做进一步考察，最后只有约2%的立项获得资金。

在20世纪90年代，风险投资在美国大行其道，在硅谷的咖啡厅拿着一纸单薄的商业计划书给投资人讲生动的故事，在几个星期内融到几百万美元甚至几千万美元的大有人在。沙山路上最负盛名的餐厅是马德拉餐厅，几乎每个早上，硅谷银行的副总裁哈利·凯洛格都会在13号餐桌就餐，而对于风投巨子德雷帕而言，这家餐厅则是款待外地客户的首选。更重要的是，从马克·安德森到扎克伯格，一代代青年才俊们都在这里会见投资人，并拿到了创业资金。传说中，那些改变世界的投资协议就写在餐厅的餐巾纸上。

1995年4月，在斯坦福大学攻读博士的杨致远休学创立了雅虎，他制订了一份周密的商业计划书，每天带着计划书早出晚归，不停地拜访风险投资者，最终获得红杉投资的200万美元。

2000年前后，以搜狐、新浪、网易等门户媒体为代表的互联网企业在风险投资的启蒙下纷纷崛起，仅在1999~2001年的3年间，吸引的投资额就在15亿美元左右。在这次热潮中，美国风险投资首次进入中国，以跑马圈地的速度拓展领地，一手催生了当时还显得稚嫩的中国互联网产业，给人们普及了商业计划书的概念。国内大量的互联网公司拿到了融资，2000年，马化腾拿着改了6个版本、20多页的商业计划书，凭着早期QQ的400万用户的数量，从IDG和盈科数码那里拿到了220万美元的风险投资并迅速壮大。这让人们逐渐明白，这一纸换来的可能就是一个资金支持，或者更是一个全新的机会。

（资料来源：陈晓莉：《商业计划书编写指南》，电子工业出版社2003年版，有改动）

第五节 融资路演实训

◇ 导入案例情境

融资路演实训

主题：以项目小组为单位，每个小组准备三个内容完成融资路演，分别是完善所有画布、30秒左右的项目导入视频和4分钟、10页左右的PPT。

时间：4 课时。

地点：所在教室的讲台。

主持人：项目小组长和老师。

背景：不知道融资路演是什么，该干什么，该表达什么。

进行方式：

（1）老师讲解什么是融资路演，融资路演包括哪些环节，怎样做好融资路演；

（2）确定实训的步骤为：引导—整理要点—收集素材—制作—路演；

（3）教师推送学习资料；

（4）确定输出规则：每个项目小组在此环节要输出三个内容，分别是完善所有画布、30 秒左右的项目导入视频和 4 分钟、10 页左右的 PPT。

实训任务描述（问答式、分组讨论式、情景式、角色扮演式等完成第一阶段、第二阶段、第三阶段）如表 7-14 所示。

表 7-14　　　　　　　　　　　融资路演实训任务

实训任务阶段	实训任务描述
第一阶段（学习）	老师讲解什么是融资路演，融资路演包括哪些环节，怎样做好融资路演
第二阶段（整理要点）	项目小组梳理整个创业项目的逻辑结构，提炼商业计划书里每个模块的内容精华
第三阶段（收集素材）	项目小组长分派任务，指派专人到网上收集 PPT 模板、视频素材或故事设计导入
第四阶段（制作）	组员根据自身的特长，分别承担完善画布、导入视频和制作 PPT 的工作
第五阶段（项目路演）	项目小组进行项目路演

实训目标如表 7-15 所示。

表 7-15　　　　　　　　　　　融资路演实训步骤

序号	实训目标	目标类型
1	知道什么是融资路演	必须达到
2	知道融资路演包括的环节	可以达到
3	掌握做好融资路演的要点和技巧	必须达到
4	充分理解并运用好 PPT 工具，来有效表达创业项目的逻辑结构	必须达到

实训步骤如表 7-16 所示。

表 7-16 融资路演实训步骤

实训步骤	描述和说明
第一步：学习	1. 老师讲解什么是融资路演； 2. 介绍融资路演包括哪些环节； 3. 做好融资路演的要点和技巧
第二步：整理要点	1. 把整个创业项目的结构逻辑梳理清楚； 2. 行业的介绍要少，重点讲解自己的项目； 3. 把商业计划书每个模块的内容提炼出最精华的部分，团队、商业模式、产品设计、营销方案等内容一定要阐述
第三步：收集素材	1. 完成 PPT 模板选定； 2. 完成视频素材收集； 3. 完成视频内容设计或故事导入内容设计
第四步：制作	1. 完善所有画布； 2. 制作完成 30 秒左右的项目导入视频； 3. 制作 4 分钟、10 页左右的 PPT
第五步：项目路演	1. 选定项目路演的主讲人； 2. 项目团队的所有成员都要站到教室的讲台前，一起完成项目路演

重点问题和答案

1. 项目路演

通常，投资人看到商业计划书之后，可以对项目作出初步的判断。如果感兴趣，就愿意和创业团队见面沟通，通常是和 CEO 直接沟通，这种见面沟通也就是通常所谓的项目路演，项目路演又分为公开路演与一对一路演，在创业大赛中向评委老师展示创业项目也属于路演的范畴。

2. 上市路演和网上路演

上市路演是指股票发行人和承销商面向投资者所举行的股票推介报告活动；网上路演是借助强大的互联网技术支持，以实时、开放、交互的网络优势，实现投融资双方充分的网上互动交流和新闻发布。

3. 在路演中需要掌握以下几点

（1）热情饱满；

（2）逻辑清晰；

（3）侧重企业介绍；

（4）表达生动严谨；

（5）关照受众疑惑；

（6）善待投资者。

案例 7-5

知己知彼，让你的项目路演事半功倍

"大众创业，万众创新"政策极大地激发了全社会的创业浪潮。与 2017 年相比，2018 年笔者收到的担任项目评审和创业大赛评委邀约数量有了进一步增长，其中更有远至新疆、下至乡镇级别孵化器的邀约，"双创"政策的落地程度可见一斑。

笔者担任评委的过程中看到不少投融双方携手共进的案例，但更多看到的还是双方彼此错频，有缘无分。在此，笔者结合亲身经历，与创业者们分享一些有关项目路演的经验之谈，希望能对大家的融资过程有所帮助。

一、了解路演模式

项目路演是项目方就整体项目运作与投资人进行有效沟通的互动过程，实施路径主要分线下和线上两种。

线下路演是路演的传统形式，主要包括以下四种模式：

(1) 精准度、私密度最高的一对一模式

从投递商业计划书，到被投资机构代表约谈，至投资人受邀参观企业，深度沟通，再到投资机构邀约创始人去投资办公室接受质询，全程特点是一对一、私密性高、节奏快，有利于优质项目提高融资速度。

(2) 精准度、私密度较高的私董会模式

三五家联投的基金或偏好一致的垂直细分行业的机构，会将精挑细选的项目组织起来，类似于召开私董会一般，结合不同的基金投向侧重点，由合伙人、投资总监发问。他们提出的问题往往非常尖锐，从业务进展、市场开拓方式、成本结构、资本结构到配偶是否支持创业等不一而足。这种路演的效果也非常明显，有机会上会的案子质量通常都非常高，被投的概率非常大。这种小圈子，非在圈内浸淫多年的投资人和创业者不得而入，往往以桥牌俱乐部、高尔夫俱乐部、户外俱乐部、投资俱乐部等形式呈现，私密而高端。

(3) 由政府部门、知名机构或平台在线下组织的项目路演会或专场路演会

相比较而言，笔者更喜欢有机构背景或机构托管运营的孵化器承办的此类路演，因为大家都在同一个圈子里，硬伤太过明显的项目一般不会拿出来，相当于主办方已经把项目提前过了一遍。同时，在路演准备、路演形式方面大多也会给创业者做一些辅导，所以创业者在演示项目的过程中会表现得比较专业，创投双方对频非常容易，能减少很多沟通成本。

(4) 带有推广性质的创业大赛或创业 TV 秀模式

参加此类活动的企业往往出于三种目的：一是求名次，争奖金或奖励；二是求

名声，获得免费的品牌传播；三是求资金，期望遇到对路的投资方。这种活动往往有海选和优选环节，所以最终登台的项目质量普遍较高。项目经过辅导和优化，到登台亮相时基本已有机构锁定，创投双方都能有很大收获。

随着视频技术、移动互联网的应用和发展，如今线上路演也成为一种热门路演方式，路演途径包括QQ群、YY群、电话会议、远程视频、微信群等。从体验和互动角度看，以微信群路演效果更佳。在路演之前，商业计划书会在群里提前发布，开始语音互动的时候根本不会给创业者修饰项目的时间，这种直接的干货对撞类似于头脑风暴，有利于大家即时判断是否应当跟进这个项目。这时创业者要学会判断哪些是对你真正感兴趣的投资人，以便转移到线下继续商谈。

二、把握路演诀窍

不管线上还是线下路演，形式最终还是要服务于投融双方的高效对接。在路演平台上，创业者需要事先做好作业，去迎接投资人热切和挑剔的目光。在此，笔者分享几条能在项目路演中添彩加分的必备技巧：

（1）选择合适的路演平台

创业者不要不做区分和筛选地盲目参加不同类型的路演活动，应当结合项目发展的不同阶段有针对性地选择。如果在一些平台上见到了对项目感兴趣的投资机构或投资人，切记不要再到其他的类似平台上多露面，因为创始人如果频繁参加项目路演，会被打上不专注主业的标签。投资圈很小，如果有一个投资人在朋友圈里吐槽，就会让相关的创业者很难打开局面。

（2）准备好路演资料

资料一般包括PPT、PDF版的商业计划书、纸质版商业计划书（内附名片），需要对团队情况（过往经历、合作分工、股权结构、期权池）、商业模式、业务进展、成本结构、融资规划、结合接下来的业务进展制定的资金使用计划、未来三年经营预测、上市计划或退出计划等内容加以细化，要坚决摒弃简版、大字、需要旁人充分展开联想的介绍方式。如果能有一段客户应用场景的视频来展示整个商业模式就更好了，这能有效地缓和紧张、压抑的现场气氛。遇到业务和财务数据介绍不清楚的时候，创业团队中的专业人士要及时出来解释，但切忌粉饰业绩，一旦在随后尽职调查的过程中被打上"不诚信"的标签，再好的项目也会被一票否决。对投资人来说，企业的道德风险是不可触犯的天条。

（3）做足功课，提前内部演练

可以请懂行的财务顾问、投资人或孵化器给指导一下，框架和重点要突出。对于融资方来说，项目路演也是了解投资人背景和投向的好机会，有助于识别和选择专业、靠谱的投资机构，规避不专业的"土豪"投资人。

(4) 一把手工程

路演项目的主讲人最好就是企业创始人或联合创始人,如果参加创业大赛也可以考虑安排形象代言人出场。但现在的大赛评审中,创投机构的比例不断增大,所以还是建议创始人亲自上场。毕竟投资就是投人,投资人要看到以创始人为核心的运营团队的真实表现。

(5) 异议处理

有道是"嫌货才是买货人",不要把投资人提问当成挑战,他发问正说明对项目感兴趣。此时,项目方应该利用解决信息不对称的机会拉近与投资人的距离,促进双方加深了解,以促成合作。

最后,我们来小结一下更能引起投资人兴趣的路演技巧:一份有图有表、重点突出的商业计划书是基本条件,一个声情并茂、互动有力的主讲人(最好是创始人)更是必要条件,如果能把枯燥的数字生意经讲成段子那就更棒了。对于行业容量、竞争态势、业务数据、成本结构等内容,用描绘性语言介绍会显得苍白无力,使用图表和数据有助于投资人在头脑中快速推算出这个项目顺风顺水发展时将来能达到的量级,然后才有兴趣进一步跟进。而一个能把枯燥的生意经讲成段子的创始人,往往也会在推广产品的过程中更容易引起消费者的共鸣,毕竟把公司股权卖给投资人要比把产品卖给消费者的难度要高很多。

(资料来源:孙松廷:《知己知彼,让你的项目路演事半功倍》,载于《投资圈》2017年第6期)

第六节 初创企业经营模拟实训

◇ 导入案例情境

商业机会挖掘与创意激发

主题:以项目小组为单位,每个小组进行初创企业的经营模拟实训。

时间:8课时。

地点:第一次分组后,小组围坐的位置。

主持人:项目小组负责人。

背景:假定你们组的创业项目_____。

已经完成了前期的项目筛选、团队成员组建、商业环境调研与市场分析、商业模式与产品设计,通过指导老师的辅导,已经完成了相关的注册流程,到学校的创业孵化园找到了一席之地,同时团队的小伙伴们共同筹集到了10万元的创业启动资金,好事多多。现在你们这家公司要开始经营了,你将如何选址,如何有效规避风险,进行人员管理、产品加工生产、市场营销、财务管理等一系列企业经营活动?

进行方式:

(1) 老师明确初创企业经营模拟实训的任务;

(2) 确定实训的步骤为:引导—论证—计划—规划—分享;

(3) 确定输出规则:每个小组输出一套针对本项目的竞争对手分析二维表,做出本企业的人力资源管理方案,做出一套清晰的营销策略,做出一年的财务规划,做出企业的发展策略。

实训任务描述(问答式、分组讨论式、情景式、角色扮演式等完成第一阶段、第二阶段、第三阶段)如表7-17所示。

表7-17　　　　　　　　　　初创企业经营模拟实训任务

实训任务阶段	实训任务描述
第一阶段(引导)	老师推送学习资料,讲解小微企业初创期的主要任务、初创企业容易出现的问题等,建议项目小组输出一套初创企业模拟经营所需的方案,并讲解方法
第二阶段(论证)	项目组长组织小组成员,结合老师所讲的内容,针对初创项目存在的技术风险、市场风险、管理团队风险、组织结构风险、人力资源风险、财务风险等做充分的论证
第三阶段(计划)	项目小组长按照岗位,分块布置任务,如何应对上述风险,拿出解决方案
第四阶段(规划)	项目团队在准确定位市场以后,规划项目模拟经营所需的整套方案
第五阶段(分享补足)	通过师生或生生之间的问答式、头脑风暴法对每个项目小组的初创模拟经营方案进行修正和补足

实训目标如表7-18所示。

表7-18　　　　　　　　　　初创企业经营模拟实训目标

序号	实训目标	目标类型
1	了解初创企业容易出现的问题	可以达到
2	掌握企业初创期的主要任务	应该达到
3	掌握初创企业主要存在的风险	应该达到
4	掌握如何开展初创企业的目标市场营销	必须达到
5	掌握初创企业的人力资源规划管理	必须达到
6	掌握初创企业财务管理	必须达到

实训步骤如表7-19所示。

表7-19　　　　　　　　　　　初创企业经营模拟实训步骤

实训步骤	描述与说明
第一步：引导	1. 老师推送学习资料； 2. 讲解初创企业容易出现的问题； 3. 讲解初创企业面临的风险； 4. 讲解小微企业初创期应该重点解决的任务； 5. 建议项目小组输出一套初创企业模拟经营所需的方案，并讲解方法
第二步：论证	1. 针对本组初创项目存在的技术风险做充分的论证； 2. 针对本组初创项目存在的市场风险做充分的论证； 3. 针对本组初创项目存在的管理团队风险做充分的论证； 4. 针对本组初创项目存在的组织结构风险做充分的论证； 5. 针对本组初创项目存在的人力资源风险做充分的论证； 6. 针对本组初创项目存在的财务风险做充分的论证
第三步：计划	1. 项目小组长负责进行"目标设定"，能进行"有效管理"和"目标管理"，为此要制订更宏远的愿景与更高的绩效目标；同时做好团队管理计划和公司的制度制定； 2. 财务总监做好收入类预算、费用类预算，确定企业现金流入量及现金支出量，对企业后期的现金需求状况作出总体评价，合理制订月度、季度和年度的资金计划，并提早做好企业的筹资工作计划； 3. 产品总监负责企业的技术管理体系的建立，制定技术标准和相关流程，制订团队完成任务的计划； 4. 营销总监进行市场目标界定和分解、定位分析，拟定公司营销、市场开发方面的发展规划； 5. 运营总监负责市场运作、管理以及公司运营计划
第四步：规划	1. 项目团队准确定位市场； 2. 做出竞争对手分析二维表； 3. 做出本企业的人力资源管理方案； 4. 做出一套清晰的营销策略； 5. 做出一年的财务规划； 6. 做出企业的发展策略
第五步：分享补足	通过师生或生生之间的问答式、头脑风暴法对每个项目小组的初创模拟经营方案进行修正和补足

重点问题和答案

1. 初创企业容易出现的问题

产品不完善、缺乏市场、未形成品牌效应、人才资源紧缺、资金短缺、制度不完善，管理混乱。

2. 初创企业主要存在的风险

在风险投资家眼里，初创企业主要存在六个方面的风险：技术风险、市场风险、管理者素质风险、组织结构风险、人员稳定风险、财务状况风险。

3. 初创企业市场营销的主要任务

开展市场调查、进行准确的市场定位及采取有效的市场营销策略。

4. 初创企业的市场细分

一般从一种产品或少数几种相关产品做起，通过市场细分确立市场定位并非易事，但对初创企业的成功至关重要。注意市场细分不是根据产品的品种、产品系列进行的划分，而是从消费者角度出发，根据消费者的需求、动机、购买行为等差异性来划分的，消费者市场细分的主要变量是地理细分、人口细分、心理细分和行为细分。

5. 选择目标市场的标准

标准有以下五个方面：有一定的规模、有一定的收益潜力、低进入壁垒、具有较长期吸引力、符合创业企业的目标和能力。

案例 7-6

让家乡成为有梦的地方："90"后重新定义"乡村游"

2017 年我国旅游总收入达 5.40 万亿元，中国公民旅游花费 1152.9 亿美元。全年旅游业对全国 GDP 的直接贡献为 9.13 万亿元，占 GDP 总量的 11.04%，我国已经步入了"大众旅游时代"。根据国际经验，当一国的人均 GDP 超过 5000 美元，该国的度假需求将会处于井喷状态，而中国 2017 年的人均 GDP 已经达到 8790 美元，标志着我们正在进入旅游度假时代。如何抓住这样的消费热点，不同的人给出了不同的答案，我们看一下几名返乡创业的"90"后创建的"奇遇村"。

没有人会相信几名返乡创业的"90"后能在村里折腾出什么动静来。这是 2015 年，山东淄博博山区年轻人王浩和他的创业小伙伴面临的真实境遇。彼时，他们的创业经历为零，对农村的产业认知为零。

3 年后，依靠当地丰富的农产品资源，他们不仅借助农村电商渠道积累了一定的创业资金，而且大胆开拓出"互联网+农业+乡村旅游"的创业思路，在云平台上为乡村"筑梦"，现实中该创意已使众多合作村庄的旅游收入实现翻番。这群年轻人将自己的公司命名为"奇遇"，希望通过自己的创业项目邂逅更多年轻人并吸引他们来到乡村，热爱乡村。

而他们所做一切的初心，不过是"让故乡成为有梦的地方"。

初创企业：从 1 万元到 160 万元中觅出的商机。

2013 年从中国石油大学（华东）石油工程专业毕业后，王浩先是在青岛一家石油公司干了一年专业工作，接着回到博山区的家族企业干了一年，正是这一年中和父辈的频频冲突更坚定了他的创业想法。"厂子里仍采取家族式管理而不是现代管理模式""父亲谈订单往往在酒桌上喝顿酒就稀里糊涂谈成了"，凡此种种，王浩的反对意见提多了，最后他几乎是被父亲吼出了家门。拿着母亲偷偷塞的 5 万元，他决定要做些"不一样"的事情。

一番市场调研后，王浩决定借助电子商务渠道销售当地的猕猴桃。在博山区，猕猴桃种植堪称当地特色农业，但长期以来一直是采摘后经由农贸市场批发的传统销路，当时尚无人介入电商销售渠道。王浩决定做"第一个吃螃蟹的人"。

恰好初中同桌王浩桢从山东财经大学市场营销专业毕业工作几年后也有创业想法，他说服父母拿出家里种猕猴桃的全部4亩地。就这样，两人各筹了5万元开始创业。

一切从零开始。当时寻遍整个城区找不到一个物流专用的猕猴桃包装箱，所有的猕猴桃都是论斤称，没有任何标准，两人从设计包装、定大小标准开始，一点点摸索。当时的常态是大半个公司家当都在一辆车上，营业执照、公章，还有两个手脚忙乱的合伙人兼员工。

奋战了整整一年，年底核算，公司实际年收入仅1万多元，两人却似打了鸡血般兴奋："第一年最大的收获是，发现整个博山就我们一家在做猕猴桃的电商。"

第二年，公司运营踏上正轨，开拓了更多运营渠道，猕猴桃供应扩展到30亩，当年销售了16万斤，营业额达160万元，奇遇农业有限公司在这一年正式注册。

这一切快得不可思议，而王浩冷静下来总结，最关键的原因是，对年轻人而言，农村蕴含着太多的商机。想清楚后，两个小伙子又坐不住了，结合平日走乡串户的观察，他们又盯上了乡村旅游。

依托山清水秀的地质风貌，博山区南部4个乡镇百余村庄几乎村村都有农家乐，但在王浩看来，这些农家乐不过是吃饭、睡炕，同质化严重，多是四五十岁的村民在运营，不少村子把越来越多的钱投入在硬件更新上，实际效果却难以吸引作为消费主力的年轻人。若想使乡村旅游走出发展瓶颈，需要专业团队运营、规划和设计，而这些年轻人才几乎不可能主动回到乡村。

主意有了，王浩决心为古老的村庄和外面的世界搭一座桥梁。

重新定义"乡村游"

新的创业项目在酝酿，之前的人手显然远远不够，面对公司快速发展和王浩再三"忽悠"，高中同学黄元孔辞去了青岛某旅行社部门经理的工作，决定加入团队。

返乡第一天的场景令黄元孔哭笑不得："本以为在车站会有一个迎接仪式，谁知不但没有人来接站，反而给我打电话，让我下车后直接去仓库给猕猴桃装箱。"于是黄元孔拖着行李箱，在仓库里整整打包了一下午。所有人亲自上阵，不分彼此，这个年轻的创业团队的氛围很快让黄元孔融入其中，他青岛大学旅游管理专业科班出身和旅行社工作履历也使团队拓展乡村旅游项目有了十足底气。

如何将年轻人真正吸引到乡村旅游中？团队着实动了一番脑筋，通过反复研究中超比赛、爸爸去哪儿、跑男等年轻人热衷的体育、娱乐节目，团队总结出，要想吸引年轻人，"规则""仪式感""粉丝"三要素缺一不可。于是"奇遇村"的设想由此萌生。

所谓"奇遇村"，是网上村落，集社交、旅游于一体，游客通过会员制，成为"奇遇村村民"，享有免费体验新项目、定期参与活动等"奇遇村"村民待遇。同时，公司与村落展开深度合作，为其策划、组织创新性的活动，帮助村落与组织及学校进行对接，利用互联网便捷、传播速度快、影响力大的特点，在最短的时间内把村庄特色展现给游客。

当团队为设想落地的问题发愁时，黄元孔的家乡聂家峪村村主任黄元才同样在为村里农家乐遭遇发展瓶颈一筹莫展。这个 140 多户的小村庄已发展乡村旅游近 3 年时间，游客寥寥，村民不理解，困难重重。几经接触，黄元才抱着试试看的想法，和团队正式签订合同，允许这些年轻人一试。2016 年年底，团队正式开始对村里的农家乐经营人员进行专业培训，对游客说话声音不能太大、如何规范接待流程……村民们都来看新奇。3 个月后，团队给村子里领来了第一批"奇遇村村民"，在一场"拯救地球大作战"的实景游戏中，游客们玩得不亦乐乎，兴高采烈地完成了为村里种树的终极任务。活动结束后，黄元才拍了拍黄元孔的肩膀："这地方你们折腾去吧。"一年下来，聂家峪的旅游收入由之前的 60 万元增长至 100 万元，之前闲置的宾馆常常供不应求。

口耳相传，附近不少村庄主动找上门来合作，目前，公司已和 8 个村庄签订正式合同，十几个村庄正在具体对接。陶艺讲堂、篝火晚会、山谷音乐会……2017 年全年，公司在合作村庄举办了 40 多场活动，"奇遇村"的活跃粉丝数目前已达到两千多人。

这一年，年轻的创业团队同样在经历成长：团队成员由 2 人增至 12 人，其中 8 人为大学毕业生，4 人为归国留学生，策划、营销、对外合作等工作，12 人各司其职。意见不一致时，团队成员常争论得面红耳赤，王浩和黄元孔甚至还曾在山头上狠狠打过一架。"不过我们对事不对人，很快和好如初。"黄元孔笑着说。

农业正在成为新的风口

回顾 2017 年的乡村旅游项目进展，作为公司总经理的王浩仍有诸多遗憾，譬如公司化运营仍未完全实现，"云栖""民宿体验"等形式村民还未能完全接受、旅游产品尚待成熟、农家乐盈利点低等，在他看来，目前和村庄的合作尚属浅层次合作。

按照已签订的合约，2018 年 1 月 1 日起，借聂家峪实行农村产权结构改革之机，奇遇农业公司将和聂家峪合作成立奇遇聂家峪新公司，将由奇遇农业公司完全负责新公司，村里包括餐饮、住宿、景点等投资约 2000 万元的旅游设施全部交给新公司运营。

在这一合作模式中，新公司采取"新零售＋乡村游新模式"，从人、货、场进行重构，并特地明确了回报村民的途径，包括分红、雇佣、采购、订单及联盟等。

随着乡村旅游创业项目的开展，奇遇公司的农产品电商销售也增添了不少新内容，合作村庄的苹果、板栗等纷纷成为公司畅销产品，2017 年，公司电商销售收入从 160 万元涨到 400 余万元。

按照团队设想，不久的将来，公司将逐步采集电商销售的大数据分析客户、市场需求，采集农业生产的大数据分析制定规范化生产流程，采集乡村旅游大数据分析游客需求制定旅游项目，由此开发定制农业、体验农业，调整农业产销方式及乡村旅游供需关系，最终形成建立在农村电商基础上大数据订单式农业下的农旅结合产业循环经济。

> "农业正在成为新的风口,而乡村也非常非常需要年轻人的加入。"回顾3年来公司成长,王浩感慨。
>
> (资料来源:邢婷:《农业正在成为新的风口》,载于《中国青年报》2018年第12版,有改动)

第七节 "互联网+"创意项目设计实训

◇ 导入案例情境

商业机会挖掘与创意激发

主题:以小组为单位,小组经过调研讨论输出2个创意。

时间:4课时。

地点:小组岛形围坐的位置。

主持人:老师。

背景:

背景一 "互联网+"的大咖解读

1. 马化腾版

"互联网+"是以互联网平台为基础,利用信息通信技术与各行业的跨界融合,推动产业转型升级,并不断创造出新产品、新业务与新模式,构建连接一切的新生态。

2. 马云版

所谓"互联网+",就是指以互联网为主的一整套信息技术(包括移动互联网、云计算、大数据技术等)在经济、社会生活各部门的扩散应用过程。

3. 李彦宏版

"互联网+"计划,是互联网和其他传统产业的一种结合模式。这几年随着中国互联网网民人数的增加,现在渗透率已经接近50%,尤其是移动互联网的兴起,使得互联网在其他的产业当中能够产生越来越大的影响力。过去一两年互联网和很多产业一旦结合的话,就变成了一个化腐朽为神奇的东西,尤其O2O领域,比如线上和线下结合。

(资料来源:马化腾、张晓峰、杜军等:《互联网+:国家战略行动路线图》,中信出版社2015年版)

背景二 中国"互联网+"大学生创新创业大赛

2015年10月21日,中国首届"互联网+"大学生创新创业大赛总决赛在吉林大学落下帷幕。三朝的花开花落,2018年美丽的厦门大学将承办中国第四届"互联网+"

大学生创新创业大赛总决赛，第四届大赛将举办"1+5"系列活动，"1"是指主体赛事，在校级、省赛的基础上，举办全国总决赛（含金奖争夺赛、四强争夺赛和冠军争夺赛）。"5"是五项同期活动，具体包括：

第一项"青年红色筑梦之旅"，是在去年基础上的提升和发展。

第二项"21世纪海上丝绸之路"是一项全新的活动。

第三项大学生创客秀（大学生创新创业成果展）。

第四项改革开放40年优秀企业家对话大学生创业者（"互联网+"产学合作协同育人报告会）。

第五项大赛优秀项目对接巡展。

第四届中国"互联网+"大学生创新创业大赛的主办机构部委由上届的9个部门（教育部、中央网络安全和信息化领导小组办公室、国家发展和改革委员会、工业和信息化部、人力资源社会保障部、国家知识产权局、中国科学院、中国工程院、共青团中央），又新增了环境保护部、农业部、国务院侨务办公室和国务院扶贫开发领导小组办公室4家主办机构，部委越多，意味着大赛重要性的进一步提升，以及更多顶层资源的整合和汇聚，将能更好地为本届大赛的赛事活动、项目等提供指导和支持。

第四届中国"互联网+"大学生创新创业大赛的比赛赛道如表7-20所示。

表7-20　　　　第四届中国"互联网+"大学生创新创业大赛比赛赛道

1. 现代农业	2. 制造业	3. 信息技术服务	4. 文化创意服务	5. 商社务	6. 公益创业
1-农	1-智能硬件	1-工具软件	1-广播影视	1-电子商务	1-社会价值为导向的非营利性创业
2-林	2-先进制造	2-社交网络	2-设计服务	2-消费生活	
3-牧	3-工业自动化	3-媒体门户	3-文化艺术	3-金融	
4-渔	4-生物医药	4-企业服务	4-旅游休闲	4-财经法务	
5-其他	5-节能环保	5-其他	5-艺术品交易	5-房产家居	
	6-新材料		6-广告会展	6-高效物流等	
	7-军工		7-动漫娱乐	7-教育培训	
	8-其他		8-体育竞技	8-医疗健康	
			9-其他	9-交通	
				10-人力资源服务	

请各小组选择对应创业方向，选择方法直接标注标号，例如：信息技术服务-工具软件或31

大赛奖励具体调整如下：

（1）主赛道（4个组别）的金奖从上届30个增加到50个，银奖从上届90个增加到100个，铜奖从上届480个减少为450个，重点是金奖增加了20个，增幅达到67%；

(2) 港澳台的金奖从上届的 3 个增加到 5 个、银奖从 5 个增加到 15 个；

(3) 国际赛道金奖从上届的 4 个增加到 15 个；

(4) 今年增设的"青年红色筑梦之旅"赛道，金奖 10 个，银奖 30 个，铜奖 160 个，还另设若干单项奖；

(5) 单独针对"青年红色筑梦之旅"设置高校集体奖 20 个，省市优秀组织奖 8 个和若干优秀创新创业导师。

总计，各组别（赛道）一共有 80 个金奖，约为上届的 2 倍。

进行方式：

(1) 老师明确本次互联网＋创意项目设计实训的任务；

(2) 确定实训的步骤为：引导—搜集—设计—分享；

(3) 确定输出规则：每个小组输出 1 个互联网＋创意项目。

实训任务描述如表 7-21 所示。

表 7-21　　　　　　"互联网＋"创意项目设计实训任务

实训任务阶段	实训任务描述
第一阶段（引导）	老师推送学习资料，从互联网＋的本质开始，详细介绍与当代大学生息息相关的中国"互联网＋"大学生创新创业大赛，让学生掌握关于互联网创意项目挖掘、设计、实施等方面的知识
第二阶段（搜集）	以小组为单位，结合老师所讲的内容，结合自身的兴趣、专业、资源、熟悉程度、体验痛点等，对接"互联网＋"大学生创新创业大赛比赛赛道的内容，选择一个领域，做"互联网＋"创意项目的搜集
第三阶段（设计）	把收集到的创意项目整理分析，选择一个最可能落地实施、低进入壁垒项目，准确定位这个垂直领域的细分市场，按照前面的步骤，做创意项目的设计框架
第四阶段（分享补足）	通过师生或生生之间的问答式、头脑风暴法对每个项目小组的互联网＋创意项目方案进行修正和补足

实训目标如表 7-22 所示。

表 7-22　　　　　　"互联网＋"创意项目设计实训目标

序号	实训目标	目标类型
1	了解"互联网＋"大学生创新创业大赛的相关赛事活动的内容及所对应的参赛项目类型	可以达到
2	了解"互联网＋"的本质	应该达到
3	了解传统行业的"互联网＋"机会	可以达到
4	掌握互联网创业机会的开发	必须达到

续表

序号	实训目标	目标类型
5	掌握互联网＋新兴经济模式	必须达到
6	掌握互联网典型的商业模式	必须达到
7	掌握互联网创业团队的管理	必须达到
8	掌握互联网产品的精髓	必须达到

实训步骤如表7－23所示。

表7－23　　　　　　　　"互联网＋"创意项目设计实训步骤

实训步骤	说明
第一步：引导	1. 老师介绍"互联网＋"大学生创新创业大赛的相关赛事活动的内容及所对应的参赛项目类型； 2. 老师讲解"互联网＋"的本质； 3. 老师讲解互联网创业机会的开发； 4. 老师讲解互联网＋新兴经济模式； 5. 老师讲解互联网典型的商业模式； 6. 老师讲解互联网产品的精髓
第二步：搜集	1. 参考"互联网＋"大学生创新创业大赛比赛赛道的内容，选择一个领域，做"互联网＋"创意项目的搜集； 2. 在项目收集的过程中要与导师开展"一对一"的交流，以纠偏取证
第三步：设计	1. 选择一个最可能落地实施、低进入壁垒项目； 2. 准确定位这个垂直领域的细分市场； 3. 按照前面的步骤，做创意项目的设计框架
第四步：分享补足	通过师生或生生之间的问答式、头脑风暴法对每个项目小组的互联网＋创意项目方案进行修正和补足

重点问题和答案

1. 传统行业在转型互联网中应注意的问题

（1）避免简单的"＋互联网"，比如利用互联网开个店卖东西、做广告、用云服务器等，这没有改变行业和产品的本质，只是变得有效率了，不会产生爆炸性的指数级的变化；

（2）注意互联网的技术和万物互联的思维以及"平等、开放、协作、共享"的互联网精神来优化升级或颠覆重构企业的整个价值链及价值链上的人；

（3）在供应层面，顺应互联网模式，以用户、场景为核心，变革传统模式中以厂商为中心，封闭的链式生产，只有在最终环节才面向用户的供应过程，让用户参与各个环节的环式生产，强调个性化营销、柔软化生产、社会化供应链。

2. "互联网＋"的本质

（1）"互联网＋"是一种新的经济形态，促使新技术、新产品、新业态不断涌现；

（2）"互联网+"是一种思维模式的突破，推进传统企业与互联网的有机结合；

（3）"互联网+"是一种新的生产方式和手段，推动企业转型升级，提升效率；

（4）"互联网+"是一种新型生态，加强产业联合，实现跨界融合。

3. "互联网+"新兴的经济模式

（1）草根经济：泛指满足"草根"各种需求的经济活动；

（2）粉丝经济：泛指架构在粉丝和被关注者关系之上的经营性创收行为；

（3）网红经济：指在社交平台上以时尚达人为形象代表，以红人的品位和眼光为主导，进行选款和视觉推广，依托庞大的粉丝群体进行定向营销，将粉丝转化成购买力；

（4）社群经济：指一群有共同兴趣、认知、价值观的用户在一起互动、交流、协作、感染，对产品品牌本身产生反哺的价值关系，并由这种建立在产品与粉丝群体之间的情感信任和价值反哺共同作用形成的自运转、自循环的范围经济系统；

（5）分享经济：是指个体之间通过互联网直接交换商品或服务的行为。

4. 互联网产品的精髓

（1）关注核心需求：核心功能所满足的用户需求往往就是用户对于该产品的核心需求，是用户使用该产品的核心目的；

（2）快速迭代：一个最小化可行产品有助于创业者用户需求和反馈，它可以不必是完美的，创业者要做数次探索，目的是不断提高用户关注点的体验；

（3）用户体验的目标：就是自然，有魅力的产品都是自然模式的；

（4）探索赢利模式：对于一个创业公司来说，以怎样的姿态获取收入，都和企业采用的商业模式有关；

（5）注意用户反馈：构建用户反馈系统的意义非常重要，通过反馈可以观察到用户的使用行为习惯，发现产品存在的问题与不足。

5. 互联网产业结构为"倒金字塔"，只会有少量的企业来提供基础服务，会有一定数量的大企业抢占流量入口，对创业者来说，更多的创业机会在垂直领域的应用与服务。从"互联网+"创业机会来源可以看出，由于百度、阿里、腾讯（业界俗称BAT）等大型互联网公司的平台垄断，未来更多的创业机会将出现在垂直的细分市场。互联网几大垂直细分领域如垂直电商、垂直餐饮O2O、垂直女性健康等涌现了创业者的身影。垂直领域的创业只要能够在某一领域为用户带来专注的服务、极致的体验，就能在互联网生态系统中找到一席之地。

第八章 商务礼仪实训

第一节 商务形象礼仪实训

 一、仪容礼仪实训

（一）仪容礼仪

仪容作为一个人的外在表现，是直观可见的，主要表现一个人的内心和道德素养，商务人员的仪容显得尤为重要。

1. 仪容礼仪概述

仪容，主要指一个人的仪表容貌，包括发饰、服饰、面容和未被服饰遮掩、暴露在外的肌肤，也是人们根据常规的审美标准对自己的仪表进行必要的修整、打扮和装饰。容貌反映一个人的精神面貌，传递直接、生动的个人信息，是整个仪表的重要环节。

2. 仪容礼仪要求

简单来说，仪容礼仪的基本要求主要包括：整洁干净、简约端庄、内外兼修。

（1）整洁干净

仪容仪表的整洁干净，就是要经常进行梳洗，努力保持仪容的干净、整洁、清爽。同时，可根据自身实际情况进行修饰，塑造个人完美的形象。

（2）庄重简洁

仪容仪表庄重，就是要求在修饰仪表仪容时，做到端正、庄重、斯文、雅气，不花里胡哨、轻浮怪异、小里小气。

（3）内外兼修

在注重仪容外表的同时，要不断加强内在美的培养，努力提高自我文化、艺术修养和思想道德水准，培养良好的气质和美好的心灵，使自己秀外慧中、表里如一。

3. 仪容礼仪规范标准

（1）保持面部清洁

要做到早晚洗脸，及时清洗污垢、污渍、汗渍、眼屎等不洁之物。男士每天应该剃须修面，鼻毛不得外露。

（2）保持手部清洁

手的清洁反映个人修养和良好的卫生习惯。商务活动中，应极力避免手部不洁，特别是指甲应修剪得当，不过分装饰。

（3）保持口腔清洁

坚持早晚刷牙，确保牙齿清洁，无异味。进食食物后要勤漱口，避免残渣遗留在牙齿上。工作之前不吃带异味的食物。咀嚼口香糖时不宜边说话边嚼糖。

（4）避免不雅动作

要经常洗澡，及时更换内衣，不在公共场合做揪胡须、拔体毛、挖鼻孔、掏耳朵等不雅动作，不喷洒过浓的香水。

（5）保持良好发型

男士头发前不覆额、侧不掩耳、后不及领，女士头发应修剪得美观大方，如果留长头发，工作时应将其挽束或盘起，不宜任意披散。不随意烫发、染发，不搞标新立异。

（6）保持精力充沛

要注意他人感受，不带憔悴病容进行商务活动。有皮肤病者应尽量遮掩病变皮肤，避免外露，更要防止与他人接触。

（二）化妆礼仪

仪容仪表反映一个人的精神状态和礼仪素养，是人们交往中的第一形象。容貌是可以通过各种途径来美化、装扮的，通过努力可以起到增色、锦上添花的作用。这就要懂得一定的美容常识，懂得如何发挥自己容貌的优势，并通过有效的途径来弥补自身容貌的缺陷与不足。

1. 化妆的基本规范

（1）商务化妆的基本原则

①简约清爽；

②扬长避短；

③分清主次；

④讲究科学；

⑤专用原则；

⑥修饰避人。

（2）化妆的步骤

①一是面部打粉底、遮瑕、定妆；

②二是画眉、涂眼影，画眼线、涂睫毛；
③三是画唇线、涂唇膏；
④四是进行卸妆，对眼部、唇部、脸部卸妆。

2. 几种化妆礼仪

（1）底妆的礼仪

底妆是护肤程序第一步，它可以掩饰面部皮肤瑕疵，让肤色更加均匀，还可以修饰、改善面部结构和鼻型，是获得清新、持久妆容的基础。从颜色的选择来看，可通过试用法，选择出最适合脸部和颈部自然肤色的颜色。颜色选择要与肤色相近，可混合不同颜色粉底相配。

（2）眼妆的礼仪

眼妆是化妆的灵魂。它不但可以增加眼部的立体感和美感，还能够烘托整个脸部形象，让妆容自然生动，张扬个性。

应该做到眼影浓淡适中，有渐层感，颜色协调性佳，眼线有适当的晕染，感觉像是睫毛根部的一部分；睫毛弯翘的弧度适中，下眼线和下睫毛的处理要自然。要根据妆容的要求和与服饰的搭配等来选择眼影颜色，单色可获得淡雅自然的效果，多色可使眼妆效果丰富，立体感、层次感强。还可采用对比法，即选用对比色、互补色或是冷暖色系的颜色相互搭配，可表现出活泼、青春、跳跃的妆感。

（3）眉妆的礼仪

眉很大程度上勾勒着眼睛，影响着脸部表情，不同风格的眉形可以传递不同的个性和时尚。从颜色的选择来看，眉毛的颜色应与发色相近，眉色的选择还要根据妆型的要求和妆面的色调来加以调整。

画眉毛时要先按"三点一线"的方法找出眉头、眉峰和眉尾的位置，用眉笔的笔尖顺着眉毛生长的方向逐笔描画。眉头处开始到眉峰处为止是渐渐上升的，到眉峰达到最高，然后由眉峰处至眉尾处下降，眉型自然变细。

（4）唇妆的礼仪

合格的唇妆是指唇部水润平滑、保养良好、看不见唇纹、唇型明显、唇膏清晰不越线，唇色和腮红呼应、饱和的唇膏颜色和自身的唇部完美融合在一起。

在颜色选择上，使用有透明感的唇彩，可以不用勾勒唇线，选择与自己唇色接近的色泽，轻而薄地涂于唇上。除了选择适宜的色泽之外，可以有三个层次感，唇部外延色彩偏重，能帮你打造较好和精细的轮廓感；唇部主体颜色；中部可选择浅色或白色，也可选择富有光泽的唇彩或唇油，营造生动迷人的立体效果。

（5）发型的礼仪

头发的洗涤对保护头发，维持个人整洁、卫生的整体形象都有非常重要的作用。因为每个人的头发都会产生一些分泌物，还会不断地吸附空气中的灰尘，若不及时清洗，就会产生气味，影响个人形象，甚至还会影响我们的商务活动。洗头发一般需要做到以下四步。

第一步是预备洗。用水冲洗，洗掉残留灰尘、头皮屑等。减少洗发用品使用量，降低对头发及头皮的损伤。

第二步是正式洗。将洗发液倒在手上，再滴一些水在上面，轻轻揉搓后，让洗发液发泡后，均匀涂抹在头发上，双手以锯齿状或圆圈的方式来洗头，这样可以达到按摩头皮、促进血液循环的目的。彻底洗净之后，再用水将洗发液完全冲洗掉。

第三步是护发。护发的目的是要补充被冲洗掉的油脂，增加光泽，使头发容易梳理。

第四步是干燥。刚洗完的头发最容易受损，因此要尽快吹干。首先要用毛巾吸掉多余的水分，接着再用吹风机以吹干头发，同时用一只手去翻动，如此风才能吹到头发深处，连头皮也能充分干燥。此外，应尽量使用间隙较宽、顶部较宽的梳子，以免伤害头发及头皮。其次要选择适合的发型。一是在选择发型时，应当尽可能地考虑到自己的脸型、身材、性别、年龄、性格等。二是考虑自己经常所处的场合。如果是在工作、学习的场合，发型通常愈是庄重、文雅愈好。三是易于整理。

3. 面部基础保养应注意事项

（1）随时随地保湿

每天应摄取充足的水分，并且随时携带保湿产品，适时补充，避免肌肤出现干燥的细纹，也可敷用补水面膜。

（2）及时去除角质

应当视自己的肌肤状况适度去除角质，去角质时不一定要全脸进行，针对局部即可。

（3）做好防晒工作

在户外应尽量避免肌肤暴晒在阳光下，尽量选择具有遮蔽件的衣物，无法用衣物遮蔽时就要涂抹防晒产品。

（4）清洁动作轻柔

每天清洁肌肤时，要避免过度拉扯肌肤，做清洁动作时可以用中指及无名指的指腹，这样不会增加肌肤的负荷。

（5）避免抠抓肌肤

当肌肤出现不舒适的症状时，要避免用手指瘙痒、抠抓，因为这些动作都很容易破坏肌肤的组织结构，造成肌肤松弛，甚至留下疤痕。

（6）适度给予按摩

要有效避免表情纹的出现，可以在容易出现表情纹的地方（如眉头、眼尾、嘴角等处），适时提供按摩。

（7）保证睡眠充分

睡眠期间是肌肤自我修护的关键时间，睡眠也可以有效帮助肌肉放松。

（8）补充营养成分

多摄取富有抗氧化功效成分（如维生素C、维生素E、绿茶多酚、葡萄多酚等）的食物，要少抽烟、少吃油炸食物，养成良好的生活习惯。

二、仪态礼仪实训

(一) 体姿礼仪概述

1. 体姿礼仪含义

体姿礼仪又被称为仪态礼仪，是指一个人的身体姿态，主要包括站、行、坐、蹲、手势及面部表情等举止活动，也是人的仪表美的动态展示。

个人的礼仪修养就是通过一举一动表现出来的。从仪态可以了解一个人的内心世界，把握人的本来面目。体姿语言对于有声语言起到了强化、补充以及修饰的作用，注重体姿信息并且利用优雅的体姿语言传达情谊，是现代商务工作者必须学会的礼仪规范。

2. 体姿礼仪基本要求

在商务活动中，商务人员为了更好地展现个人的形象，通常会及时地检验自身的体姿，以体现自身的素质。

（1）运用好自身体姿语言

日常商务活动中，要增强正确运用体姿语言的自觉性。首先应该善于学习和观察体姿所要表达的含义，结合自身进行有针对性的训练、调整和改造，并在日常的商务活动中实践运用，更好地发挥体姿语言的作用。同时应该在不同的社交场合，结合所处的身份、地位以及所扮演的社交角色正确使用体姿语言。

体姿语言在商务活动中通常表现在对于对方的尊重，即使有不同意见，也需要使用恰当得体的体姿语言，切忌表现出粗鲁的体姿语言，给对方留下不文明的印象。

（2）理解好对方体姿语言

在商务活动中，一名优秀的商务人员可以根据对方的体姿语言，结合当时所处的场景以及其性格判断对方的相关情绪。而掌握提高运用体姿语言的能力，有利于与对方进行进一步的交流，更加顺畅地进行商务活动。

（3）掌握好体姿语言特性

体姿的含义各有差异，表现得多种多样、千姿百态，单就所表达的基本方面来讲，是有规律性和共性的。

总之，不同的体姿表达了不同的含义，良好的仪态可以促进双方更加顺畅地交流，而较好地掌握体姿语言也是商务人员的必修课之一。人的任何一种表情、姿态和动作，不论在身体的哪个部位，都能够传递出某些信息、表露某些情感，但体姿所表达的含义并不是确定的、一成不变的。因此，要正确领会某个体姿的含义，应该与目标对象发出的其他信息联系起来。

(二) 面部表情

人的面部表情不仅可以展示一个人的外在形象，而且还能够真实地反映个人的内心情感，传递一个人的内在信息。

1. 眉毛

眉毛可以反映一个人的心理状态，根据不同的眉毛形态，可以判断对方的心理状态。

（1）皱眉

皱眉是指一个人双眉紧蹙，通常用以表示忧虑或不悦甚至愤怒的神态。在商务交谈过程中，如发现对方眉头紧锁，应该及时地记录对方的表情，会后适当询问对方，并对于自身的观点加以解释，达到求同存异的效果。

（2）扬眉

扬眉是指个人将眼睛睁大的过程中，促使眉毛上扬的状态。通常表达一个人迫切地想要看到人、物的状态，也可以表达得意、忧愁或愤怒等感情。因此，商务活动中，对于对方扬眉的判断十分重要，若是判断对方是急切地需要了解某件事时，可适当加快或调整表达顺序；若是扬眉表达了愤怒之情，那就需要进行了解，最好及时转变话题，以免引起对方的不适之情。

（3）闪眉

眉毛闪动是指眉毛先上扬然后瞬间下降的状态。闪眉通常表示对于对方的友善，朋友见面时往往会无意识地闪眉，表示欢迎的愉悦感。面对对方的闪眉，可及时调整相应的面部表情，上前握手或拥抱。

（4）耸眉

耸眉通常伴随撇嘴等动作表示心情的不愉快，还表示对于某件事情的无可奈何、惊讶或悲伤等情感。在商务活动中，对方处于耸眉状态，可适当调整说话的语速，将事件快速阐述，降低对方的不愉快。

2. 眼睛

俗话说"眼睛是心灵的窗户"，目光可以表达不同的心理和情绪。

目光正视，是指一个人的目光注视对方，用以表达对对方以及事件的庄重、尊敬等，通常在参加一些严肃的场合时，需要我们目光正视对方。

目光仰视，是指对一个人的崇拜、敬重之情，或对于某些事件的思考时，也会通过仰视的方式。在对方目光仰视进行思考时，最好不要打扰对方的思考。在遇到重要人物时，也需要进行仰视，用以表达对于对方的崇敬热爱之情。

目光斜视，通常是处于低处，目光从侧面斜视对方，用以表示对于某些事件的轻蔑、心虚、仇恨等情感。

除此以外，遇到让人喜爱、兴奋、恐怖、紧张、愤怒、疼痛的事情时，通常会瞳孔放大。而瞳孔缩小则是表达了对于事件的厌恶、疲倦、烦恼等情感。

3. 嘴

嘴形能够体现个人所需要表达的心理和情感，商务活动中，我们会通过嘴形表达对对方观点的赞同。

嘴唇闭拢：表示对于对方的尊重，体现了场面的和谐宁静。
嘴角上扬：表示对于人或事的喜悦之情，抑或是表达认同以及善意。
嘴唇半开：表示惊讶，意想不到的情感。
嘴唇大开：表示对于特定事件的惊骇之情。
嘴角向下：表示痛苦悲伤、沮丧消极等情绪。
嘴角紧绷：表示愤怒、对抗或意志坚定等。

通常以上两种面部表情会结合在一起进行使用，在商务活动中，应该注意对对方面部表情的观察，及时调整策略，从而促使商务活动顺利圆满进行。

（三）身体姿势

身体姿势涵盖的内容十分广泛，可以说姿势伴随着一个人生活的全过程，构成了一个人身体姿势的全部。就商务活动而言，涉及的姿势非常丰富，其中站、坐、走、蹲是最基本、最重要的礼仪规范。

1. 站姿

"站有站相"是对商务工作者的基本要求，优美挺拔的站姿能显示一个人的自信，并给他人留下美好印象。根据场合的不同，可将站姿分为标准式站姿、礼节式站姿以及休闲式站姿。

（1）正确站姿

头正：双眼平视前方，嘴微闭，收颌挺颈。

肩平：双肩放松，稍向下沉，身体有向上的感觉，呼吸自然。

臂垂：双臂放松，自然下垂于体侧，手指自然弯曲。

躯挺：收腹，挺胸，立腰，臀部向上向前并收紧。

双腿并拢：两脚跟靠紧，脚尖分开呈60度，男子站立时，双脚可分开，但不能超过肩宽。身体重心主要支撑于脚掌、脚弓上。从侧面看，头部肩部、上体与下肢在一条垂直线上。

手位：①双手置于身体两侧，站立时，可将双手自然下垂，放在身体两侧；②右手搭在左手上叠放于体前；③双手叠放于体后；④一手放于体前一手背在体后。

脚位：①"v"形。男士站立，可将两腿分开呈"v"字形。②小"丁"字形。适用女士的站立姿势，双脚后跟并拢，脚尖自然张开呈"丁"字形。进行长时间站立时，可将两脚分开，两脚外沿宽度以不超过两肩的宽度为宜，并可以一只脚作为重心支撑站立，另一只脚稍做休息。

（2）男士的站姿

姿势1：身体立直，抬头挺胸，下颌微收，双目平视，嘴角微闭，双手自然垂直于身体两侧，双膝并拢，两腿绷直，脚跟靠紧，脚尖分开呈"v"字形。

姿势2：身体立直，抬头挺胸，下颌微收，双目平视，嘴角微闭，双脚平行分开，两脚间距离不超过肩宽，双手手指自然并拢，右手搭在左手上，轻贴于腹部，不要挺腹或后仰。

姿势3：身体立直，抬头挺胸，下颌微收，双目平视，嘴角微闭，双脚平行分开，两脚之间距离不超过肩宽，双手在身后交叉，右手搭在左手上，贴于臀部。

（3）女士的站姿

姿势1：身体立直，抬头挺胸，下颌微收，双目平视，嘴角微闭，面带微笑，双手自然垂直于身体两侧，双膝并拢，两腿绷直，脚跟靠紧，脚尖分开呈"v"字形。

姿势2：身体立直，抬头挺胸，下颌微收，双目平视，嘴角微闭，面带微笑，两脚尖略分开，右脚在前，将右脚掇靠在左脚脚弓处，两脚尖呈"v"字形，双手自然并拢，右手搭在左手上，轻贴于腹前，身体重心可放在两脚上，也可放在一脚上，并通过重心的移动减轻疲劳。

（4）站姿的禁忌

头部左右倾斜，双肩不平。

弓背松腹含胸，身体不停抖动或是晃动。

撅臀或身体倚靠其他物体。

手臂抱于胸前或双手插兜、叉腰。

两腿弯曲，双脚交叉站立。

摇头抓痒，摆弄衣带、发辫、咬指甲等。

（5）正确站姿训练

通常可以通过以下方法对于站姿进行训练。

五体靠墙：与练习的墙体背向站立，将五个身体部位（脚、小腿、臀部、双肩和头部）靠着墙壁，用以训练身体整体的控制能力。

腿夹纸：站立者在两大腿间夹上一张纸，保持纸张的不松、不掉，通过这种方法来训练腿部的控制能力。

头顶书：站立者在头上顶一本书，保持书本在头上的稳定性，以训练头部的控制能力。除此以外，还可以通过其他照镜子等简单方法进行训练。

2. 坐姿

正确的坐姿可体现出商务人员高贵、优雅的气质，也是展现修养的重要形式，错误的坐姿则是对对方商务人员的不尊重。因此在入座后，需要基本保持上身直立、四肢自然摆放。

（1）正确的坐姿

入座轻而稳，女子着裙装，应先稍拢裙摆，再行入座，切勿坐下后再站起来整理衣服。

面带笑容，双目平视，嘴唇微闭，微收下颌。

双肩平正放松，两臂自然弯曲，双手放于膝上，女士应两手叠放，置于左腿或右腿上。

立腰、挺胸，上体自然挺直。

双膝自然并拢，双腿正放或侧放。

坐满椅子的2/3，脊背不要靠椅背。

起立时，右脚向后收半步而后起立。

男士坐姿分为标准式、前伸式、曲直式和重叠式等，女士坐姿分为标准式、侧点式、前交叉式、后点式、曲直式和重叠式等。

（2）不正确的坐姿

身体前俯后仰，歪歪扭扭，脊背弯曲。

身体过于前倾，耸肩，仰头靠在座位的背上或者躬身低头注视地面。

双手有多余的动作或放于两腿中间。

双腿过于伸长，身体瘫坐在椅子上。

跷起二郎腿或"4"字形。

脚尖指向他人，或是脚跟落地、脚尖离地。

将小腿搁于大腿之上，或将两腿直伸出去，或反复抖动。

把脚架在椅子、沙发扶手或茶几上。

坐下后随意挪动椅子，猛坐猛起。

与人谈话时用手支着下巴。

（3）正确坐姿训练

两人一组，面对面练习，并指出对方的不足。

坐在镜子前面，按照坐姿的要求进行自我纠正，重点检查手位、腿位、脚位。

3. 蹲姿

蹲姿是由站姿转变为双腿弯曲和身体下降的姿势。正确的蹲姿应该讲求"动作轻缓，屈腿而不弯腰"。

（1）正确蹲姿

下蹲拾物时，应自然、得体、大方，不遮遮掩掩。

下蹲时，两腿合力支撑身体，避免滑倒。

下蹲时，应使头、胸、膝关节在一个角度上，使蹲姿优美。

女士无论采用哪种蹲姿，都要将腿靠紧，臀部向下。

直立姿势，一足在前，一足在后。迈开一步，腿部弯曲，双膝一高一低，身体随之下降，重心在后面腿上坐下去。

（2）蹲姿的禁忌

两腿叉开，臀部向后掀起。

两腿展开平行下蹲，俗称"亚洲蹲"。

女士下蹲时内衣暴露。

在公众场合，蹲着休息。

蹲在椅子上休息。

（3）蹲姿的要点

蹲姿三要点：迅速、美观、大方。下蹲拾物时，应自然、得体、大方，不遮遮掩掩。可以先走到东西的左边，右脚向后退半步后再蹲下来。下蹲时，两腿合力支撑身体，避免滑倒，且头、胸、膝关节在一个角度上，使蹲姿优美。脊背保持挺直，臀部一定要蹲下来，避免弯腰撅臀的姿势。男士两腿间可留有适当的缝隙，女士则要两腿并紧，穿旗袍或短裙时需更加留意，以免尴尬。

(4) 正确的蹲姿训练

两人一组，面对面练习，并指出对方的不足。

在镜子前面，按照蹲姿的相关要求进行自我纠正，重点检查手位、腿位、脚位。每次训练时间为20分钟左右，可配音乐进行。

4. 走姿

走姿是人体所呈现出的一种动态，是站姿的延续。走姿文雅、端庄不仅给人以沉着、稳重的感觉，也是展现自己气质与修养的重要形式。

(1) 正确的走姿

起步时，身体微向前倾，身体重心落于前脚掌，行走中身体的重心要随着移动的脚步不断向前过渡，不要让重心停留在后脚，并注意在前脚着地和后脚离地时伸直膝部。行走过程中应该保持身体直立、收腹直腰、两眼平视前方，双臂放松在身体两侧自然摆动，脚尖微向外或向正前方伸，步伐稳健，步履自然，要有节奏感，做到从容、平稳、直线。

(2) 正确的走姿训练

一是腰部力量练习。行走是一种动态美，是全身协调性运动，其中腰部的控制力是至关重要的。练习时，双手固定于腰部、脚背绷直，踮脚正步行走，不需要另外找场地、找时间，在家可随时练习。

二是背部练习。脊背是行进中最美妙的音符，因此要练习脊背和脖颈，可在头顶上放一本书走路，保持脊背伸展和头正、颈直、目平，起步行走时，身体略前倾，身体的重心始终落于前边的脚掌上，前边的脚落地，后边的脚离地的瞬间，膝盖要伸直，脚落下时再放松。

三是脚步练习。在地上画一条直线或利用地板的缝隙练习，两脚内缘的着力点力求落在直线两侧，通过不断的练习，保持好行走的轨迹和稳定性，避免内八字和外八字。

四是全身的协调性训练。行走中身体的每一个部分都要呈现出律动之美，步伐要矫健、轻盈，富有稳定的节奏感。

(3) 走姿的禁忌

垂头丧气，走路时低头看脚尖。

行走过程中上蹿下跳，心浮气躁。

行走时，习惯性走出内八字或外八字。

行走时与其他人相距过近，与他人发生身体碰撞。

走路时摇头晃脑，大甩手，晃臂扭腰，左顾右盼，瞻前顾后。

速度过快或过慢，与同性勾肩搭背。

拖脚行走，发出噪声，尤其是在安静的公众场合，穿带有金属鞋跟的鞋子或是饰品会对周围造成一定的不良影响。

三、服饰礼仪实训

（一）服饰礼仪

服饰，有广义和狭义之分。广义的服饰泛指衣、裤、鞋、帽、袜、巾、首饰、箱包以及各种配件、饰品；狭义的服饰仅指服装、配件和饰品。在社交交往中，服饰在一定程度上反映着一个人的社会地位、身份、职业、收入、爱好、个性、文化素养和审美品位，是一种特殊的"身份证"。服饰礼仪是人们在交往过程中为了表示互相的尊重与友好，达到交往的和谐而体现在服饰方面的一种行为规范。

1. 服饰的特点和种类

（1）服饰的特点

一是服饰体现日常生活。服饰是人类的第二层皮肤，是须臾不可离开的物品，它像一面镜子一样，折射物质生产与物质生活的发展状况。服饰经历了不同的发展阶段，直到现代科技产品服饰时代。服饰不仅是时代物质生产能力的反映，也是时代物质生活水平的反映，更是人类文明的缩影。

二是服饰体现风俗习惯。在各国历史中，服饰都有着严格的礼仪规范，体现了国家根据文化传统和风俗习惯对服饰的统驭，各个不同阶层的人们对服饰有特定的要求。这一点在中国尤其突出。两千多年的封建社会，形成了以汉族为主的中华特有的服饰传统。记载了等级森严的服饰礼仪制度，从而形成了中国服饰的一整套传统而独特意义的着装理念，以及名目繁多的服饰样式。

三是服饰反映意志情感。服饰关乎人们的仪表，是人们内心意志与情感世界的写照。中国自古以来，就把服饰当作人的仪表之尊、德尚之表和情感世界的外化。时至今日，人们更是在追求款式、面料、色彩色调的同时，力求有一个吉利的名称、知名的品牌。可以说，古今中外，衣如其人，概莫能外。

四是服饰突出文化再现。人类的服饰，是人类所创造的特有的现象。经过不同历史阶段的演变而形成的地域性、民族性，反映在服饰上，其形式和风格各异。所以服饰文化带有鲜明的民族性、地域性的特点。因为个体经历、受教育的程度、生活习惯、兴趣和爱好的差别，同一群体中人们对于服饰的款式、色彩色调要求也不尽相同，都能尽显个人风范。正是人类文化、民族文化、群体文化和个性文化的交错存在，构成了服饰文化的绚丽多彩。

服饰是一门艺术，服饰所能传达的情感与意蕴甚至不是用语言所能替代的。在不同场合，穿着得体、适度的人，能给人留下良好的印象，而穿着不当，则会降低人的身份，损害自身的形象。在社交场合，得体的服饰是一种礼貌，影响着人际关系的和谐。

（2）服饰的种类

按年龄分：成年人装、老年人装、童装等。

按性别分：男装、女装、中性装。

按实用季节分：春秋装、夏装、冬装。

按形体分：标准型体装、特型服装。

按用途及穿用场合分：常服、礼服、制服、运动装、休闲装等。

2. 服装礼仪规范

一是要保持整洁。整洁是着装最基本的原则。不管在任何情况下，着装都要力求整洁。在社交场合，人们的着装要特别做到：一是干净、卫生；二是整齐；三是完好。

二是要注重文明。在社交场合，不仅要做到会穿衣戴帽，而且还要文明着装，符合道德传统和常规。忌穿过于裸露的衣服；忌穿过于瘦小的衣服；忌穿过于透薄的衣服。

三是要尽量协调。和谐就是协调得体。即选择服装时不仅要与自身体形相协调，还要与着装者的年龄、肤色相配。协调，一是与社会角色相协调；二是与自身条件相协调；三是与年龄相协调。

四是要整体搭配。着装时要使各个部分相互呼应、配合，在整体上尽可能地显得完美、和谐，恪守服装本身约定俗成的搭配。

五是要及时更换。按照现代社交礼仪规则，社交场合每次都要更换服饰，出席会议，不要总穿一套衣服。

六是要突出个性。由于年龄、性格、职业、文化素养等各方面的不同，不同的人，自然就会形成各自不同的气质。在选择服饰时，不仅要符合个人的特点还要突现出自己美好气质的一面。

（二）服饰礼仪的技巧

服装是自我展示的工具。服饰的美是款式美、质料美和色彩美三者完美的体现，形、质、色二者相互衬托、相互依存，构成了服饰美统一的整体。每个人要想通过着装获得一个好的形象，就要了解和掌握着装的技巧。

1. 色彩

色彩是最大众化的一种审美形式，它是服装造型艺术的重要表现手段之一。服饰色彩相配应遵循一般的美学常识，色彩应色调和谐，层次分明。饰物只能起到"画龙点睛"的作用，不应喧宾夺主。服饰色彩在统一的基础上应寻求变化。

（1）色彩搭配的基本原则

第一，要与年龄合适。时间的变换既包括昼夜更替，也包括春夏秋冬的季节更替，以及人生的不同年龄阶段。一般来说衣着应当与自己的年龄相协调。不同年龄的人有不同的着装要求，但无论何种年龄段，只要着装与年龄相协调，都可以显示出独特的韵味。

第二，要与场合合拍。由于地方、场所、位置的不同，着装应有所区别。不同的场合有不同的服饰要求，只有与特定场合的气氛相一致、相融洽的服饰，才能产生和谐的审美效果，实现人景相融的最佳效应。

第三，要与身材合体。服装色彩的选择还要和体形协调，人的体形千差万别，这就要求人们在着装时特别注意服装色彩、款式和体形的协调。

（2）服装色彩的合理搭配

主色调搭配指选一种起主导作用的基调和主色，相配于各种颜色，造成一种互相陪衬、相映成趣之效。采用这种配色方法，应首先确定整体服饰的基调，其次选择与基调一致的主色，最后再选出多种辅色。任何情况下，主色都起决定性作用，装饰色越少就越显鲜明。主色调搭配如果选色不当，容易造成混乱不堪的结果，有损整体形象。

（3）理想的色彩效果

要上下统一，要有所呼应，要互相陪衬。

（4）服饰的色彩哲学

服饰色彩及其搭配涉及色彩和美学，同时还渗透着人的价值观念、爱好、性格特征、礼仪素养。

2. 面料

服装面料就是用来制作服装的材料。作为服装的要素之一，面料不仅可以诠释服装的风格和特性，而且直接左右着服装的色彩、造型的表现效果。常见的有棉布、麻布、丝绸、毛料、化纤、皮革、针织服装面料以及一些新兴面料和特种面料。但是从总体上来讲，优质、高档的面料，大都具有穿着舒适、吸汗透气、悬垂挺括、视觉高贵、触觉柔美等几个方面的特点。

3. 款式

服装的款式，是指它的种类、造型与式样。大体上分为职业装、公务礼服、晚礼服、休闲服等。好的服装款式可以有效掩盖人们体形上的缺陷，突出个人的优点。在现实生活中，并非每个人的体形都十分理想，只要能根据自己的体形挑选合适的服装，扬长避短，就能实现服装和人体美的和谐统一。

（三）男女职场着装礼仪

1. 女士着装礼仪

女性的服装分为职业服装与社交服装，而社交服装分为礼服和便服。

介绍女士商务人员的相关服饰礼仪。

（1）西装礼仪

女士西装配西装裙的职业套装更能显露女性的高雅气质和独特魅力。女子西装款式多样，要根据自己的年龄、体形、皮肤、气质、职业等来选择，要讲究皮鞋、袜子、皮包、饰物、发型、化妆与西服的配套协调。

女子着西服，比较正规的场合，宜穿成套西装以示庄重；比较随便的场合，则西装与不同质地、颜色的裙子、裤子搭配更显潇洒亲切。女士时装追求宽松或紧身装等不同效果，西装十分强调合体，过小了显得拘谨、局促；过大了则松垮、呆板，毫无风度。

还要讲究服饰搭配效果。不打领带时，可选择领口带有花边点缀或飘带领的衬衫，还可在领口或西装驳头上佩戴精巧的水钻饰件。穿西装时的鞋袜、包装要配套。建议鞋跟高度3~4厘米。正式场合不宜穿凉鞋、后跟用带系住的女鞋或露脚趾的鞋。鞋的颜色应当和西服一致或再深一些。

（2）裙装礼仪

女性职业装以套裙为主，所以服装礼仪首先从套裙讲起。

在面料的选择上，要注重两点：质地上乘、纯天然。上衣、裙子和背心等必须是用同种面料。要用不起皱、不起毛、不起球的匀称平整，柔软丰厚，悬垂挺括，手感较好的面料。

在色彩选择上，应当以冷色调为主，职业套裙的最佳颜色是黑色、藏青色、灰褐色、灰色和暗红色，精致的方格、印花的条纹也可以接受，借以体现出着装者的典雅、端庄与稳重。一套套裙的全部色彩不要超过两种，不然就会显得杂乱无章。

在尺寸选择上，商界女士的套裙要求上衣不宜过长，下裙不宜过短。

在裙子的选择上，女士正装裙子以窄裙为主，年轻女性的裙子可选择下摆在膝盖以上3~6厘米，但不可太短；中老年女性的裙子则应选择下摆在膝盖以下3厘米左右。裙内应穿着衬裙。真皮或仿皮的西装套裙均不宜在正式场合穿着。

在搭配上，衬衫应轻薄柔软，色彩与外套协调。内衣的轮廓最好不要从外面露出来。衬裙应为白色或肉色，不宜有任何图案，裙腰不可高于套裙裙腰而暴露于外。

（3）女装穿着原则和禁忌

女士着装的"六不"原则：衣服不要过大或过小，衣扣不要扣不到位，不要不穿衬裙，不要内衣外现，不要随意搭配，不要乱配鞋袜。

日常服装"五忌"：忌露，忌透，忌紧，忌异，忌乱，忌小。

2. 男士着装礼仪

男士的着装分为社交服装与职业服装。职业装即工作服装，应适合职业的性质、工作环境，实用又便于活动，给人整齐划一、美观整洁之感，能振奋人心，增强职业自豪感。男士的社交服装分为正装和便装。

（1）西服的穿着

正式场所要着深色西装，以求庄重、自尊。穿西装讲究领带的选择与佩戴，以显示个性与人格。同时还要注重衬衫的选配，正式场合衬衫颜色力求素净文雅，整洁无褶皱的衬衫可显示人的内在美。

西装款式的选择要与人的脸型、体形、年龄和性格相适应，以显示个人的身份。西装整体的协调更重要，要使西装、衬衫、领带、皮鞋、袜子和穿着方式相互协调。

（2）西装穿着的基本要求

新西服袖口的商标一定要去掉。

西装的袖长以达到手腕为宜。

穿西装要注意扣子系法。

上衣口袋不要别钢笔、圆珠笔。

要注意领带的选择，要注意西装、衬衣的色彩、式样与领带质地、颜色的协调搭配。

如果要佩戴徽章应戴在西服左侧领子的扣眼上。

西装内通常不提倡穿毛衣，更不能穿多件毛衣。

西裤长度以裤脚接触脚背为妥。

与西装配套的大衣不宜过长，一般以在膝盖下延3厘米为宜。

正式场合应穿没有花纹的黑皮鞋，并要经常上油打光。

西服的基本要求是整洁，体现出着装人的精神面貌，一般应有洁白的衬衫，典雅大方的领带，裤线笔直的西裤，油光晶亮的皮鞋。

（3）中山装的穿着

穿着中山装要求穿上下身同色同质料子的套装，配黑色皮鞋。穿着时要扣好领扣、领钩、裤扣，穿长袖衬衫要把前后摆放入裤内，袖口不可卷起，衣袋内同样不可多放东西。

（4）便装的穿着

便装指平常穿的服装，使用范围广泛，根据不同的用途和环境，便装又分很多种。便装很大程度上受流行趋势影响，是时装的重要组成部分。每个人都可以根据自己的爱好及自身的客观条件选择各种式样，但穿着时一定要注意是否符合着装的环境与氛围。旅游服、运动服要求舒适、合体、便于行动；家庭装应随便、舒适、宽松。

（四）饰品礼仪

广义上讲，与服装同时使用的、发挥装饰作用的一切物品，例如首饰、手表、领带、手帕、帽子、手套、包袋、眼镜、钢笔、鞋子、袜子等，皆可称作饰品。

在社交场合，佩戴的饰品最为引人注意，并发挥着一定的交际功能。一方面，它是一种无声的语言，可以表达使用者的知识、阅历、教养和审美品位。另一方面，它是一种有意的暗示，可以借此了解使用者的地位、身份、财富和婚恋状况。

1. 饰品佩戴的原则

一般而言，饰品的搭配不要多，一两件是精巧的装饰和点缀，而多于三件则显庸俗。记住饰品只是点缀作用，用于调节着装，展现个性与气质。

（1）身份要符合

佩戴饰品要符合身份。选饰品不仅要顾及个人爱好，而且更应当使之符合本人身份，要与自己的性别、年龄、职业、工作环境保持相对一致。

（2）数量要合适

佩戴饰品数量以少为佳。若有意佩戴多种饰品，总量上不应超过三种，除耳环、手链外，其他佩戴的同类饰品最好不要超过两件。

（3）色彩要搭配

佩戴饰品色彩上的规则是力求同色同质。如同时佩戴两件或两件以上饰品，应使其色彩一致、质地相同，这样才上档次。如不能同色同质，最低也要同色。戴镶嵌饰品时，应使其主色调保持一致，忌讳所佩戴的几种饰品色彩斑斓。

（4）习俗要吻合

佩戴饰品要遵守习俗。不同地区、不同民族、佩戴饰品的习惯方法有所不同，例如，民间戴饰品有"男戴观音女戴佛"的说法。一是要了解，二是要尊重。

2. 常见饰品的佩戴礼仪

（1）项链的礼仪

一般来说，女子戴金项链和钻石项链，可显示出高雅的气质。而男子则可戴银项链。青少年宜戴玻璃、珍珠项链，显得轻松活泼。项链要与脸型相搭配。

就项链的选择而言，不管是什么样的款式，与年龄、肤色、服装的搭配协调才是主要的。在首饰的点缀下，服装色彩可显得丰富而活跃。

（2）耳环的礼仪

戴耳环应考虑自己的身材和脸型。耳环应当小巧不引人注目。为了使你感到舒适，注意力集中，戴的耳环不要过长，以免发出叮当的声响或者触及脖颈，甚至挂到衣服上。

（3）戒指的礼仪

戒指是男女老少皆宜的装饰品。戒指一般只戴在左手，而且最好只戴一枚，至多两枚。戴两枚戒指时，可戴在左手两个相连的手指上，也可戴在两只手对应的手指上。戒指的佩戴可以说是表达一种沉默的语言，往往暗示佩戴者的婚姻和择偶状况。

（4）手表的礼仪

戴手表过去是一种品位的象征，现在属于陪衬手腕的时尚饰品，已经成为一种生活的享受。现在女性很少有人戴手表，如果一定要戴，请务必佩戴品位极高的名牌表。

（5）胸针的礼仪

胸针是不可或缺的配饰，无论是艳丽的花朵襟针或是闪烁的彩石胸针，只要花点心思配上简洁服饰，就足以令人一见难忘。胸针适合女性一年四季佩戴。佩戴胸针应根据服装的不同而变化，戴在第一、第二道纽扣之间的平行位置上。

（6）包袋的礼仪

包已经成为服装搭配非常重要的一个环节。男士的包比较简单，一般都是公文包。公文包的面料应该是牛皮、羊皮制品，而且黑色、棕色最正统。手提式的长方形公文包是最标准的。从色彩搭配的角度来说，公文包的色彩和皮鞋的色彩一致就显得完美和谐。

皮包是每一位职业女性在各种场合中都不可缺少的饰品，它既有装饰价值，又有实用价值。肩挂式皮包轻盈、便捷，为更多的女性所选用。平拿式皮包豪华、时尚，使用这种皮包能够充分体现出女性的职业、身份、社会地位及审美情趣。平提式皮包适合一般外出使用，比较考究的皮质皮包多为职业女性使用。

(7) 丝袜的礼仪

一双漂亮的丝袜可以衬托出女性腿部的曲线美和神秘感，丝袜是现代女性必备的服饰。丝袜还是一种身份象征，如果你是白领，或者不想被别人误解，就千万不要穿黑色网格或带点的丝袜。

(8) 头巾的礼仪

在寒冷的冬天，一条新颖脱俗的头巾会为女性平添几分妩媚和风采。随着人们生活水平在不断提高，头巾不再是御寒之物，它更多的作用是一种装饰品，而且不分春夏秋冬。

(9) 其他

办公室白领如果不想永远穿着死板的职业套装，可以在配饰上花些巧心思。小别针既精致又典雅，但不醒目，如果拿来插在盘好的秀发上，在头发的映衬下会耀眼很多。

佩戴首饰一定要与身份、气质及场合、服装协调。其次是比较大的圆领，然后是合身的高领。

3. 饰品与服装、环境的协调

在炎热的夏天佩戴黄金饰品，会使人觉得更热。如果选用镶嵌珍珠的银饰品或一两件铂金饰品，淡雅的色调会带来清新凉爽的感觉。暖色调的红宝石、石榴石和黄金饰品，在春、秋、冬季佩戴比较适宜，钻石、珍珠、翡翠、绿宝石之类的宝石，一年四季都可以通用。

日常穿着便装，像夹克、休闲装、T恤衫之类，佩戴首饰可以随意一些，可以选用一些新颖的现代首饰，显得无拘无束、洒脱自然。穿中式服装，应选用传统款式的首饰；穿西式服装，可选用现代风格的首饰。钻石和珍珠首饰可以配任何颜色的服装。绿色晚礼服配翡翠首饰最合适，红色服装配红宝石会很小气，紫色服装配蓝色宝石首饰，蓝色服装配绿蓝色松石或青金石首饰，效果一定会令人惊喜。

项目体验

体验一 考一考

1. 递送物品时，不应该出现的情况是（　　）。
   A. 双手递送　　　　　　　　　B. 递物者走近接物者
   C. 正面面对对方　　　　　　　D. 尖、刃向前外

2. 在奥运会比赛中，观看哪类比赛最好保持安静？（　　）
   A. 击剑比赛　　B. 篮球比赛　　C. 排球比赛　　D. 足球比赛

3. 在手势中"右手由前抬到与肩同高的位置，前臂伸直，手指指明方向"是（　　）。
   A. 直臂式　　　B. 斜臂式　　　C. 横摆式　　　D. 双臂横摆式

4. 在听音乐会过程中，哪些场景可以进行鼓掌？（　　）

A. 当音乐会或剧幕开始，演员首次登台亮相时应鼓掌

B. 当乐队指挥进场时以及登上指挥席时应及时鼓掌

C. 演员一个个高难度的动作完成时应鼓掌

D. 演出全部结束前应起立热烈鼓掌

5. 正确的站姿需要做到（　　　）。

A. 双眼平视前方，嘴微闭，收颔梗颈

B. 双肩放松、稍向下沉，身体有向上的感觉，呼吸自然

C. 双臂放松、自然下垂于体侧、手指自然弯曲

D. 收腹、挺胸、立腰、臀部向上向内收紧

6. 正确的走姿是：（　　　），两眼平视，面带微笑，自然摆臂。

A. 轻而稳　　　　B. 脑要挺　　　　C. 头要抬　　　　D. 肩放松

体验二　想一想

小王作为面试官在面试几名刚毕业的大学生，在面试过程中，几名成绩比较好的同学显得比较紧张，不停转动自己手上的笔，抖动自己的腿。而小李的成绩在所有人中并不是很突出，但他却十分镇定，安静地坐在那边。最终经过面试官们统一意见，录用了小李。其他同学感到不理解，自己成绩比小李高出那么多，为什么录取了小李。面试官给出的答案是："细节决定成败"。

问题：哪些细节决定了今天面试的成败？

体验三　练一练

在一个阳光明媚的春天，科达公司正在举行盛大的设备酒会，时间定在下午两点至五点，场地定在某私人花园内，请扮演与会人员，女士将如何穿戴入场？男士应该注意哪些服装礼仪？

体验四　比一比

1. 项目

组织一次商务人员"个人形象"展示会。

2. 步骤

（1）布置任务：根据展示会要求，明确大家需要完成的工作，提要求。

（2）进行准备：每个同学根据要求自行准备，要求自己进行职业设计，进行礼仪展示。

（3）组织展示：组织参赛选手走秀。

（4）评委打分：评委为每名选手打分，评出各类别奖项。

第二节　商务会面礼仪实训

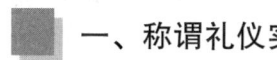一、称谓礼仪实训

（一）介绍礼仪实训

现代人要生存要发展，就需要与他人进行必要的沟通，以寻求理解、帮助和支持。介绍是商务交往中与他人沟通、增进了解、建立联系的一种最基本、最常规的方式，是商务沟通的出发点。在商务交往中，能正确地利用介绍，不仅可以扩大自己的交际圈，而且有助于自我展示、自我宣传、消除误会、减少麻烦。

自我介绍时应先向对方点头致意，得到回应后再向对方介绍自己的姓名、身份、单位等。

1. 自我介绍

（1）一般介绍时机

在商务交往中，想让对方了解你的时候，首先要介绍自己，做好自我宣传，例如企业的营销、市场和公关经理，就需要通过自我介绍来宣传自己和企业。另外，如果有介绍人在场时，不适宜再做自我介绍。

四种最佳介绍时机：对方没忙其他事情时；没有其他人员在场时；周围环境比较幽静时；比较正式的商务场合。

（2）自我介绍的顺序

男士先女士后；晚辈先长辈后；下级先上级后；主人先客人后。

（3）自我介绍的辅助方式

名片是自我介绍的重要辅助工具，一定要在自我介绍前派送名片。通过他人辅助介绍，是另一种自我介绍的重要方式。

（4）自我介绍的时间

自我介绍的时间不宜过长，最好控制在一分钟或者半分钟左右，别人表现出很强的兴趣时，可适当多介绍自己，自我介绍时不要眉飞色舞或长篇大论地去谈论自己的身世、姓名由来等。

（5）自我介绍的内容

一是应酬式：适用于某些公共场合和一般性的商务场合，介绍方式简洁，通常只介绍姓名即可。如："您好，我叫徐强。"

二是工作式：适用于工作场合，主要包括本人姓名、单位及其部门、职务或从事的具体工作等。如："您好，我叫徐强，是凯蒂电脑公司的销售经理。"

三是交流式：适用于社交活动中，希望与交往对象进一步交流与沟通，主要包括介绍者的姓名、工作、籍贯、学历、兴趣及与交往对象的某些熟人的关系。如："您好，我叫徐强，我在凯蒂电脑公司上班。我是张波的老乡，都是宁夏人。"

四是礼仪式：适用于讲座、报告、演出、庆典、仪式等一些正规而隆重的场合。主要包括姓名、单位、职务等，同时还应加入一些适当的谦辞、敬辞。如："各位来宾，大家好！我叫徐强，我是金洪思电脑公司的销售经理，我代表本公司热烈欢迎大家光临我们的展览会，希望大家……"

五是问答式：适用于应试、应聘和公务交往，问答式的自我介绍，应该是有问必答，问什么答什么。如：

"先生，您好！请问您怎么称呼（请问您贵姓）？"

"先生您好，我叫徐强。"

主考官问："请介绍一下您的基本情况。"

应聘者："各位好，我叫张波，26岁，宁夏银川人，……"

(6) 自我介绍的注意事项

一是注意时间：要抓住时机，在对方有空闲，而且情绪较好，又有兴趣时进行。还要简洁，以半分钟左右为佳，不宜超过一分钟，而且愈短愈好。为了节省时间，还可以利用名片、介绍信加以辅助。

二是讲究态度：进行自我介绍，态度一定要自然、友善、亲切、随和，语气要自然，语速要正常，语音要清晰。应镇定自信、落落大方、彬彬有礼，表示自己渴望认识对方的真情实感。

三是真实诚恳：进行自我介绍要实事求是，真实可信，不可自吹自擂，夸大其词。

2. 介绍他人

(1) 谁来做介绍人

一是一般社交活动：家庭宴客，女主人做介绍人；朋友聚会，知情者做介绍人；社交联谊，发起者做介绍人。

二是一般业务活动：专业人员做介绍人；对口人员做介绍人。

三是重大商务、公共场合：文艺汇演和晚会司仪做介绍人；重要会议，会议主持人做介绍人；集体交流，双方单位最高代表做介绍人；贵宾访问，东道主职务最高者做介绍人。

(2) 介绍他人的顺序

将一般人介绍给高层人士；将下级介绍给上级；将晚辈介绍给长辈；将男士介绍给女士。

(3) 介绍中的三类角色

一是介绍者：介绍时应准确、稍促、清楚地将被介绍者的名字念出，如出现口误应迅速纠正。

二是被介绍者：被他人介绍时，如果对方把你的名字记错了，应十分友善地纠正，也可想一些有趣的办法帮助别人记住你的名字。

三是聆听者：如果听不清他人的介绍，可让其再说一遍，不要觉得不好意思，别人会因为你很在意知道他的名字而愉快。

3. 集体介绍

集体对个人：一般先将个人介绍给集体一方。

集体对集体：要先把地位低的一方介绍给地位高的一方，一般东道主属于地位较低的一方，客人为地位高的一方。

4. 业务介绍

把握时机，掌握分寸。

态度谦和，真诚友好。

表情自然，大方得体。

5. 产品介绍

人无我有，人有我优。

人有我新，人新我特。

①先递名片再介绍；

②时间要简短；

③内容要全面；

④单位要灵活，第一次介绍时使用全称，第二次介绍时可改简称。

（二）握手礼仪实训

世界各国见面的礼仪各有特点，欧美国家习惯拥抱亲吻，韩国、朝鲜、日本则习惯鞠躬，而我国最常见的方式就是握手。握手是在相见、离别、恭喜或致谢时相互表示情谊、致意的一种礼节，双方往往是先打招呼，后握手致意。

握手礼仪在相互交流中非常重要，如果运用得当，就能增添别人对自己的信赖，可以说见面打招呼时的握手礼，虽然只是简单一握，却蕴藏着丰富的礼仪细节。

（1）握手礼的渊源

起源一：握手礼的起源非常久远。在刀耕火种的原始社会，人们用以防身和狩猎的主要武器就是棍棒和石头。传说当人们在路上遇到陌生人时，如果双方都无恶意，就放下手中的东西，伸开双手让对方抚摸掌心，以示亲善。这种表示友好的习惯沿袭下来就成为今天的握手礼。

起源二：握手礼源于中世纪，当时打仗的骑兵都披挂盔甲，全身除了两只眼睛外都包裹在盔甲中，如果想表示友好，互相接近时就伸出右手表示没有武器，消除对方的戒心，互相握一下右手，即为和平的象征。沿袭到了今天，便演变成了握手礼。

（2）握手的方式

握手作为人际交往中相互致意、沟通、联络感情的一种手段，它的具体形式有很多，了解一些典型的握手方式，既可以帮助我们了解交际对方的性格、情感和态度，也能帮助我们学会在人际交往中根据不同的场合、不同的对象采用不同的握手方式。

一是支配式握手，也称"控制式握手"。即手掌向下或向左下的姿势握住对方的手。以这种方式握手的人想表示自己的优势、主动和支配地位。

二是顺从式握手，也称"谦恭式握手"或"友善式握手"。用手掌以向上或向左上的姿势与对方握手，这种方式握手表示自己的谦恭、谨慎及对对方的尊重、敬仰，甚至有几分畏惧。

三是平等式握手。这是标准的、合乎礼仪的握手方式，即握手时双方同时伸出手，手心向着左方。这种握手方式是一种友好的，礼节性的见面方式。

四是双卧式握手。这是一种表达热情友好的握手方式，即握手时，用右手紧握对方的右手，同时在用左手握对方的手背、前臂、上臂乃至肩部。这种握手方式表达一种热情真挚、诚挚友好的情感。

五是捏指式握手。这种握手方式主要用于异性之间的握手，以表示稳重与矜持。它指的是握手时只握住对方的几个手指或手指尖部，而不是两手的虎口接触相握。若是两性之间，如果握手时，对方连手指也没有弯曲一下，碰一下就松开了，说明对方是敷衍了事而已，毫无感情可言。

六是抠手心式握手。这种握手方式主要用于情人、恋人或感情深厚的朋友之间。它指的是双方两手相握之后，不是很快松开。而是让双方手掌相互缓缓滑离，让手指在对方手心作适当停留、以传达彼此间特殊的情愫。

(3) 握手礼仪的讲究

一是握手的场合。

见面或者告别，我到你家里或你单位，我是主人或者是客人，和来访者或者和主人见面的时候，握手这个程序一般不能缺少。

祝贺或者慰问。有喜事表示祝贺，如升职、结婚、生孩子、年高做寿、过生日、考上大学。表示慰问，如身体不太好、家里遭遇了不幸，领导去登门慰问，朋友去表示声援，或者予以鼓励。

二是握手的前后顺序。

在比较正规的场合，人和人握手谁先伸手，是有标准化做法的。在一般性交往应酬之中，握手时标准的伸手顺序，应该是位高者居前，地位高的人先伸手。

除了特殊场合之外，握手还有特殊性。比如：在家里接待客人，宾主握手时，地位高者先伸手是常规。但是如果客人告辞的时候，礼仪惯例是客人先伸手。

一个人与多个人握手也有顺序。一般是由尊而卑、由近及远、顺时针方向。

三是握手的力度与时间。

一般情况下跟别人握手，时间要恰当，最佳的做法应该是三到五秒钟，表示鼓励、慰问和热情或是熟人，可以时间稍微延长，但是绝对不能长过三十秒钟。另外握手的力度和手位也有讲究，一般握手是手掌握着对方的手掌，勿握对方手腕。

四是握手时寒暄。

在社交场合，握手时寒暄有以下两点是绝对不能够缺少的。

第一就是要说话，不能默默无语。

第二就是要以表情进行配合，做到自然、热忱，另外特别强调，和任何人握手时，必须注视对方的双眼，千万不要东张西望。

（4）握手礼仪的禁忌

一是握手时切勿不看对方，不吭气，表情呆板呆滞，不言不语，心不在焉。

二是不可伸出左手。因为我们有说法，右为上，是好的位置，而左是下位，是不好的意思。

三是男士不可戴帽、手套与他人握手，但若身着制服可不脱帽，应先行举手礼，再行握手礼。女士可戴装饰性帽子和装饰性手套行握手礼。

四是不可交叉握手，如果与张三和李四握手时，老王和老刘也伸手从张三和李四的手上方或下方过去握手，这种行为是不礼貌的。

五是握手一般是站着相握，除年老体弱或残疾人以外，坐着握手是很失礼的。

六是单手相握时左手插口袋。

七是与异性握手时使用双手，并长久握着异性的手不放开。

八是握手时，手持其他物品。

九是握手时，手上有汗或是手脏也是不礼貌的。

二、名片礼仪实训

名片是一种经过设计，能表示自己身份，便于交往的卡片，名片不仅可以用作自我介绍，也可用作祝贺、答谢、拜访、慰问、赠礼附言、备忘、访客留言等。在人际交往中，名片不但能推销自己，也能很快地帮助你与对方熟悉。

（一）名片的内容及用途

名片的基本内容一般有姓名、电话、工作单位、职务、职称、通信地址等，也有把爱好、特长等情况写在上面，选择内容，由需要而定，但无论繁简，都要求信息新颖，形象定位独树一帜。名片的用途可分为常规用途和特殊用途。

1. 常规用途

（1）自我介绍

初次与交往对象见面时，除了必要的口头自我介绍外，还可以名片作为辅助的介绍工具。这样不仅能向对方明确身份，而且还可以节省时间，强化效果。

（2）结交他人

在社交活动中，可以通过名片表示结交之意。主动递交名片给初识之人，即意味着信任友好，从而完成双方结识交往的第一步。

（3）保持联系

名片都有一定的联络方式，可以时刻提醒持有人知道你是谁，如何与你联系等。同时，利用他人在名片上提供的联络方式，即可与对方保持联系，促进交往。

（4）通报变更

一般人如果变换了单位，调整了职务，改动了电话号码或者乔迁至新址后，都会重新制作自己的名片。向惯常的交往对象递交新名片，通报最新情况给对方，以一种更简单的方式避免联系上的失误。

2. 特殊用途

（1）充当礼单

以私人身份向他人馈送礼品或花卉时，可将本人的名片充当礼单，置于礼物或花卉包装之内，信封上写收礼者姓名，也可根据实际情况简单留言。

（2）介绍他人

如欲向自己相识之人介绍某人，亦可使用名片。在把名片交给被介绍人之后，介绍者应当先用电话告诉对方，避免产生尴尬。

（3）简短留言

如拜访某人不遇，或需要向某人传达某事而对方不在时，可留下自己的名片，并在名片上简单写上具体事由，然后委托他人转交。

（4）拜会他人

在初次前往他人工作单位或私人居所进行正式拜访时，可先把本人名片交于对方的门卫、秘书或家人，然后由其转交给拜访之人。

（二）名片的递送

1. 把握时机

①发送名片要掌握适宜时机，只有在确有必要时发送名片，才会令名片发挥功效；

②勿过早向对方递出你的名片，尤其是初次面对完全陌生的人和偶然认识的人；

③发送名片一般应选择初识之际或分别之时，不宜过早或过迟；参加同业会议时，交换名片通常在会议开始时，有时在结束时进行；

④不要在用餐、演出、跳舞之时发送名片，也不要在大庭广众之下向多位陌生人发送名片。

2. 讲究顺序

（1）两人间顺序

男士先女士后；晚辈先长辈后；下级先上级后；主人先客人后。

（2）多人间顺序

向多人递送名片，切勿跳跃进行；熟悉对方人员职务分布，按照职位高低递送；不熟悉职务高低时，按照由近而远的原则递送；如在宴会或会议室内，对方人员呈圆桌状分布时，应该按照顺时针方向递送。

3. 动作规范

①先打招呼后递名片。递上名片前，应当先向接受名片者打个招呼，令对方有所准备。

②递送名片时应该起身站立，走上前或身体适度前倾，注意不要将名片举得高于胸部递送给人。

③用双手或右手拿住名片的上角递送，切勿以手指夹着名片递送，也不能用左手拿名片给人。

④注意将名片正面对着对方，如对方为外宾应该将名片上印有外文的一面对着对方。

⑤递交名片时，还应顺便说些客气词语，如"请多多指教""多谢关照""常联系"等礼节性用语。

（三）名片的接受

1. 态度谦和

①接受他人名片时，要起身站立相迎，面含微笑，注视对方；

②接受名片时，要双手接捧，并以语言表示感谢，绝对不要沉默不语，自作清高。

2. 认真阅读

①接过对方名片后，至少要用一分钟时间认真浏览，一是表示对别人的尊重，二是可以了解对方确切身份；

②在默读名片的过程中，如遇有显示对方荣誉的职务、头衔时不妨轻读出声，以示尊重和敬佩；

③若对方名片上的内容有所不明，可当场请教对方。

3. 有来有往

①接受了他人的名片后，要当即回敬对方，递上自己的名片；

②没有名片、名片用完了或者忘带名片时，应向对方做出合理解释并致以歉意，切莫毫无反应。

4. 精心收藏

①接到他人名片后，切勿将其随意乱丢乱放、乱揉乱折，应该认真保存收藏；

②一般将对方名片放在自己的名片包内，或放入公文包、办公桌、上衣口袋之内，且应与本人名片区别放置；

③名片的日后整理也非常重要，要养成及时整理名片的习惯，按照姓名、国籍、性别、单位、类别等输入电脑。

（四）名片交换的注意事项

①与西方、中东、印度等外国人交换名片，只用右手即可，与日本人交换名片要用双手；

②当对方递给你名片之后，如果自己没有名片或没带名片，应当首先向对方表示歉意，再如实说明理由；

③向他人索要名片最好不要直来直去,可委婉索要;

④如对方向你索要名片,倘不想满足对方要求,可以委婉地表达歉意。

索取名片的四种常规方法:

①交易法:首先递送名片;

②激将法:递送名片同时讲"能否有幸交换一下名片";

③谦恭法:对于长辈或高职务者可以说:"希望以后多指教,请问如何联系";

④平等法:"如何与你联系?"

项目体验

体验一 考一考

1. 以下自我介绍中属于"工作式"自我介绍的是( )。

   A. 您好,我是张波

   B. 我叫张波,我在北京大学教经济学

   C. 各位来宾,大家好!我叫徐强

   D. 您好,我叫徐强,我是张波的老乡

2. 关于名片的递送说法正确的有( )。

   A. 不打招呼直接递送名片　　　　　　B. 用左手递送

   C. 递送顺序为男士先女士后　　　　　D. 长辈先递送

3. 以下选项不符合与人握手的礼仪的是( )。

   A. 由尊而卑　　B. 由远及近　　C. 顺时针方向　　D. 逆时针方向

4. 以下场景中,需要进行二鞠躬的是( )。

   A. 死者葬礼　　B. 演员谢幕　　C. 演讲前　　　　D. 见到长辈

5. 握手时( )。

   A. 用左手　　　　　　　　　　　　　B. 戴着墨镜

   C. 使用双手与异性握手　　　　　　　D. 时间不超过3秒

6. 递送名片的方式是( )。

   A. 双手或者用右手　B. 双手　　C. 右手　　　　　D. 左手

7. 握手的方式分为( )。

   A. 支配式握手　B. 顺从式握手　C. 平等式握手　　D. 摇摆式握手

8. 握手礼仪中比较忌讳的有( )。

   A. 心不在焉　　B. 伸出左手　　C. 交叉握手　　　D. 戴着手套

9. 名片递送的时候要讲究顺序,正确的顺序应该为( )。

   A. 男士先女士后　　　　　　　　　　B. 长辈先晚辈后

   C. 下级先上级后　　　　　　　　　　D. 主人先客人后

10. 介绍两人相识的顺序一般是（　　）。
A. 先把上级介绍给下级　　　　　　B. 先把晚辈介绍给长辈
C. 先把主人介绍给客人　　　　　　D. 先把早到客人介绍给晚到客人

体验二　想一想

小张大学毕业后被分配到一家贸易公司。一次，他负责接待几个陌生的同行客人。握手时，先伸向美丽年轻的小姐，再握其他客人的手。客人向他递名片时，他又忙着倒水、拿烟，非常热情地招呼。接过客人递过的名片时，看也不看就装在口袋，然后又忙着接待。"我们经理让我先接待大家一下，他刚出去。"小张边点烟边解释，客人不高兴地推着递上来的烟，并向小张告辞。小张赶忙送走客人，临走时，客人神色不悦，小张感到很愕然。

思考练习：
（1）小张表现热情，可为什么客人却不高兴地走了？
（2）小张接收客人的名片时，表现得正确吗？
（3）你认为小张怎么表现才能留住客人？

体验三　练一练

项目
对场景进行分组设计，表演时正确使用称谓、握手和递送名片。
（1）小李在展览会上遇见自己的同事胡女士。
（2）小李在旅游时偶遇单位同事。
（3）小李在大街上碰见多年不见的高中同学。

体验四　比一比

1. 项目
三分钟会面礼仪演练：请根据背景材料模拟整个会面的过程。
2. 背景材料
王经理和营销员杨小姐前往广州洽谈校服业务。
3. 演练步骤
（1）进行分组：每一组根据情况确定人数，确定好角色。
（2）编写剧本：充分发挥学生的想象力，力争考虑周到。
（3）组织演练：利用课余时间，进行反复演练。
（4）进行表演：一是上台问候；二是正式演练；三是致谢回座。
4. 注意事项（略）
5. 项目评分（略）

第三节　商务沟通礼仪实训

 一、拜访礼仪实训

商务拜访不仅是简单的见面，而是一种包含重要见面目的的活动，所以商务拜访就成了有别于人们日常见面的活动，必须遵守商务拜访的礼仪规范。

（一）商务拜访概述

1. 商务拜访的含义

商务拜访又称作是商务拜见、拜访、访问或探访，是商务活动中常见的一种交际形式，是指个人或者单位以客人的身份，有针对性地前去拜访其他单位、部门或者个人，就有关事宜与有关人员进行探讨或磋商的一种交往形式，在拜访中需要遵循的一切商务行为规范和准则被称为拜访礼仪。

2. 商务拜访的特点

（1）体现交往方式

商务拜访是与相关人员进行探讨或磋商，通常在探讨、交流的过程中加强对对方的了解，因此是商务交往方式的一种。

（2）具有一定目的

商务拜访的目的性十分重要，尤其是在拜访的前期准备阶段，必须明确拜访的目的，根据拜访目的有针对性地进行拜访。对于商务的拜访，最好是带着问题进行拜访。在拜访完成以后，需要进行规划，为下一次的拜访做好准备。

（3）区分不同对象

在商务拜访的过程中，拜访的主体必须是单位或者是个人，因此在拜访前，必须与相关的单位或是个人进行预约。根据拜访的个人、单位的喜好准备相关的馈赠礼品，以避免不必要的尴尬。

3. 商务拜访的作用

（1）促进联系，提高效率

拜访是面对面的交往，通过交往可交换双方单位和个人的观点、想法，并就相关情况、项目或问题进行具体的探讨，最终形成方案，促成相关合作，提高工作效率。

（2）交流感情，了解信息

通常对于商业伙伴的拜访，自然可以了解行业的相关信息，开阔视野，增进对于相关产业、产品的了解，扩大信息量。另外，通过拜访也可以维护和增进双方的感情。

4. 商务拜访的原则

（1）尊重他人

在商务拜访过程中，应该尊重主人，客随主便。尤其是在拜访时的馈赠环节，需要尊重对方的民族习惯、宗教信仰等。拜访前应主动和被拜访者进行拜访邀约，确定适宜时间。

（2）把握适度

在拜访过程中，拜访者应尽量不要给对方带来麻烦，不影响其正常的生活秩序。在拜访过程中，把握两者的感情尺度、行为尺度，以建立和保持健康、良好、持久的关系。

（3）诚实守信

在商务拜访过程中，必须遵守守信的原则，必须在与被拜访者约定的时间准时到达约定的地点，若是不能准时到达，必须和对方进行及时的沟通并致歉。

（二）拜访前的准备

商务拜访需要做好充分准备。在进行拜访前首先需要明确本次拜访的目的，和拜访对象预约时间、确定地点、挑选拜访礼物以及进行拜访前的仪表整理等。

1. 提前预约

拜访必须提前预约，这是最基本的拜访礼仪。一般情况下，应提前三天给拜访者打电话，抑或是将商务拜访函寄送至对方公司，和对方约定拜访的时间、拜访地点以及参与拜访的相关人员信息等相关事宜，经对方同意以后才能前往拜访。如遇紧急事件需临时进行拜访或拜访取消，则需和被拜访者预约相关事宜并致歉。

2. 充分准备

拜访者必须对拜访认真做好准备，对拜访所要解决的问题应做到心中有数。同时，也要对被拜访者的情况有一定了解，尤其是初次拜访，应该对对方公司的情况和被拜访者的性情、脾气、喜好以及禁忌都有所了解，做好资料搜寻、整理，做成资料备份。

无论是初次拜访还是再次拜访，拜访者所带的礼品起到联络双方感情，缓和紧张气氛的作用。要了解对方的兴趣、爱好，有针对性地选择礼物，尽量让对方感到满意。

3. 拜访仪表

拜访者不得体的仪表，会被认为是轻视对方，直接影响拜访效果。因此，在拜访时选择适当的服装是商务人员专业素养的集中体现，同时也要对自己仪容仪表进行必要的整理，通过良好的个人形象展现出良好的企业形象。

（1）要具有时间观念

拜访者在拜访他人时可以早到却不能迟到，这是拜访活动中最基本的礼仪之一。一般来说，可提前 10~30 分钟抵达拜访地点。如果拜访者提前到达，可先熟悉周围环境，缓解紧张情绪，同时整理仪容，在约定时间前 10 分钟左右的时间内给客户去电话，表示自己已经到达拜访地点，等待被拜访对象的会见。

（2）要及时通报情况

拜访者到达约定地点后，如果没有直接见到被拜访对象，不得擅自闯入，必须通报后再进入。进门前需要再次对于仪表进行整理，然后面带笑容大方自若地与被拜访者见面。

如约定在宾馆进行会面，应按事先约定的时间和地点，准时到达。由宾馆前台接待打电话通知被拜访者，经同意以后再进入。

约定地点在私人住所，要在约定的时间到达约定地点，要按响门铃，然后后退几步，等待主人开门。对于主人的私人空间要克制自己的好奇心，在没有得到邀请时，不可东张西望，独自参观。第一次拜访的时间应把握在 20 分钟，以免打扰主人的休息。

（3）举止大方，温文尔雅

如果双方是初次见面，拜访者必须主动向对方致意，简单地做自我介绍，然后热情大方地与被拜访者行握手之礼。如果双方已经不是初次见面了，主动问好致意也是必须的，这样可显示出你的诚意。行过见面礼以后、在主人的引导之下进入指定房间，待主人落座以后，自己再坐在指定的座位上。

如在拜访过程中，对方以茶点相待，在其递送茶水时，要以礼还礼，双手接过茶水，点头致谢，并适当地称赞其品味，在续水时，应双手端茶杯，并致谢。在对方点烟时，最好站起来，身体微向前倾，点燃后说"谢谢"，抽烟时不可四处走动，将烟灰弹入烟灰缸内，千万不可随意弹烟灰，还要注意烟雾走向，最后将烟蒂置入烟灰缸，不可任意乱丢。

（4）开门见山，直奔主题

谈话要开门见山，简单的寒暄后直接进入正题，切忌啰唆，浪费时间。当对方发表意见时，切勿打断对方讲话，对不清楚的问题可记录下来，待对方讲完后再请求给予解释和问答。一旦双方意见产生分歧，需戒急戒躁，保持良好的心态，时刻保持沉着冷静，避免破坏拜访气氛，影响拜访效果。

（5）把握时间

通常拜访的时间在每周的周一到周五为宜。每次拜访时间不宜拖得太长，如果双方在拜访前已经设定了拜访时间，则必须把握好已规定的时间。如果对时间问题没有做具体要求，那么就要在最短的时间里讲清所有问题，然后起身离开，以免耽误被拜访者处理其他事务，节省拜访对象的时间，同时也节省了自己的时间。

（6）适时结束

拜访结束时，切不可忘记说感谢，如"给您添麻烦了""和您交谈令我受益匪浅"等，如果谈话时间过长，起身告辞时，要向主人表示"打扰"歉意。出门后，回身主动与主人握别，说"请留步"。待主人留步后，走几步再回首挥手致意"再见"。

二、交谈礼仪实训

商务人员在商务交往中的言谈举止是其互相了解和交流的重要基础。商务人员在对外场合一切交谈不仅是个人行为，而且还会直接影响到企业的形象。

（一）交谈的概念

交谈就是"互相接触谈话"，是"交"和"谈"两者的合意。首先，交谈的主体对象是"人"，而且是在多个人之间进行；其次，交谈是一个交流的过程，具体地讲，是以语言方式，来交流各自的思想观点，表达思想及情感。因此，在商务活动中，交谈是人们交流信息、沟通感情、建立联系、消除隔阂、协调关系、促进合作的一个重要渠道。

（二）交谈的作用

交谈的作用可从个人和组织两个方面来考察。

1. 从个人角度

（1）交流信息

交流信息是交谈的首要作用。在商务活动中，交谈的过程，也是信息交流的过程。交谈是商务人员在商务场合获得相关信息的重要途径和手段。

（2）增进感情

交谈还具有沟通感情的重要作用，交谈过程中，可以从对方的言语、表情以及体姿体态了解对方的心理状态，并且受到对方的心理状态的影响。

（3）学习知识

交谈不仅是交流思想、沟通感情的重要手段，而且是学习知识、增长才干的重要途径。同有思想、有修养的人交谈，能学到很多有用的知识，广泛地交谈可以交流信息、深化思想、增强认识能力和处理问题、解决问题的能力。

2. 从组织角度

（1）建立关系

交谈是建立良好组织关系的重要途径，组织之间要建立关系，交谈起着重要作用。在商务活动中，两个组织之间建立关系通常最直接、最有效的手段就是通过沟通与交流，从对方那里获取相关有用的信息，从而做出相应的判断。

（2）促进合作

精湛的语言艺术在商务交往过程中的威力是不可低估的，尤其是在组织间的商务交往，成功的交际活动往往依赖于成功的交谈，而成功的交谈则往往也是促进组织间合作的重要基石。

（三）交谈的原则

1. 与上级交谈的原则

（1）维护自尊，加强自信

在与上级交谈的过程中，需要维护自尊，加强自信。尤其是在谈论一些自己比较熟悉且确定的话题的过程中，自尊自信会增加上级对于谈话内容的可信度。

（2）称呼适当，保持距离

在与上级交谈时，不仅要考虑其能否听懂的问题，还要考虑到怎么样才更合乎礼仪的问题。恰到好处的称呼是就高不就低。最佳的距离应保持在社交距离的范围之内，只有这样才会让人感觉到舒服。

（3）言语诚恳，语句流畅

与上级交谈时，及时调整自己的语音、语速、音量，并在交谈中，做到表达流畅，为了强调表达的效果，可以适时地放慢或加重语速、音量等。

2. 与下级交谈的原则

（1）多加肯定，尊重对方

在与下级交谈时，要多激励员工，使员工感到自信、充满创造力并尽职地工作，使其有自我实现感，感到得到了尊重。在听别人说话的过程中，不妨用"嗯"或"是"等词加以回应，表示自己在认真倾听且对于所谈及的话题有兴趣。

（2）仔细聆听，善意回应

作为一个团队的领导者，会经常面对员工成功、失败、自豪和挫折等不同的感受。当团队中有人向你以言语或非言语来倾诉他们的感受时，应设身处地地聆听并回应，理解他们的感受，并积极给予回应和关切，使员工更好地排除自身不良情绪。

（3）寻求帮助，鼓励参与

要使团队成员的贡献最大化，作为团队的领导者需要了解员工的意见和想法。当需要向员工寻求帮助，鼓励其参与时，员工会感到他们的能力和贡献得到了重视而备受鼓舞，从而增强主人公意识，给员工带来归属感，可增强团队的向心力和凝聚力。

（四）寒暄与敬语

交谈是一个人工作能力、社交能力的综合体现。它不仅需要较强的语言表达能力，而且需要尊重对方、谦虚礼让、善解人意、因势利导等良好的礼仪修养。在工作、社交及日常生活中，应遵循谈话规范，做到用语准确，还要善于运用寒暄与敬语，让交谈有主题、有内容、有效果，使自己的言谈得体，符合礼仪要求。

1. 寒暄礼仪

问候寒暄是交谈的导入阶段，是交谈的第一礼仪程序。与他人见面时，若能选用适当的寒暄语，往往会为双方进一步的交谈做好良好的铺垫。反之，在本该与对方寒暄几句的时刻，反而一言不发，则是极其无礼的。

寒暄的第一步是打招呼。这看似很简单，其实有很多讲究。比如时间不同，地域不同，或在不同的场合等，打招呼的用语、方式都大有不同。寒暄是交谈的润滑剂，寒暄能产生认同心理，满足人们的亲和要求，能在交谈者之间搭起一座友谊的桥梁。

2. 寒暄的类型

（1）问候型

问候型寒暄的用语比较复杂，归纳起来主要有以下几种：

表现礼貌的问候语。如"您好!""早上好!""节日好!""新年好!"之类。

表现思念之情的问候语。如:"好久不见,你近来怎样?"

表现对对方关心的问候语。如:"最近身体好吗?"

表现友好态度的问候语。如:"生意好吗?""在忙什么呢?"等。这些貌似提问的话语并不表明真想知道对方的起居行止,往往只表达说话人的友好态度,听话人则把它当成交谈的起始语予以回答,或把它当作招呼语,不必详细作答,只不过是一种交际的媒介。

(2) 言他型

"今天天气真好。"这类话也是日常生活中常用的一种寒暄方式。特别是陌生人之间见面,一时难以找到话题,就会说类似于"东北天气很冷吧?"之类的话,可以打破尴尬的场面。言他型是初次见面较好的寒暄形式。

(3) 触景生情型

触景生情型是针对具体的交谈场景临时产生的问候语,比如对方刚做完什么事,正在做什么事以及将要做什么事,都可以作为寒暄的话题。如早晨在公司问:"吃过早饭了吗?"下班了问:"还在加班啊,要注意身体!"这种寒暄随口而来,自然得体。

(4) 夸赞型

作为一个社会成员,都需要别人的肯定和承认,需要别人的诚意和赞美。比如,你的同事新穿一件连衣裙,你可以用赞美的语言说:"小张,你穿上这件连衣裙更漂亮了!"小张会很高兴。老李今早刮了胡子,你可以说:"老李越来越年轻了。"老李也会很高兴。

(5) 攀认型

在初次见面时,寒暄攀认某种关系,一见如故,立即转化为建立交往、发展友谊的契机。在现实生活中这种攀认型的事例比比皆是,如:"我出生在武汉,跟您这位武汉人可算得上同乡啦",在交际过程中,要善于寻找契机,发掘双方的共同点,从感情上靠拢对方,是十分重要的。

(6) 敬慕型

这是对初次见面者尊重、仰慕、热情有礼的表现,如:"久仰大名!""一早就听说过您。""您的大作,我已拜读,得益匪浅!""您精神多了!""小姐,您的气质真好,做什么工作的?""您设计的公关方案真好。"

3. 寒暄礼仪的规范

寒暄是正式交谈的前奏,直接影响着整个谈话的过程。因此对寒暄绝不能轻而视之。寒暄的时候有必要注意以下两点:

(1) 主动热情、诚实友善

寒暄时选择合适的方式、合适的语句是非常必要的,但合适的方式、语句的表示,还有赖于主动热情、诚实友善的态度,只有把这三者有机地结合起来,寒暄的目的才能达到。

（2）适可而止，因势利导

恰当适度的寒暄有益于打开谈话的局面，但切忌没完没了，时间过长（当然，对方有兴致聊时例外）。有经验的推销员，总是善于从寒暄中找到契机，因势利导，言归正传。

4. 敬语

敬语是构成文雅谈吐的重要组成部分，是展示谈话人风度与魅力必不可少的基本要素之一。使用敬语，是尊人与尊己统一的重要手段。敬语，特别是常用敬语，主要在以下几种情况下使用：

（1）相见道好

人们彼此相见时，开口问候："您好！""早上好"。在这里一个词至少向对方传达了三个意思：表示尊重，显示亲切，给予友情。同时也显示了自己三个特点：有教养、有风度、有礼貌。

（2）帮忙道谢

在对方给予帮助、支持、关照、尊重、夸奖之后，最简洁及时而有效的回应就是由衷地说一声"谢谢"。

（3）托事道请

人生在世，不可能"万事不求人"。有求于他人时，言语中冠以"请"字，会赢得对方理解、支持。

（4）失礼致歉

现代社会，人际接触日益频繁，无论你多么谨慎，也难免有失礼于你的亲友、邻里、同事或其他人的时候。倘若你在这类事情发生之后能及时真诚地说一声"对不起""打扰您了"，就会使对方趋怒的情绪得到缓解，化干戈为玉帛。

（五）交谈的技巧

交谈前应先选择话题。

交谈的话题指的是交谈的中心内容，话题的选择将直接导致交谈的成功与失败。一般而论，交谈话题的多少可以不确定，但通常在某一特定时刻宜少不宜多，话题过多、过散，将会使交谈者无所适从。

（1）宜选的主题

一是既定的主题。既定的主题即交谈双方已约定，或者其中某一方先期准备好的主题。例如，求人帮助、征求意见、传递信息、讨论问题、研讨工作一类的交谈等。选择这类主题最好双方商定，至少也要得到对方的认可。

二是高雅的主题。高雅的主题即内容文明优雅、格调高尚、脱俗的话题。例如，文学、艺术、哲学、历史、考古、地理、建筑等，它适用于各类交谈，忌讳不懂装懂或班门弄斧。

三是轻松的主题。轻松的主题即谈论起来令人轻松愉快、身心放松、饶有情趣、不觉劳累或厌烦的话题。例如，文艺演出、流行时装、美容美发、体育比赛、电影电视、休闲娱乐等，它适用于非正式交谈，往往是各抒己见，任意发挥。

四是时尚的主题。时尚的主题即以此时、此刻、此地正在流行的事物作为谈论的中心。此类话题适合于各种交谈，但其变化较快，在把握上有一定难度。

五是擅长的主题。擅长的主题指的是交谈双方，尤其是交谈对象有研究、有兴趣、有可谈之处的主题。它适用于各种交谈，但忌讳以己之长对人之短，否则会话不投机半句多。为了更好地进行沟通和信息的传递，通常我们需要注意以下几点：一是神态自若；二是声调平缓；三是让人听懂；四是文明用语。

（2）忌谈的话题

一是个人隐私。个人隐私，即个人不希望他人了解之事。在交谈中，若双方是初交，则有关对方年龄、收入、婚恋、家庭、健康、经历等一类涉及个人隐私的话题，切勿加以谈论。

二是捉弄对方。在交谈中，切不可对交谈对象尖酸刻薄、油腔滑调、乱开玩笑、口出无忌；切不可挖苦对方所短，调侃取笑对方，让对方出丑，下不了台。

三是非议旁人。人们都知道，来说是非者，必是是非人。非议旁人，并不说明自己待人诚恳，反而证明自己少调失教，是拨弄是非之人。

四是倾向错误。在谈话中倾向错误的话题，例如违背社会伦理道德、思想反动、政治错误、违法乱纪之类的话题，亦应避免。

五是话题反感。有时，在交谈中因为不慎，会谈及一些令交谈对象感到伤感、不快的话题，以及对方不感兴趣的话题，这都是令人反感的。若此种情况不慎出现，则应立即转移话题，必要时要向对方道歉，千万不要将错就错，一意孤行。

（六）交谈的语言

在交谈中，语言必须准确，否则就会影响沟通。这方面要注意的问题主要有：

1. 发音要标准

一是发音标准；二是发音清晰；三是音量适中。

2. 语速要适度

语速应加以控制，使之保持匀速，快慢适中。

3. 口气要谦和

讲话口气一定要平等、亲切、谦和，不要端架子、摆派头，不要以上压下、以大欺小，不要倚老卖老、盛气凌人，不要随便教训、指责别人。

4. 内容要简明

在交谈时，应力求言简意赅，简单明白，节省时间，少讲废话，不要没话找话；不要短话长说，啰唆；不要废话连篇，不着边际，节外生枝。

5. 表达要幽默

幽默是一种曲折的表达思想的方式，它能有效地避开矛盾的锋芒，容易被人接受，同时，它能引发笑声，创造一种轻松愉快的氛围，从而可以化解紧张情绪和尴尬气氛。

6. 方言要少用

交谈对象若非家人、乡亲，在交谈之中最好不要用对方有可能听不懂的方言、土语。在多方交谈中，也不要采用方言、土语交谈，以免使其产生被排挤、冷落之感。

7. 外语要慎用

在普通性质的交谈中，应当讲中文，讲普通话。若无外宾在场，最好慎用外语。与中国人交谈时使用外语，不能证明自己水平高，反而有卖弄之嫌。

8. 善用特殊语言

礼貌而富有成效的交谈，应该使自己的目光放在同对方目光同一水平线上，注视对方的眼睛，使对方感到双方地位平等，而仰视和俯视都容易造成双方心理上的不平衡感，另外也不要斜视对方，这样会让人觉得你对他不满或轻蔑。

交谈时，要善于使自己的脸部表情随着交谈内容变化而变化，随着对方情绪的波动而丰富。切忌一脸茫然、冷漠，但表情不要过分夸张和激烈，要让人感到自然、真实、动人。

富有表现力的动作语，特别是手势，往往可以增强交谈效果、感染力，活跃交谈气氛，还有利于显示个人风度和魅力。

此外，在交谈中还需要做到以下几点：

一是表情要合作。一个人的表情通常会被交谈者所捕捉到，有时表情比言语更加具有说服力。因此，在交谈过程中，交谈者的表情十分重要，表情不合作，就会很容易让人产生误会。

二是动作要合作。在交谈过程中，交谈者的一些举止动作在所难免。交流之初，看到对方后，可以用眼神示意。对于对方的观点表示赞同，除了言语以外，还可配以点头的动作，在做动作的过程中要把握好分寸，过犹不及。

三是话题要合作。话题的合作是指谈话内容的合作，一个真正有教养的人在选择谈话内容时，会考虑对方的需求。一般而言，在和学生交谈时，要避免涉及考试、成绩之类的话题；在和老人交谈的过程中，可以谈论他的儿女，避免涉及身体健康、年龄等其不愿意提及的话题。

（七）目光的运用

1. 注视

目光是交往时一种深情、含蓄的无声语言，往往可以表达有声语言难以表现的意义和情感，谈话过程中，用目光注视对方是一种起码的礼仪要求。

（1）注视时间

表示轻视：目光经常游离对方，注视时间不到全部相处时间的1/3。

表示重视：应不断把目光投向对方，占全部相处时间的2/3左右。

表示敌意或感兴趣：目光始终盯在对方身上，偶尔离开一下，注视时间占全部相处时间的2/3上，可以视为有敌意也可以表示对对方有兴趣。

表示友好：应不时注视对方，占全部相处时间的1/3左右。

(2) 注视区间

场合不同，注视的部位也不同。一般分为公务注视、社交注视、亲密注视。

一是公务注视。在洽谈、磋商、谈判等严肃场合，目光要给人一种严肃、认真的感觉，注视的区间为以两眼为底线，以前额上部为顶点所连接成的三角区域。

二是社交注视。这是指在各种社交场合使用的注视方式。注视的区间为以两眼为上线，下颚为顶点所连接成的倒三角。

三是亲密注视。这是亲人、恋人、家庭成员之间使用的注视方式。凝视的位置在对方双眼到胸之间。

2. 目光的规范

(1) 要注意视线接触的向度

视线的向度，其实就是目光的方向。仰视和俯视都会使双方的心理产生差距。虽然有时俯视不会令我们难堪和不安，不过那通常是对小孩子表达的爱怜和关怀。在成年人的交往中，平视是最好的方式。

(2) 要把握视线接触的长度

在公共场合与客户交流要注意目光接触时间的长短。对客户更是如此，目光长时间地接触其实是对客户的关怀，同样，对方也会受到你良好情绪的感染，进而对你和你的公司抱有兴趣。

(3) 要控制视线接触的位置

一般来说，在初次相见或最初会面的短暂时间应注视对方的眼睛，但如果交谈的时间较长，可以将目光迂回在眼睛和眉毛之间，或随着他的手势而移动视线。千万不要生硬地一直看着对方，通常这样的目光是审视的、挑剔的、刁难的意思。

(4) 要善用目光的变化

一般与对方目光接触的时间是与对方相处的总时间的1/3，每次看别人的眼睛3秒左右，让对方会感觉到比较自然。在向对方问候、致意、道别的时候都应面带微笑，用柔和的目光去注视对方，以示尊敬和礼貌。要把目光柔和地投射在对方的脸上，否则会让人感觉不友善。不能从脚底到头顶反复打量对方，即便对方的穿着有不得体的地方，也应该使目光尽量柔和。"散点柔视"是与客户交流时非常得当的目光运用，也就是将目光柔和地投射到对方脸上，而不应在某一点凝聚。

在交谈中，双方都希望自己的见解被对方所接受，所以从某种意义上讲，说的一方并不难，难就难在听的一方。听的一方在交谈中若能够表现得神态专注，就是对说的一方的最大尊重，而有效的情感呼应更能够给对方以自信，能够让交谈过程更加轻松。

要做到这一点，应重视如下三点：一是目光专注；二是动作配合；三是语言合作。

(八) 交谈的禁忌

1. 忌打断对方

双方交谈时，上级可以打断下级，长辈可以打断晚辈，平等身份的人是没有权力打断对方谈话的。万一与对方同时开口说话，应该说"您请"，让对方先说。

2. 忌补充对方

有些人好为人师，总想显得知道得比对方多，比对方技高一筹。出现这一问题，实际上是没有摆正位置，因为人们站在不同角度，对同一问题的看法会产生很大的差异。

3. 忌纠正对方

"十里不同风，百里不同俗。"不同国家、不同地区、不同文化背景的人考虑同一问题，得出的结论未必一致。一个真正有教养的人，是懂得尊重别人的人。

4. 忌质疑对方

对别人说的话不要随便表示怀疑。质疑对方，实际是对其尊严的挑衅，是一种不理智的行为。人际交往中，这样的问题值得高度关注。

5. 忌高声喧哗

在和他人交谈过程中，切忌高声喧哗，在待人接物上，心平气和，以理服人，往往能取得满意的效果。

（九）聆听与拒绝

上帝赐予每个人两只耳朵和一张嘴，就是让我们少说多听，想要达到有效的交流，我们所要做的第一步就是：聆听。

1. 聆听的作用

一个高超的谈话者，首先要学会当一名高超的聆听者。站在对方的角度去听、去理解、去感受，才能较好地理解对方的观点和想法，从而给对方以尊重和鼓舞，取得理想效果，赢得对方信赖。

（1）捕捉有用信息，获取重要知识和见解

一般情况下，人们说的不会都是金玉良言，而大多是平常的、多余的话。但对于处处留心的人来说，往往能够在聆听别人的谈话中，获取宝贵的信息和知识，从而引发思考，获得灵感。

（2）聆听谈话对象，了解真实意图和个性

比如，有些人在谈话时总爱说："你懂不懂？你明白吗？"这样的人大都自以为是，骄傲自满。有的人总爱说："说真的，的确这样，我说的都是实话，不骗你。"这些人往往担心别人误解自己，或者急于博得别人的信赖。

（3）观察对方反应，构思自己的谈话话题

即兴构思，随机应变也是交谈的能力之一，你要把话说得恰到好处，就要注意对方有些什么反应，好好想一想自己的话怎么说才好听，而会听、多听就给你创造了条件。

2. 聆听的规范

聆听，可以从谈话对方那获得必要的信息，聆听谈话者的真实意图。如果不能认真地聆听就无法了解和满足对方的需要，建立和谐的人际关系也只能是空谈。

（1）认真耐心聆听

在对方阐述自己的观点时，应该认真耐心地听完，并真正领会其意图。打断对方而插话或做出其他举动，致使他人思路中断、意犹未尽，这是不礼貌的表现。当别人讲兴正浓时，不宜插话，如必须打断，应适时示意并致歉后再插话。

（2）礼貌目视对方

在听对方说话时，应该目视对方，以示专心。要真正了解对方，语言只传达了部分信息，而非全部信息，而注视对方，就会获得语言以外的信息，以便全面、准确地了解对方的思想感情。同时，以有礼而专注的目光注视对方，对说话者来说也是一种尊重和鼓励，可以使他感觉到自己的重要性。

（3）思考对方话语

要使思考的速度与谈话相适应、思考的速度通常比讲话的速度要快若干倍，因此在聆听对方讲话时，大脑要抓紧工作，勤于思考分析。

（4）及时获得灵感

其实灵感来自潜意识、超意识层面，因此我们只有静心、耐心、用心聆听才会获得更多的灵感。

项 目 体 验

体验一　考一考

1. 下列属于问候型寒暄的是（　　）。

A. 您好，很高兴认识您　　　　　　B. 今天天气真不错

C. 还在加班啊，要注意身体　　　　D. 老张越来越年轻了呀

2. 下列哪个不是交谈中宜选的话题？（　　）

A. 格调高雅的话题　　　　　　　　B. 凶杀、疾病话题

C. 对方擅长的话题　　　　　　　　D. 时尚流行的话题

3. 商务交谈中哪些个人隐私不适合提问？（　　）

A. 收入　　　　B. 年龄　　　　C. 婚否　　　　D. 以上都包括

4. 在交谈过程中，要想让对方充分领会所表达的意思，应该（　　）。

A. 发音标准，不说方言　　　　　　B. 语速适度，快慢适中

C. 口气谦和，忌盛气凌人　　　　　D. 以上都包括

5. 要在商务活动中脱颖而出，最好选择（　　）。

A. 高雅的主题　　B. 轻松的主题　　C. 擅长的主题　　D. 既定的主题

6. 下列哪个不是交际交往中宜选的话题？（　　）

A. 格调高雅的话题　　　　　　　　B. 哲学、历史话题

C. 对方擅长的话题　　　　　　　　D. 时尚流行的话题

7. 常用敬语主要在以下哪几个场景使用？（　　　）
   A. 相见道好　　　B. 偏劳道谢　　　C. 托事道请　　　D. 失礼致歉
8. 根据场合以及注视的部位不同，可将注视分为哪几种？（　　　）
   A. 公务注视　　　B. 社交注视　　　C. 深情注视　　　D. 亲密注视
9. 交谈中进行情感呼应该注重以下哪几点？（　　　）
   A. 表情认真　　　B. 经常打断对方　　C. 动作配合　　　D. 语言合作
10. 下列选项中，符合拒绝的礼仪及技巧的是（　　　）。
   A. 直接拒绝　　　B. 婉言拒绝　　　C. 道明原委　　　D. 诱导后拒绝

体验二　想一想

某年，国内的一家企业前往日本寻求合作。到达日本后，经多方努力，终于找到一家声誉较好、影响较大的国际公司，经过不断讨价还价，首先草签了一个双边合作协议。在我方看来，基本完成任务。正式签约时，我方人员由于种种原因迟到15分钟，当他们着急地到达签约大厅时，日方早已排成一排了，日方人员见到他们到来时，便正正规规地向我方人员鞠了一躬，集体退出大厅，使合作功亏一篑。

思考练习：
（1）此次合作为什么以失败告终？
（2）进行商务拜访时应注意什么问题？
（3）通过这个案例，你受到了什么样的启发？

体验三　练一练

设计情景，分组表演，要求正确运用探望慰问礼仪。
（1）小李和其他几位同学一起去王教授家拜访探望。
（2）小张和女朋友前往同事李先生家，为即将结婚的李先生送贺礼一份。
（3）小白的一位重要客户生病住院，小白去医院进行探望。

体验四　比一比

1. 项目
沟通礼仪综合演练。

2. 背景材料
小陈是某公司销售人员，节日将至，他代表公司对经常合作的老客户进行拜访并赠送节日礼品。请根据背景模拟整个过程。

3. 步骤
（1）确定角色：对人员进行分组，确定相应的角色。
（2）编写剧本：根据材料编写剧本，发挥学生的想象力。
（3）组织演练：在编导的指导下，组织进行演练。

（4）表演步骤：一是上台问候；二是正式演练；三是致谢回座。
4. 注意事项（略）
5. 评分标准（略）

第四节　商务办公礼仪实训

一、电话礼仪实训

（一）电话礼仪

1. 电话礼仪概述

在所有电子通信手段中，电话出现得最早，也是使用最广的。对于商务活动来讲，电话不仅是一种传递信息、获取信息、保持联络的寻常工具，而且是商务人员个人和公司形象的一个载体。

所谓电话形象，即人们在通电话的整个过程中的语言、声调、内容、表情、态度、时间等的集合。它能够真实地体现出个人的素质、待人接物的态度以及通话者所在单位的整体水平和第一印象。打电话看起来很容易，其实不然，打电话大有讲究。

（1）传递美好信息

当我们打电话给某单位，若一接通，就能听到对方亲切而优美的招呼声，心里一定会很愉快，对该单位也会有较好的印象，使双方通话有一个良好的开端。

（2）声音打动对方

打电话时我们要保持良好的心情，这样即使对方看不见你，但从欢快的语调中也会被你感染，给对方留下极佳印象。打电话的过程中绝不能吸烟、喝茶、吃喝，即使是懒散的姿势对方也能够听得出来。

（3）及时接听电话

听到电话铃响，应该准确迅速地拿起话筒，最好是在三声之内接听。电话铃响一声大约是 3 秒钟，如果电话铃响了五声才拿起话筒，应该先向对方道歉。

（4）记住交流技巧

电话交流时还要认真清楚地做好记录。随时牢记"5W1H"技巧，所谓"5W1H"是指：①when 何时；②who 何人；③where 何地；④what 何事；⑤why 为什么；⑥how 如何进行。

（5）礼貌挂断电话

遇上打起电话没完的人，非得让其"适可而止"的话，应当委婉、含蓄，不能让对方难堪。要结束电话交谈时，一般应当由打电话的一方提出，然后彼此客气地道别，应有明确的结束语，说一声"谢谢""再见"或者"有空再联系"，再轻轻挂掉电话，不可只管自己讲完不顾对方就立即挂断电话。结束通话时，要恭候对方先放下电话，不宜"越位"抢先，一般是地位高者先挂断电话。

2. 电话礼仪的要求

在电话礼仪中，我们要特别注意四要素，即：时空选择、语气态度、时间控制和通话内容。

（1）选择合适时机

一般而言，办公电话在办公室打，私人电话在家中打。在图书馆、电影院、音乐厅等公众场合无紧急情况不要拨打电话。拨打电话的同时，考虑对方的接听环境，讨论机密或敏感问题时，应当选择保密性强、安静的地方。

（2）语气态度谦和

最重要的是要在接打电话时做到专注，时刻注意通话语气、语速、语调和姿态，要做到亲切、礼貌，声音适中、柔和、清晰。

（3）时间考虑周全

时间的选择上，不宜的时间：早上7：00前，晚上10：00后，中午午休，用餐，节假日等时间。求职办事不要在周一上午上班或周五下午快下班时打，另外每天上班的前2个小时是电话高峰期，注意尽量避开。同时，通话时间要短，不要煲电话粥，通常一次通话不应长于3分钟，有话直说、长话短说、废话少说、无话不说。

3. 移动电话礼仪

我们应当知道一些必备的手机礼仪，主要有四大原则：规范使用、文明使用、礼貌使用、安全使用。

（1）规范使用

别把手机当饰物，携带时应将其放在适当的位置，总的原则是既要方便使用，又要合乎礼仪。可以放在随身携带的公文包内；可以放在上衣口袋内，尤其是上衣内袋小，但注意不要影响衣服的整体外观；不要在不使用时将其握在手里，或是将其挂在上衣口袋外面。有时不方便把手机放在上述的常规位置时，可以稍做变通。

（2）文明使用

首先，我们在按打手机时需要注意相关的场合，在公共场所时，商务人员尽量不要使用手机。在宴会、舞会、音乐会、图书馆、电影院或是参观各类展览时，切记此点。在写字间里办公时，尽量不要让手机铃声发出噪声。尤其是在开会、会客、上课、谈判、签约以及出席重要的仪式、活动时，必须令自己的手机禁音不响。

（3）礼貌使用

在和他人进行通话的过程中，商务人员不应该随便挂断别人的电话，如出现电话突然断线的情况，应该再次拨通他人电话，并对于刚才的情况作出相关解释。在进入电梯、山洞等信号较弱的地方，应首先和对方说明情况，可先挂断或者等候片刻。

（4）安全使用

使用手机时，会产生电磁波，在某些地方必须牢记安全准则，必要时关闭手机。一是开车时，不要使用手机通话或查看信息；二是不要在加油站、面粉厂、油库处等处使用手机，免得手机所发出的电磁波引起火灾、爆炸；三是不要在病房内使用手机，以免手机信号干扰医疗仪器的正常运行，或者影响病人休息。

（二）电话礼仪意识与规范

1. 电话礼仪意识

（1）因人而异

大部分业务主管，公司经理都有夜间工作的习惯，和他们通话最好避开上午9：00以前的一段时间。理想时间可选择在9：00以后。夜间则在21：00以前，以免打扰他人休息。一般来说，在人们习惯的春夏午睡之季，不应在中午打电话。

（2）征询对方

如果是新接触的人士，可以征求对方意见，提出征询意见，通常对方会按照自己的时间安排来告诉您通话时间的。同时，要知道一些必备的问候礼仪和礼貌用语，在细节上培养电话礼仪意识。

（3）礼貌用语

在接听电话过程中主要的礼貌用语还有："您好！这里是×××公司×××部（室），请问您找谁？""我就是，请问您是哪一位？……请讲。""请问您有什么事（有什么能帮您），""您放心，我会尽力办好这件事。""对不起，这类业务请您向×××部（室）咨询，他们的号码是……（×××同志不是这个电话号码，他（她）的电话号码是…）""您打错号码了，我是×××公司×××部（室），……没关系。"

（4）留言要素

在给对方进行留言时，主要包括以下要素：有"致""发自""日期""记录者签名""内容"。具体而言，致：即给谁的留言；发自：谁想要留言；日期：最好也包括具体时间，有助于寻找线索，或弄清不明白的地方；内容：如果接到的电话是找你的上级时，不要直接回答在还是不在，要询问清楚对方的姓名和大概意图，然后说帮您找一下。将所了解的情况告诉你的上级，由他判断是否接电话。如果你找的人不在，可以问一下对方什么时间可以再打电话或请其回电话。在给其他部门打电话时，要先报部门和姓名，这样可以避免对方因为询问你的情况而浪费时间。

2. 接听电话规范

关于接听与拨打电话的礼节、规范可以归纳为礼貌、简洁、明了六个字。使用电话交谈时，声音应当清晰、吐字应当准确、句子应当简短、语速应当适中、语气应当亲切，特别应当要注意语言简洁和明了。

（1）接听电话的规范

一是及时接听。一般来说，在办公室里，电话铃响3遍之前就应接听，6遍后就应道歉。在接听电话前，要准备好记录工具，例如笔和纸、手机、电脑等。

二是确认双方。对方打来电话，一般会自己主动介绍。如果没有介绍或者你没有听清楚，就应该主动询问，在得知对方以后，应该主动进行自我介绍，确认对方找寻的对象。应该记录对方的相关信息，包括对方的姓名、所在公司、职业、职位、所需要找的人等。

三是讲究礼貌。接听电话时，要把耳朵贴近话筒，仔细倾听对方的讲话。要面带笑容，心情愉快，这样以便让对方在电话的另一头感受你良好的心情，使得通话顺利进行。除此以外，必须停止一切不必要的动作，不要让对方感觉到你在处理一些与电话无关的事情，对方会感到你在分心，这也是不礼貌的表现。

（2）接听电话的禁忌

一是要注意语气。接听电话要注意语调的速度并注意接听电话的措辞，绝对不能用任何不礼貌的语言方式来使对方感到不受欢迎。

二是要有所互动。当听到对方的谈话很长时，必须有所反应，如使用"是的""好的"等来表示你在听。需搁置电话时或让宾客等待时，应给予说明，并致歉，每过20秒留意一下对方，判断对方是否愿意等下去。

三是转接电话要迅速。每个人都必须学会自行解决问题，如果自己解决不了再转接到正确的分机上，并让对方知道电话是转给谁的。

（3）代接电话原则

礼尚往来、尊重隐私、记忆准确、传达及时。首先必须确认当事人是否在场，若当事人不在，一定要询问是否需要留言或回电，询问他是谁，有什么事情。当事人回来后，立即转告并督促回电。这个顺序绝对不能颠倒。代接电话要做好详细记录，记录后复述内容，切记准确、全面，尤其是记下人名、地名、日期与数字等，避免信息错误。

（4）询问电话原则

在对方询问公司的情况时，别轻易说出上司在场或不在场，也不要轻易让上司接听电话，先弄清对方的身份和用意，尽量不要使上司受无意义的电话打扰。对于自己不了解的人或事情不能轻易表态，尤其是否定的意见，应有不拒绝任何可能的机会的意识。上司如果不在场，要有礼貌地请对方留言，不要简单地回绝对方。上司如不接该电话，应该设法圆场，不让对方感到难堪和不安。

3. 拨打电话规范

（1）拨打电话的程序

一是整理准备。在拨打电话前，必须先确认对方公司名称、姓名、职位等相关信息，然后整理相关的内容，包括可将相关的资料整理完成后放在手边，运用正确的姿势进行拨打电话。

二是确认对方。在对方接起电话以后，拨打者需要对对方的身份进行确认，在确认对方身份以后，方可进行下一阶段的介绍。如果出现拨打错误，应该及时进行道歉，并有礼貌地挂断电话。

三是介绍自己。在确认对方身份以后,应该介绍自己的情况。沟通过程中,需要思路清晰、表达流畅,从而使得对方能够准确地了解自己的信息,给对方留下一个专业的印象。

四是说明要事。在简短地介绍完自己以及公司的相关情况以后,应该简单地说明一下具体的事件、寻找的相关人员等,需要将事件表述清晰,在表述过程中尽量减慢自己的说话速度,以便于对方记录。

(2)拨打电话的禁忌

拨打电话时,需注意以下几点:一是要控制响铃时长;二是要选好时间;三是要态度友好;四是要用语规范。同时,要注意规范通话举止,不能把电话夹在脖子上,也不要趴着、仰着或坐在桌角上,更不能把双腿高架在桌子上;不能懒散地向后靠着椅背、不停地抖着腿或跷着二郎腿,也不能以笔代手去拨电话号码。

二、文书礼仪实训

(一)纸质通信礼仪

纸质通信礼仪是指借助于文字而形成的各种文书的规范和要求。良好的纸质通信礼仪,有助于商务活动中的交流感情、传递信息、沟通联络,实现商业目的。

(1)信函

中国传统信封的书写一般是收信人地址写在信封正面的上方,收信人姓名写在信封正面中央,而发信人地址可写在信封正面的下方。国际信件的信封一般是收信人姓名写在信封正面中央,发信人的地址和姓名写在信封正面的左上方或者信封的背面,书写形式应与信内风格一致。

(2)信函的书写

书信是人们生活中最为普通古老的一种沟通方式。掌握书信的格式和要求,有助于更好地发挥书信的功能。书信一定要做到礼貌、完整、清洁、正确、简洁。

信函的格式:信文由抬头、启词、正文、祝语、落款及附言六部分组成。

第一,抬头。它是对收件人的称呼,于信笺首行顶格书写,并且单独成行。称呼是写信人对收信人的尊称,主要依据相互间的隶属关系、亲疏关系、尊卑关系、长幼关系等而定。

第二,启词。启词是信文的起首语、开场白,可表示客气寒暄,也可交代写信原因。启词应于抬头之下另行空两格书写,一般应单独成段。启词可有多种表示法,如问候式、思怀式、赞颂式。此外,公务书信的启词还可用"兹为、兹因、兹悉、兹经、兹介绍、兹定于""顷闻、顷悉、顷获"等一系列公文用语,以提领全文。

第三,正文。正文是书信的主体,是书信能否达到写信人理想效果的关键。为方便阅读,正文可酌情分段,每段句首空两格,转行后定格书写。一封信可以专说一件事,也可以兼说数件事，但公务书信应该一文一事。正文要清楚、明了、简洁，并注意情感分寸，不应有亵慢轻狂之嫌，也不可显侮蔑轻慢之意。

第四，祝词。书信的最后写祝词是惯例。由于写信人与收信人的关系各有不同，书信内容各有不同，祝词的写法便呈多种多样。有时，往往用简单的一两句话，写明希望对方答复的要求，如"特此函达，即希函复"。同时写表示祝愿或致敬的话，如"此致敬礼""敬祝健康"等。祝语一般分为两行书写，"此致""敬礼"可紧随正文，也可和正文空开。祝词一般包括两部分内容：一是应酬语，应酬语应简洁而自然。二是问候祝福语，应具体对象具体对待。

第五，落款。包括署名和日期两部分。署名：书信的署名以写信人全名为要，不能只签个姓氏或习惯称呼，要完整地写成"××部主任张峰"等。对某些特殊对象，署名后应有具名语，如"谨上、谨呈、敬述"等，以表示对收件者的尊重。通常中文信函写在结尾后另起一行（或空一、二行）的偏右下方位置，但一般 E–Mail 商务信函也可靠左。以单位名义发出的商业信函，署名时可写单位名称或单位内具体部门名称，也可同时署写信人的姓名。日期：明确日期本是应用文写作的基本要素，书信自然不可缺了这一项。写信日期一般写在署名的下一行或同一行偏右下方位置。

第六，附言。附言是写信人对正文的补充。附言应在署名与日期之后另起一行空两格书写，且不必分段。附言力求简洁，无须另用信笺。切勿在信笺的上下左右乱写附言，令人眼花缭乱而不知所云。

（二）请柬礼仪

请柬也称为"请帖""柬帖"，形式上有横竖之分。请柬是我国的传统礼仪文书，也是国际通用的社交联络方式。请柬是用于邀请有关单位或个人参加某种活动而发出的礼仪文书。请柬按篇幅大小、文字多少、内容简繁可分为两种形式：篇幅大、文字多、内容繁可称为邀请信或邀请书；文字较少、内容相对简单、印制较为精美的称为请柬。

请柬的内容由标题、正文、结尾及落款和时间几部分组成。标题写在封面上，如"请柬、请帖"。正文是请柬的主体，要写明受邀请人的姓名，拟举行的活动名称，活动的时间、地点及注意事项等。要做到用词准确、精练、恳切、得体。结尾处空两格写上"敬请、恭候"等字样，再另起一行写上"光临、莅临"字样。落款写在下方由发柬者署名，再另起一行注明日期。请柬写好后，最好提前一段时间发出，以便为受邀者安排时间留有余地。

请柬的递送方式也很有讲究。在古代为了表示真诚邀请的心意，无论远近都要登门递送，现在请柬可邮寄也可通过电子邮件的形式发送给相关人员。但是一定注意请柬是不能托人转递的，转递是很不礼貌的。如果是将请柬放入信封当面递送，要注意信封不能封口，否则会造成既邀客又拒客的误会。

（三）唁电（函）礼仪

唁电（函）措辞须表达出对死者的尊重和悲痛的心情。内容简单、明了、直接，防止累赘。格式较严谨，语言较规范。结构上只需一个段落，篇幅要短。内容包括：提及某人逝世，并表示沉痛心情；简述死者个人品格、贡献；对死者亲人表示慰问、节哀等。

（四）求职信礼仪

在求职的过程中，一般要呈交求职信，书写求职信时需要注意以下几点：

1. 为什么应聘

要列举用人单位的优点及吸引人之处，要表达自己对加盟该单位的渴望以及对单位的历史、现状、未来的认识或对领导的关心，这些将会赢得用人单位的好感。但要得体、中肯，不要过分吹捧和有意讨好，以免使对方讨厌，反而不利于求职。

2. 希望承担什么工作

应说明应聘的专业和岗位，但不必太具体，太具体了容易缩小求职范围或与用人单位对不上口径。所以在写求职信时要留有一定的回旋余地，并且注意措辞得体，介绍自己的条件、能力，表达对胜任工作的信心，也可以列举自己的专长和曾经获得过的成绩、荣誉等。同时也要态度谦虚，语气委婉，做到自信而不妄自尊大，自谦而不妄自菲薄，充分表明应聘的必备条件，增强对方的信任感。言辞一定要诚恳、充满热情、有人情味，切不可枯燥、呆板、教条化。

3. 有的放矢

给不同性质的单位寄求职信，应该内容有所不同，有所侧重，贴近实际，切忌不问青红皂白写一个版本到处投递。

4. 内容得体，文法正确

求职信的语气应不卑不亢，不要给人一种你无事可做的印象。要以自己的工作能力证明自己的价值，这是一种等价交换。要检查、确保求职信内容没有错别字、语句通顺等。求职信是自我表白，是由人事主管阅读的，而人事主管有太多的求职信函要阅读，所以求职信一定要简明扼要，内容控制在两页之内就足够了。

5. 求职信中，不要提薪水的具体数目

求职信的目标是建立联系，争取面谈的机会，信中谈钱为时尚早，等到面试的时候会有更适当的机会提出。

（五）个人简历礼仪

个人简历主要是针对应聘的工作，将相关经历、经验、业绩、能力、性格等简要地列举出来，告诉应聘单位你是一个怎样的人才，以达成推荐自己的目的。

1. 简历的内容

个人基本资料：包括姓名、性别、年龄、籍贯、受教育情况、能力素质、兴趣爱好、联系电话或通信地址。

学习和工作经历：包括所读学校的名称、学习年限、学校考试成绩、所获奖励、曾经发表过的论文著作、被授予的荣誉称号、工作单位及岗位，在工作中取得的成绩和荣誉等。

2. 怎样写好个人简历

一份合格的求职简历，应该用词准确、内容完整、条理清楚、简明扼要。写好一份简历，务必遵从"简"，突出"经历"、突出"职位"的信息原则。

求职简历要突出"经历"。用人单位最关心的是求职者的经历，从经历来看求职者的经验、能力和发展潜力。所以，在写简历的时候，要重点写学过的东西和做过的事情，即你的学习经历和工作经历。学习经历包括主要的学校经历和培训经历，工作经历要标明经历过的单位及从事的主要工作。除此以外，招聘主管关心主要经历的目的是为了考察求职者能否胜任工作。对"空白"，不可以漫无边际地胡编乱造。如果工作断断续续，又不想一个一个地列出，那就省略掉一些不重要的经历。在简历中隐藏短暂的空白期也是可以的。

3. 求职简历的忌讳

求职简历可以说是求职材料的核心，所以简历写作一定要多多揣摩，以免出现差错，前功尽弃。

一是突出重点。一封求职信应该重点突出。求职者能做什么，优势在哪里，谋求什么职位应当是一目了然。

二是展现自我。具有市场营销观念的人，会动用各种销售工具，获得决策者的信任。你的求职信实际上是一份市场销售书，目的是把你带到下一轮的面试中去。求职信上每个词都要表明你能满足用人单位的需要，帮他们解决问题，节省时间和金钱，增加利润或改善客户关系。

三是要有工作业绩的陈述。过去的工作成绩是雇主评判你未来表现的依据。工作业绩能刺激雇主迫不及待地抢在竞争对手之前给你打电话。为了达到最好效果，业绩必须量化成数字或百分比，量化的业绩比空洞的叙述更可靠、具体和客观。

四是不要把幼稚的语气带到简历里。类似于"给我一个机会，还您一个惊喜"等幼稚的求职语不要出现在求职简历里，这样的语言既虚伪又空洞，会让主管对你的印象大打折扣。

除此以外，在书写简历过程中还需要注意：个人简历上应该消灭错别字；篇幅在一页以内为好，最长不超过两页。写简历时注意扬长避短。个人简历里面的内容应实事求是，决不能虚构。简历的作用是推销自己、表现自己，有什么特长，尽量在简历上表现出来，让用人单位发现你的价值，切忌过于谦卑。要注意简历格式，要让人看上去很舒服，表现形式要简单大方，语言表达要朴素、简练，表现出你为人诚实、办事干练的品质。

（六）电子网络通信礼仪

1. 电子网络通信概述

有时我们会听到这样一句话：在网上谁也不知道你是一条狗。这说的是网络的虚拟性和匿名性。正是基于网络的虚拟性和匿名性，在网络上出现了一些不良的行为，在网络通信过程中出现任意地侮辱、谩骂对方，为所欲为的现象。这些让人们在享受到互联网数不尽的便利和好处的时候，也不得不忍受网络里的一些庸俗、浅薄的东西。网络文明正在受到越来越强烈的关注，我国公民道德建设和文明礼仪教育也不得不从现实生活延伸到网上，"讲文明礼仪、促人际和谐"这个话题，需要在网络上大讲特讲。"网络礼仪"也称"网络规则"，它是用于规范因特网行为的基本礼仪。尽管网络礼仪不是法定的条令，但学习和掌握这些规则和礼仪是极为重要的。网络礼仪是互联网使用者在网络与其他人进行交往的礼仪，在真实世界中，人与人之间的社交活动有不少约定俗成的礼仪，在互联网虚拟世界中，也同样有一套不成文的规定及礼仪，即网络礼仪，供互联网使用者遵守。随着网络的逐步普及，电子通信日益盛行。个人电子信箱、单位电子商务、电子购物、电子银行等一系列网上作业给每个现代人带来了新的活动空间。电子网络通信礼仪主要包括了以下方面。

2. 电子邮件（E-mail）礼仪

电子邮件是利用电子计算机所组成的互联网络，向交往对象所发出的一种电子信件。使用电子邮件进行联络，不仅节省时间，而且可以降低通信费用。"在商务交往中要尊重一个人，首先就要懂得替他节省时间"，电子邮件礼仪就是节省他人时间，在短时间里把有价值的信息提供给需要的人。寄送电子邮件和与别人交谈或亲自拜访客人时的礼节一样重要。你作为发信人写每封 E-mail 的时候，要想到收信人会怎样看这封 E-mail，时刻站在对方立场考虑问题。同时勿对别人之回答过度期望，更不应对别人之回答不屑一顾。

电子邮件给人们带来方便的同时，也带来了职场礼仪方面的新问题。我们都应当讲究有关电子邮件的礼仪，别让电子邮件出现失误。

在使用电子邮件对外进行联络时，应当遵守的礼仪规范主要包括以下六个方面：

（1）电子邮件应当主体明确

向他人发送的电子邮件，主体应当明确，让人一眼就能看出邮件的内容。标题要提纲挈领，切忌使用含义不清的标题，例如："嘿！"或是"收看！"添加邮件主题是电子邮件和信笺的主要不同之处，在主题栏里用短短的几个字概括出整个邮件的内容，便于收件人权衡邮件的轻重缓急，分别处理。尤其是回复的信件，要重新添加、更换邮件主题，是要格外注意的环节，最好写上来自公司的邮件和年、月、日以便对方一目了然又便于保留。

（2）电子邮件内容要简洁

邮件内容应尽力控制在数行之内，简洁切题。如有较长的文件，可将其整理成格式规范的文档形式，作为附件发给对方。用好附件，附件可发送文档、照片、音频、视频等。在使用附件中，应对其内容作简要说明，以便收件人整理和阅读。针对需要回复及转寄的电子邮件，对写在电子邮件里的每一个字、每一句话，要谨慎把关。法律规定电子邮件也可以作为法律证据，所以发电子邮件时要小心，如果是对公司不利的，千万不要写上。发邮件时一定要慎重、还要定期重新审查你发过的电子邮件,评估其对商业往来所产生的影响。

（3）语言流畅

电子邮件也是信函的一种,网络流行语及表情符号不宜在商务及其他邮件中出现。

（4）电子邮件应当避免滥用

轻易不要向他人发送电子邮件。

（5）电子邮件应当注意编码

编码是每一位电子邮件使用者均应予以注意的大事。因此,在使用中文向除了中国内地之外的其他国家和地区的华人发出电子邮件时,必须同时用英文注明自己所使用的小文编码系统,以保证对方可以收到自己的邮件。

（6）电子邮件应当慎选功能

市场上所提供的电子邮件软件,有多种字体备用,甚至还有多种信纸可供使用者选择。这固然可以强化电子邮件的个人特色,但此类功能必须慎用。这主要是因为：一方面,对电子邮件修饰过多会使其容量增大,收发时间增长；另一方面,电子邮件的收件人所拥有的软件不一定支持上述功能,可能会产生乱码的现象。

电子邮件的格式与内容：①纯文字格式。任何版本皆可收发,档案小,但无法加入图片、声音等。②html 格式。可加入图片、声音等多媒体,还可变换字形、大小、位置、插入图片,甚至超链接,要求 IE 的版本在 3.0 版以上,且档案较大。③你可以把文件附加在 E - mail 中。最好不要使用很大的附件,除非你知道收信人确实需要。

收发电子邮件是人们利用网络办公最常见的手段,也是最重要的方式之一。在收发电子邮件的不同阶段,务必要遵循一定规则。主要包括：

一是撰写与发送。电子邮件的撰写与发送都有一定规定和要求：①为节约费用,在撰写电子邮件时,尤其是在撰写多个邮件时,应在脱机状态下撰写,并将其保存于发件箱中。然后在准备发送时再连接网络,一次性发送。②利用网络办公时所撰写的必须是公务邮件,不可损公肥私,将单位邮箱用作私人联系途径之用,不得将本单位邮箱地址告诉亲朋好友。③在地址板上撰写时,应准确无误地键入对方邮箱地址,并应简短地写上邮件主题,以使对方对所收到的信息先有所了解。④在消息板上撰写时,应遵照普通信件或公文所用的格式和规则。邮件篇幅不可过长,以便收件人阅读。⑤邮件用语要礼貌规范,以示对对方的尊重。撰写英文邮件时不可全部采用大写字母,否则就像是发件人对收件人盛气凌人的高声叫喊。⑥不可随便发送无聊、无用的垃圾邮件,无端增加网络的拥挤程度。⑦要保守国家机密,不可发送涉及机密内容的邮件,不得将本单位邮箱的密码转告他人。

二是接收与回复。接收与回复电子邮件时,通常应注意以下几点：①应当定期打开收件箱,最好是每天都查看一下有无新邮件,以免遗漏或耽误重要邮件的阅读和回复。②应当及时回复公务邮件。凡公务邮件,一般应在收件当天予以回复,以确保信息的及时交流和工作的顺利开展。若涉及较难处理的问题,则可先电告发件人已经收到邮件,再择时另发邮件予以具体回复。③若由于因公出差或其他原因而未能及时打开收件箱查阅和回复时,应迅速补办具体事宜,尽快回复,并向对方致歉。④未经他人同意不要向对方发送广告邮件。⑤发送较大邮件需要进行必要的压缩,以免占用他人信箱过多的空间。⑥尊重隐私权,不要好擅自转发别人的私人邮件。

三是有关附件:①如果邮件带有附件,应在正文里面提示收件人查看附件;②附件应按有意义的名字命名,最好能够概括附件的内容,方便收件人下载后管理;③正文中应对附件内容做简要说明,特别是带有多个附件时;④附件数目不宜过多,一般不超过4个,数目较多时应打包压缩成一个文件;⑤如果附件是特殊格式文件,应在正文中说明打开方式,以免影响使用;⑥如果附件过大(不宜超过2MB),应分割成几个小文件分别发送。

此外,还应当注意以下几点:

一是文体格式。电子邮件的文体风格应该类似于书面交谈式的风格,开头要有问候语,但问候语的选择比较自由,像"你好""Hi"或者仅仅是一个简单的称呼,结尾也可随意一些,比如"以后再谈""祝你愉快"等;也可什么都不写,直接注上自己的名字。但是,如果你写的是一封较为正式的邮件,还是要用和正式的信笺一样的文体。开头要用"尊敬的"或者是"先生/女士,您好"。结尾要有祝福语,并使用"此致敬礼"这样的格式。

二是礼貌称呼与署名。虽然电子邮件本身已标明了邮自哪里,寄予何人,但在邮件中注明收件者及寄件者大名乃是必需的礼节,包括在信件开头等称收件者的姓名,在信尾也注明寄件者的姓名以及通信地址、电话,以方便收件者未来与你的联系。越是在大型的公司,越是要注意在自己的邮件地址中注上自己的姓名,同时在邮件的结尾添加个人签名栏。人们通常会把邮件转发给过多的人,打开收件箱你可能发现有一半的邮件是与你无关的,删除它们费时费力,所以在转发前要做一下整理,把邮件的数量控制到最少。重要邮件发出后要电话确认。另外,重要的机密和敏感的话题不要使用电子邮件,因为它不能保证严守机密。每封邮件在结尾都应签名,这样对方可以清楚地知道发件人信息。

三是字号和字体。中文一般用宋体或新宋体,英文就用 Verdana 或 Arial 字形,字号用5号或10号字即可。这是经研究证明最适合在线阅读的字号和字体。不要用稀奇古怪的字体或斜体,最好不用背景信纸,特别是公务邮件。不要为突出内容而将字号设置过大,拉滚动条是很麻烦的事情;也不要过小,费神又伤眼睛。

四是英文邮件的使用。英文邮件只是交流的工具,而不是用来炫耀和锻炼英文水平的。如果收件人中有外籍人士,应该使用英文邮件交流;如果收件人是其他国家和地区的华人,也应采用英文交流,由于存在中文编码的问题,你的中文邮件在其他地区可能显示成为乱码天书。如果对方与你的邮件往来是采用中文,请不要自作聪明地发送英文邮件给对方;如果对方发英文邮件给你,也不要用中文回复。对于一些信息量丰富或重要的邮件,建议使用中文,因为很难保证你的英文表达水平或收件人中某人的英文理解水平是否存在问题，而影响邮件所涉及问题的解决。

五是电子邮件的发送。①发送后要确认是否发送成功，发信后检查"已发送"邮件箱，或几分钟后检查个人邮箱中是否有系统退信邮件。有时由于网络等原因会出现发送的邮件实际并未发送成功。②通知查收。重要邮件发送后一定要通知收件人查收，确认是否收到并阅读邮件内容，以免耽误重要事项。还要注意不要发送私人或者机密邮件，即使你选择"永久删除"，许多软件和网络服务仍然可以访问硬盘上备份的信息。在你发送以前，仔细考虑如果别人看到这封信会发生什么情况。③小心使用附件功能：附件越大、下载时间就越长、占用收件人电脑空间就越多。有些附件可能毫无必要，也许收件人已经有了。④小心使用抄送功能：你也许会把自己的邮件像备忘录一样抄送给其他同事或者客户。不要滥用抄送功能，否则收件人会以处理垃圾邮件的方式一删了之。⑤避免使用字符图示，你也许是网络专家并且对于各种专业术语和字符图样了如指掌，可是不要假设收件人和你一样专业。

六是电子邮件回复。收到他人的邮件后，回复对方是对他人的尊重，按照紧急、重要程度，邮件的回复在2~24小时内。如果事情复杂，无法确切回复，至少应该及时通知对方邮件已收到，正在处理中，不要让对方盲目空等。如正在休假或外出，应设定自动回复功能，提示发件人，以免影响工作。仅回复"好的""是的""对"等字眼，是非常不礼貌的。回复邮件一般不少于10个字、显示对发件人的尊重。一定要清理回复的内容，或是在转寄之前删除一切无关紧要或重复的内容，例如原件中摘要部分之主题、地址及日期等。注意回答问题的技巧，当回件答复问题的时候，最好只把相关的问题抄到回件，然后附上答案。不要用自动应答键，那样会把来件所有内容都包括到回件中，但也不要仅以"是的"二字回复，那样太生硬了，而且让读的人摸不着头脑。可在文中指定部分收件人给出回复，或在文本添上以下语句："全部办妥""无须行动""仅供参考，无须回复"等。

七是区分收件人、抄送人、秘送人。各收件人的排列应遵循一定的规则。比如按部门排列，按职位等级从高到低或从低到高都可以。在转发邮件时，要突出信息，还应对转发邮件的内容进行修改和整理，以突出信息。此外，关于"收件人""抄送""密送""收件人"地址是直接收信人，负有回复邮件的责任；"抄送"地址是间接收件人，只是要他们知晓邮件涉及内容，仅供参考，并没有回复邮件的责任；"密抄"和"抄送"差不多，区别在于，"收件人"和"抄送"的收信人看不到"密抄"的邮箱地址，而"密送"对上述两者来说是看不见的。

八是保存和删除电子邮件。因为信箱空间有限，而且现在有些网站还对邮件进行了自动删除管理，所以定期整理收件箱，对不同邮件分别予以保存和删除十分重要。对于有价值的邮件，必须保存，或者在复制后进行专门保留。对于和公务无关的垃圾邮件，或者已无实际价值的公务邮件，要及时删除。

3. 传真礼仪

传真，又称传真电报，是利用光电效应，通过安装在普通电话上的传真设备，将文件、资料、图表等进行即时传递。传真能够方便地发送文字或图片的原貌，并即时打印出来，这是其他通信设备无法比拟的优势。发送传真的方法和注意事项包括以下几点。

（1）注释完整

发送传真时最容易出现的问题是疏忽一些必要的注释，给收到传真的一方造成困惑，如不知道传真是发给谁的，或者欲回复时发现对方没有留下相应的电话号码，给双方的沟通造成障碍。

（2）内容说明完整

在发送传真时即便已经给予了口头说明，也应该在传真上注明以上内容，这是良好的工作习惯，对双方的文件管理都非常有利。发送传真时应尽量使用清晰的原件，避免发送后出现内容看不清楚的情况。传真一般不适用于页数较多的文件，成本较高，且占用传真机时间过长也会影响其他工作人员的使用。

（3）传真的使用时间

如果没有得到对方的允许，不要将发送时间设定在下班后，这是非常不礼貌的行为。

（4）关于回复问题

如果传真机设定在自动接收的状态，发送方应尽快通过其他方式与收件人取得联系，确认其是否收到传真。收到传真的一方也应给予及时回复，避免因任何的疏漏造成传真丢失。在重要的商务沟通中，任何信息丢失都可能造成时间的延误甚至影响到合作业务的成败，这样的细节不可轻视。

此外，应特别注意：有时签订协议的传真件可以同原件一样具有法律效应，此时应格外注意传真的完整性和清晰度。

项目体验

体验一　考一考

1. 通话中除应注意语言文明、举止文明外，还有（　　　）。
A. 态度文明　　　　B. 讲话文明　　　　C. 行为文明　　　　D. 手势文明

2. 下列举止出现在办公室里不得体的是（　　　）。
A. 因为忙碌而错过午餐，所以在办公时间一边吃东西一边接听电话
B. 在办公室打私人电话
C. 坐在桌子上接听电话
D. 以上行为都不得体

3. 在（　　　）时，应检查是否注明了本公司的名称、发送人姓名、发送时间以及联络电话。

A. 寄信　　　　　　B. 发电子邮件　　C. 寄贺卡　　　　　D. 发传真

4. 撰写个人简历需要注意的问题是（　　）。

A. 个人基本资料可写明兴趣爱好　　　B. 工作经历越详细越好

C. 所有的简历都是一样的　　　　　　D. 不要带有幼稚语气

5. 当您的同事不在，您代他接听电话时，应该（　　）。

A. 先问清对方是谁

B. 先记录下对方的重要内容，待同事回来后告诉其处理

C. 先问对方有什么事

D. 先告诉对方他找的人不在

6. 投送电子邮件需要注意的是（　　）。

A. 主题要明确　　　　　　　　　　　B. 语言要流畅

C. 不滥用电子邮件　　　　　　　　　D. 签名恰当

7. 写信的忌讳是（　　）。

A. 信纸不规范、不整洁　　　　　　　B. 字迹比较潦草

C. 打印出来文字　　　　　　　　　　D. 用笔不规范

8. 打电话应注意的礼仪问题主要包括（　　）。

A. 选择恰当的通话时间　　　　　　　B. 通话目的明确

C. 安排通话内容　　　　　　　　　　D. 挂断电话时注意礼貌用语

E. 不直接回答对方问话

9. 商务通信礼仪的作用是（　　）。

A. 提升个人素质　　　　　　　　　　B. 方便人们交往应酬

C. 有助于维护企业形象　　　　　　　D. 以上都不是

10. 双方通电话，应由（　　）挂断电话？

A. 主叫先挂电话　　　　　　　　　　B. 被叫先挂电话

C. 尊者先挂电话　　　　　　　　　　D. 以上都不是

体验二　想一想

某日，临下班前 10 分钟，客户服务部的马经理正在收拾办公室的资料，准备下班。这时，他桌子上的电话响了，他皱了皱眉头，仍然继续收拾资料。当电话铃响了七八声之后，他才接起了电话，微笑地说："我是客户服务部的马经理，我能为您做点什么吗？"

思考练习：

（1）你觉得马经理接电话的时候有什么不妥之处？

（2）你认为打电话的人有什么不妥之处？

（3）他们各自正确的做法是什么呢？

体验三　练一练

分组设计情景模式，进行表演，要求能够正确运用办公礼仪。

(1) 小张的一个重要客户要来公司洽谈业务，请做好迎送接待工作。

(2) 小李正在通过电话跟一客户商谈业务。

(3) 元旦将至，小英要给他们的客户寄送一封感谢信。

体验四　比一比

1. 项目

办公室礼仪综合演练。

2. 背景材料

春节到了，红星公司为答谢新老客户对本公司的关心与支持，特决定举办新春酒会。小贺是该公司的文秘人员，受经理委托代表公司向这些客户进行电话回访，并寄送活动邀请函和请柬，同时还要做好新春酒会的接待工作。请根据背景材料模拟整个电话回访、寄送邀请函和请柬及迎送接待过程。

3. 步骤

(1) 确定角色：对人员进行分组，确定相应的角色。

(2) 编写剧本：根据材料编写剧本，发挥学生的想象力。

(3) 组织演练：在编导的指导下，组织进行演练。

(4) 表演步骤：一是上台问候；二是正式演练；三是致谢回座。

参 考 文 献

[1] 黄建军:《STP 营销:市场细分、目标市场选择与产品定位》,人民出版社 1998 年版。

[2] L. W. Stern、A. I. El‐Ansary、A. T. Coughlan:《市场营销渠道》,清华大学出版社 2001 年版。

[3] 蒂娜·齐莉格:《斯坦福大学创意课》,江西人民出版社 2010 年版。

[4] 马化腾、张晓峰、杜军:《互联网+:国家战略行动路线图》,中信出版社 2015 年版。

[5] 刘丹:《"互联网+"创业基础》,高等教育出版社 2016 年版。

[6] 林汶奎:《从零开始学融资——从创业筹资到 IPO 融资全解析》,中国出版集团现代出版社 2016 年版。

[7] 罗国锋、张超卓、吴兴海:《创新创业融资:天使、风投与众筹》,经济管理出版社 2016 年版。

[8] 杜博奇:《名创优品没有秘密》,中信出版社 2016 年版。

[9] 张涛、马钊、刘磊、闫永博、吕英、李集城、吴新风、唐利华:《创业管理》,清华大学出版社 2016 年版。

[10] 罗斯:《极致:互联网时代的产品设计》,中信出版社 2016 年版。

[11] 王铁军、胡坚:《中国中小企业融资 28 种模式》,中国金融出版社 2006 年版。

[12] 刘训涛、曹贺、陈国晶:《TRIZ 理论及应用》,北京大学出版社 2010 年版。

[13] 孙永伟:《TRIZ 理论及应用》,科学出版社 2015 年版。

[14] 霍华德 H. 斯蒂芬森、迈克尔·J. 罗伯特、H. 欧文·格劳斯贝科:《企业风险与创业家》,机械工业出版社 1998 年版。

[15] 宋克勤:《创业成功学》,经济管理出版社 2002 年版。

[16] 罗天虎:《创业学教程——创新教育系列教材》,西北工业大学出版社 2004 年版。

[17] 杰弗里·蒂蒙斯小斯蒂芬·斯皮内利著,周伟民、吕长春译:《创业学(第6版)》,人民邮电出版社 2005 年版。

[18] 布鲁斯·R. 巴林格、R. 杜安,爱尔兰著,张玉利等译:《创业管理:成功创建新企业》,机械工业出版社 2006 年版。

[19] 林崇德:《发展心理学》,人民教育出版社 1995 年版。

[20] 项国鹏、潘凯凌、张文满：《网络关系、创业机会识别与创业决策——基于浙江新创企业的实证研究》，载于《科技管理研究》2018 年第 38 期。

[21] 于浩淼：《互联网经济下免费商业模式生态环境分析》，载于《财经问题研究》2017 年第 12 期。

[22] 王芳、高晓路、张颖：《城市商业区环境性能调查与评价方法研究——以北京市为例》，载于《城市规划》2018 年第 42 期。

[23] 赵龙：《"互联网+"环境下大学生创新创业的商业模式分析》，载于《中国新通信》2017 年第 23 期。

[24] 李梦园：《中国情境下影响创业绩效的关键性环境要素——基于元分析法的研究》，载于《现代商贸工业》2017 年第 30 期。

[25] 张秀娥、王超：《创新驱动下我国创业生态环境优化研究——基于 GEM 数据分析》，载于《经济问题探索》2018 年第 5 期。

[26] 郭韬、任雪娇、邵云飞：《制度环境对创业企业绩效的影响：商业模式的视角》，载于《预测》2017 年第 6 期。

[27] 马妮娜：《基于 VBSE 实训平台的职业院校经管类创业人才培养模式分析》，载于《黑河学院学报》2018 年第 9 期。

[28] 韩顺平、王永贵：《市场营销能力及其绩效影响研究》，载于《管理世界》2006 年第 6 期。

[29] 符国群：《品牌定位在市场营销战略中的地位》，载于《中国流通经济》2004 年第 4 期。

[30] 许朝辉：《关于市场营销中 SWOT 营销策略的运用》，载于《经济研究导刊》2017 年第 1 期。

[31] 周荣华：《创业资源获取相关理论研究综述》，载于《中小企业管理与科技》2017 年第 12 期。

[32] 张帆：《大学生创业资源获取影响因素研究》，吉林大学博士论文，2012。

[33] 倪克垒、胡庄方：《大学生创业资源及获取途径分析》，载于《吉林省教育学院学报》2015 年第 9 期。

[34] 陈震红、董俊武：《创业机会的识别过程研究》，载于《科技管理研究》2005 年第 2 期。

[35] 林嵩：《创业机会识别研究——基于过程的观点》，载于《中南民族大学学报（人文社会科学版）》2007 年第 5 期。

[36] 张健、姜彦福、雷家骕：《美国创业学术研究及其对我们的启示》，载于《外国经济与管理》2003 年第 1 期。

[37] 刘健钧：《对创业投资概念的总结》，载于《科技创业》2005 年第 1 期。

[38] 林嵩、姜彦福、张帏：《创业机会识别：概念、过程、影响因素和分析架构》，载于《科学学与科学技术管理》2005 年第 6 期。

[39] 林嵩：《创业机会识别的过程解构与机制探讨》，载于《技术与创新管理》2010年第3期。

[40] 李炎炎、谢海霞：《设计思维融入创新创业教育实践的研究与启示》，载于《高等工程教育研究》2019年第3期。

[41] 王飞、姚冠新：《大学生创业机会识别能力提升研究》，载于《国家教育行政学院学报》2014年第8期。

[42] 陈燕妮、王重鸣：《创业机会识别研究述评：整合的视角》，第六届（2011）中国管理学年会，2011。

[43] 孙永波、丁沂昕：《创业机会识别过程：机会原型与结构匹配的作用》，载于《科技进步与对策》2018年第1期。

[44] 毛宇飞、曾湘泉、祝慧琳：《互联网使用、就业决策与就业质量——基于CGSS数据的经验证据》，载于《经济理论与经济管理》2019年第1期。

[45] 周荣华：《创业资源获取相关理论研究综述》，载于《中小企业管理与科技》2017年第36期。

[46] 朱秀梅、刘月、李柯：《创业学习到创业能力：基于主体和过程视角的研究》，载于《外国经济与管理》2019年第2期。

[47] 倪克垒、胡庄方：《大学生创业资源及获取途径分析》，载于《吉林省教育学院学报》2015年第9期。

[48] Cole A H, Aggregative Business History. *The Business History Review*, 1965, No 3, pp287–300.

[49] Israel M. Kirzner, Conglomerate Enterprise and Public Policy, *Division of Research*, Harvard Business School, 1973.

[50] Leibenstein H, On the Basic Proposition of X–Efficiency Theory, *American Economic Review*, 1978, No 2, pp 328–332.

[51] Gartner W B, What are we talking about when we talk about entrepreneurship?, *Social Science Electronic Publishing*, 1990, No 1, pp 15–28.

[52] Weber W A, New names and combinations, principally in the Rocky Mountain, *Journal of Physiology*, 1990, No 2, pp 125–126.

[53] Koster S. Spin, Off Firms and Individual Start-ups. Are they Really Different?. The 44th ERSA Conference, 2004 (8).